DROEMER ★

Ina Jung
Christoph Lemmer

Der Fall Peggy

Die Geschichte eines Skandals

Besuchen Sie uns im Internet:
www.droemer.de

© 2013 Droemer Verlag
Ein Unternehmen der Droemerschen Verlagsanstalt
Th. Knaur Nachf. GmbH & Co. KG, München
Alle Rechte vorbehalten. Das Werk darf – auch teilweise – nur mit
Genehmigung des Verlags wiedergegeben werden.
Redaktion und Lektorat: Heike Gronemeier
Umschlaggestaltung: ZERO Werbeagentur, München
Umschlagabbildung: picture-alliance / dpa
Satz: Adobe InDesign im Verlag
Druck und Bindung: CPI – Ebner & Spiegel, Ulm
Printed in Germany
ISBN 978-3-426-27611-2

5 4 3 2 1

Aus rechtlichen Gründen wurden Namen, Personen und in Einzelfällen Vorgänge verfremdet.

Inhalt

Teil 1
Ein Kind verschwindet   13

Teil 2
Der Fall wird abgeschlossen   145

Teil 3
Der Skandal   191

Teil 4
War ein anderer der Täter?   257

Teil 5
Im Namen des Volkes   297

Epilog
Ein Leserbrief mit Folgen   321

Danksagung   329
Bildnachweis   331

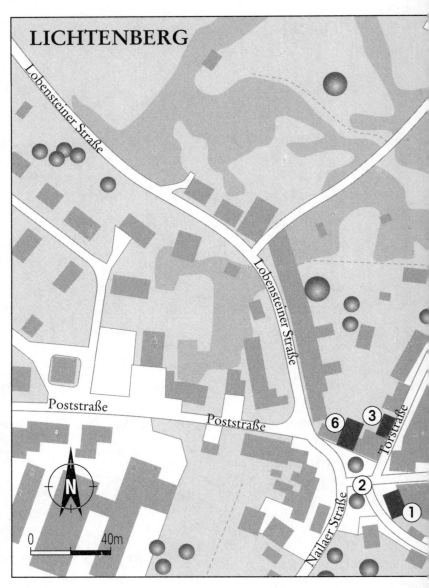

1 Raiffeisenbank, davor die Parkbank, auf der Ulvi gesessen haben soll
2 Henri-Marteau-Platz
3 Kaufmannsladen Langheinrich

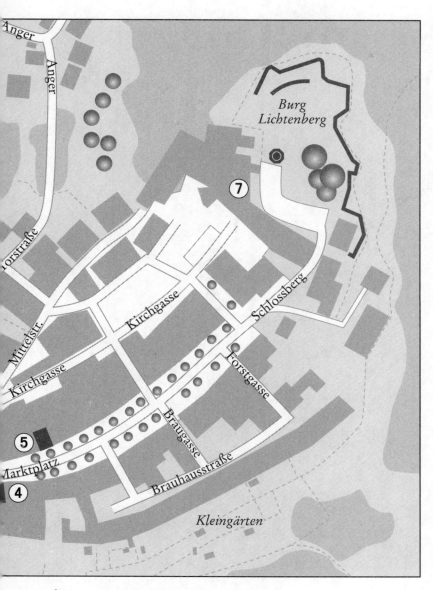

4 Peggys Wohnung
5 Gasthof »Zur goldenen Sonne«
6 Bäckerei
7 Schlossklause

Man sieht sie kaum inmitten all der Journalisten, die sich am Vormittag des 11. Mai 2001 in der Turnhalle des TSV Lichtenberg eingefunden haben. Unzählige Fotoapparate klicken, Kameras laufen, als eine schmale Person, den Kopf gesenkt, die Haare zu einem Knoten hochgesteckt, den Raum betritt. Tränen rinnen ihr über das Gesicht, während sie sich den Weg durch die Menge zu einem provisorischen Podium bahnt. Sie wirkt verloren hinter den vielen Mikrofonen, die vor ihr auf dem Tisch aufgereiht sind. Als die 28-jährige Frau mit brüchiger Stimme anhebt, wird es still um sie herum. Sie hat Mühe, den vorbereiteten Text abzulesen, immer wieder gerät sie ins Stocken, bricht ab. »Ich bitte euch deshalb ... wer das sieht ... um irgendwelche Hinweise und irgendeine Spur, irgendetwas, ihren Aufenthaltsort oder irgendeinen Verbleib von meiner Schnecke ... dass ihr das wirklich an die Polizei ... dass ihr euch mit der Polizei in Verbindung setzt und mir dabei helft.« Angst schwingt in ihrer Stimme mit, eine Ewigkeit vergeht, bis sie die nächsten, die entscheidenden Sätze über die Lippen bringt: »Weil ich will bloß, dass sie wieder heimkommt. ... Helfen Sie mir, mein Kind zu finden!«
Die junge Frau, die verzweifelt versucht, den auf sie gerichteten Kameras standzuhalten, ist Susanne Knobloch. Seit vier Tagen ist ihr Leben ein einziger Alptraum. Vor vier Tagen verschwand ihre neunjährige Tochter Peggy. Spurlos.

Teil 1
Ein Kind verschwindet

Kapitel 1
Lichtenberg, 7. Mai 2001

Lichtenberg ist ein 1200-Seelen-Ort im Frankenwald, gelegen am Fuß einer mittelalterlichen Burgruine. Hinter dem Schlossberg erstreckt sich zunächst das Lohbachtal, dahinter folgt das Höllental, und nur wenige Kilometer entfernt befand sich früher der ehemalige Grenzstreifen zur DDR. Es ist eine eigenartige Gegend, rauh und irgendwie melancholisch. Der Sage nach trieb der Teufel einst sein Unwesen im Höllental. Nur eine Phantasiegeschichte derer, die im Bergbau ihr Glück suchten? Geheimnisvoll wirkt es schon, das tiefe Tal, in dem Lichtenberg liegt, geschnitten aus Basaltstein, gezeichnet von schroffen Felspartien. Die Gegend ist durchzogen von unzähligen Stollen, Höhlen und Schächten. Wanderer lieben die Landschaft und den Ort mit seinem mittelalterlichen Kern. Die farbigen Fassaden, die Häuser mit den Sitzbänken davor, die kleinen Gärten entlang der Mauer mit ihren Blumenmeeren und den Obstbäumen, unter denen hier und da ein verwitterter schmiedeeiserner Gartentisch steht. Lichtenberg – eine Idylle mit kleinen Gässchen und vielen romantischen Ausblicken.

Vierzig Jahre lang schlummerte der Ort im Landkreis Hof eher still am Rande der westlichen Welt vor sich hin. Als sich der Eiserne Vorhang 1989 plötzlich hob, lag der Ort mit einem Mal mittendrin, im Herzen Deutschlands, im Herzen Europas. Ganze Kolonnen ostdeutscher Wagen der Marken Trabant und Wartburg tuckerten über die ehemalige Grenze, Oberfranken war für Sachsen und Thüringer die erste Anlaufstelle – zum Einkaufen oder einfach nur zum Schauen und Staunen. Einige blieben, zogen dauerhaft aus dem Osten hierher, in der Hoffnung, jenseits der einstigen Grenze ihr Glück zu finden. In den Jahren nach der Wiedervereinigung rutschte das einstige »Zonenrandgebiet« im Norden Bayerns indes wieder aus dem Fokus der Öffentlichkeit. Das änderte sich schlagartig am 7. Mai 2001. An jenem Tag verschwand die neunjährige Peggy Knobloch. In den Wochen und Monaten danach drängten sich in Lichtenberg Reporter und Fernsehteams, republikweit sorgte der Fall für Schlagzeilen. Doch während das Interesse der Medien mit der Zeit nachließ, der kleine Ort in Oberfranken wieder aus dem kollektiven Gedächtnis rutschte, ist der mysteriöse Fall in der Region bis heute Gesprächsthema. Denn seit dem 7. Mai 2001 liegt ein dunkler Schatten über Lichtenberg.

*

Der 7. Mai des Jahres 2001 ist ein Montag. Ein Tag, an dem es nicht richtig hell werden will. Der Nebel hängt tief in den engen Gassen von Lichtenberg, es ist ungewöhnlich kühl. Gegen halb acht verlässt die neunjährige Peggy das blau gestrichene Haus am Marktplatz 8 (kein Platz im eigentlichen Sinne, sondern der Name einer Straße, die vom Henri-Marteau-Platz durch den Ortskern bis zum Schlossberg hinaufführt). Hier lebt sie mit ihrer Mutter Susanne, ihrer dreijährigen Halbschwester Jessica und dem Lebensgefährten der Mutter, Ahmet Yilmaz, in einer Dreizimmerwohnung im Hinterhaus des Anwesens. Wie beinahe jeden Morgen ist ihr erstes Ziel der kleine Lebensmittelladen von Jürgen Langheinrich nur wenige Schritte entfernt. Der Ladenbesitzer ist bereits seit Stunden auf den Beinen. Im Morgengrauen hat er die angelieferten Backwaren in die Auslage gelegt, dann in seiner Wohnung über dem Geschäft gefrühstückt und seine pflegebedürftige Mutter versorgt. »Es war ein komischer Tag«, wird er später aussagen, »so nebelig, so diesig, so ganz anormal für diese Gegend. Es mag zwar jetzt komisch klingen, aber ich bezeichne den Tag mal als unheimlich.«

Kurz nach halb acht betritt Peggy den Laden. Sie ist Langheinrichs erste Kundin. Ein hübsches Mädchen mit mittelblonden Haaren, stahlblauen Augen und leicht abstehenden Ohren. An jenem Morgen entscheidet sie sich für eine Käsestange, eine Caprisonne und zwei Chupa-Chups-Lutscher für insgesamt 3,10 DM. Sie lässt die Summe anschreiben, Mutter oder Stiefvater begleichen die Rechnung für gewöhnlich am Ende der Schulwoche.

Peggy ist spät dran. Sie legt nicht einmal ihren pinkfarbenen McNeill-Schulranzen mit den gelben Reflektorstreifen und den bunten Stofftier-Anhängern ab. Jürgen Langheinrich stopft den Pausensnack rasch in die kleine Außentasche, dann eilt das Mädchen auch schon davon. »Ich kann mich noch daran erinnern, dass sie gerannt ist.« Auch davon, dass die Stofftiere am Ranzen, darunter eine Diddl-Maus, deswegen auf und ab gehüpft seien, wird er den Ermittlern später berichten.

Um 7.50 Uhr ist Schulbeginn. Peggy trifft gerade noch rechtzeitig ein. Auf dem Stundenplan stehen Mathematik, Deutsch, Heimat- und Sachkunde, noch einmal Deutsch, Kunst und schließlich in der sechsten Stunde Musik. Um 12.50 Uhr endet der Schultag für die Neunjährige, die es nicht besonders eilig zu haben scheint. Sie hilft gemeinsam mit ihrer Freundin Miriam Eder der Hausmeisterin beim Ausleeren des Papierkorbs im Klassenzimmer und beim Abwischen der Tische. Dann sucht sie noch eine Weile nach ihrem Geldbeutel, den sie schließlich in einem der Fächer unter den Bänken findet. Erst um 13.05 Uhr verlassen die Mädchen das Schulgelände. Die Hausmeisterin schaut den beiden noch nach, wie sie den Sportplatzweg entlang Richtung Nailaer Straße schlendern.

Zu dieser Zeit geht auch der Schüler Christian Otto nach Hause. Er sieht die Freundinnen an einem Kaugummiautomaten am Straßenrand stehen.

Zehn Minuten später erreichen Peggy und Miriam das Anwesen der Familie Eder. Es ist 13.15 Uhr, als Miriams Schwester Manuela aus dem Küchenfenster blickt und die Mädchen am Gartentor schwatzen sieht. Doris Gebhart, die Mutter einer Mitschülerin, fährt in diesem Moment am Haus der Eders vorbei und winkt den beiden aus dem Auto zu. Peggy habe sogar noch zurückgegrüßt, erinnert sie sich. Doris Gebhart weiß genau, dass sie die Schülerinnen um 13.15 Uhr gesehen hat. Zum einen kommt ihr Mann jeden Tag kurz nach eins von der Arbeit heim. Zum anderen hat sie heute auf ihre Tochter Sonja gewartet, eine Klassenkameradin von Peggy, um gemeinsam mit ihr ein paar Besorgungen zu machen.

Zwischen 13.15 und 13.30 Uhr sieht eine weitere Zeugin Peggy zügigen Schrittes die Nailaer Straße entlanglaufen. Claudia Ritter hat, wie jeden Montag, bei ihren Eltern zu Mittag gegessen. Ihr Vater bestätigt später, dass Claudia sich gegen 13.15 Uhr auf den Heimweg gemacht hat. Die Zeugin sagt bei ihrer Befragung durch die Polizei aus: »Ich habe sie nicht eingeholt, sie war ein paar Schritte vor mir. [...] Aufgrund ihrer Haare erkannte ich sie als Peggy.« Auch den pinkfarbenen Schulranzen erwähnt Claudia Ritter, an dem, so ihre Erinnerung, unter anderem ein graues Plüschtier baumelte. Peggy sei weiter Richtung Marktplatz gelaufen und habe sich nahe dem Henri-Marteau-Platz auf Höhe der Raiffeisenbank kurz umgedreht, weshalb sie das Mädchen nun zweifelsfrei erkannt habe.

Gegen halb zwei biegt der Schulbus aus Naila um die Kurve am Henri-Marteau-Platz. Durch die Scheibe sieht die

Schülerin Hilke Schümann Peggy an der Raiffeisenbank vorbei in Richtung Marktplatz laufen. »Ich sah ihren Schulranzen. Er war rosa, und es waren Figuren dran. Außerdem sah ich ihre langen blonden Haare. Ich weiß auch noch, dass sie eine Jacke anhatte und eine olivgrüne Hose.« Der Busfahrer Werner Lohr kann bei seiner späteren Befragung zwar keine Aussage zu Peggy machen, wohl aber bestätigt er Hilkes Angabe, der Bus habe den Henri-Marteau-Platz gegen halb zwei erreicht.

Peggy ist zu diesem Zeitpunkt nur noch wenige Schritte von zu Hause entfernt. Ob sie jemals in der Wohnung am Marktplatz 8 angekommen ist und diese später vielleicht noch einmal verlassen hat, kann niemand mit Sicherheit sagen. Denn von halb zwei an ist der Verbleib des Mädchens rätselhaft.

Als Susanne Knobloch am Abend des 7. Mai um Viertel nach acht von ihrer Spätschicht aus dem Alten- und Pflegeheim im nahe gelegenen Langenbach heimkommt, ist ihre Tochter nicht da. Die Wohnungstür ist abgeschlossen, in keinem der Zimmer brennt Licht, und im Flur liegt auch nicht wie sonst der achtlos hingeworfene Schulranzen, über den Susanne schon so oft gestolpert ist.

Die Tatsache, dass Peggy nicht zu Hause ist, beunruhigt die Mutter zunächst nicht. Ihre Tochter ist ein Schlüsselkind, sie musste früher als manche ihrer Klassenkameraden selbständig werden. Aber Susanne Knobloch hat Vorkehrungen getroffen für die Zeiten, in denen sie arbeitet. Im selben Haus wohnen alte Freunde von ihr, Maik und Elke Kaiser, die vor drei Jahren nach Lichtenberg gezogen waren. Sie stammen wie Susanne Knobloch aus der Gegend um Halle in Sachsen-Anhalt. Elke und Susanne sprechen sich regelmäßig ab, sie versuchen, ihre Schichten so zu legen, dass immer eine von ihnen auf die Kinder achten kann. So auch an diesem 7. Mai. Die Kaisers, die gegen Mittag von einem Termin in Weiden zurück sein wollten, sollten Jessica am Nachmittag vom Kindergarten abholen. Peggy wird wohl ebenfalls oben bei den Nachbarn sein, mag sich Susanne Knobloch gedacht haben.

Als sie an der Tür der Kaisers klingelt, hört sie Getrappel im Flur. Es ist Jessica, die ihrer Mutter freudig entgegenrennt. Die beiden Freundinnen plaudern eine Weile miteinander, erst dann fragt Susanne nach Peggy. Elke erzählt, sie habe das Mädchen den ganzen Tag über nicht gesehen. Aber das Kind werde sicher gleich auftauchen, vielleicht habe es beim Spielen mit Freunden die Zeit vergessen.

Zurück in ihrer Wohnung, greift Susanne Knobloch zum Telefonhörer. Sie erkundigt sich bei Mitschülern, ruft jeden an, bei dem Peggy nach der Schule hängengeblieben sein könnte. Nichts. Niemand weiß, wo das Kind steckt. Miriam immerhin erzählt, sie seien gemeinsam ein Stück des Weges nach Hause gegangen, mehr wisse sie aber nicht. Auch in einigen Cafés und Wirtshäusern Lichtenbergs fragt Susanne Knobloch telefonisch nach. Doch nirgends erhält sie eine Auskunft über Peggys Verbleib. Um halb zehn ruft Susanne Knobloch bei den Kaisers an und bittet Elke, nach unten zu kommen. Elke solle bitte auf Jessica aufpassen, während sie mit dem Auto all die Adressen abklappern würde, bei denen niemand das Telefon abgehoben hat. Ihre Tour durch den Ort endet ohne Ergebnis.

Um 21.56 Uhr meldet sie Peggy telefonisch bei der zuständigen Polizeidienststelle in Naila als vermisst. Danach, gegen 22.15 Uhr, informiert sie ihren Lebenspartner Ahmet Yilmaz. Er arbeitet zu dieser Zeit noch, hat Spätschicht in einer Textilfabrik in Sparneck. Aus den Vernehmungsprotokollen geht hervor, dass Ahmet nach Hause fuhr, später aber noch einmal aufbrach, um an der Raststätte Berg eine Taschenlampe für die Suche nach Peggy zu kaufen.

Um 23.45 Uhr verständigt die Polizei in Naila die Rufbereitschaft der Kriminalpolizeiinspektion (KPI) Hof an der Saale und informiert die Kollegen über eine »abgängige Person«. Sofort wird »Einsatz 1« ausgelöst. Zwei Beamte mit dem Fahrzeug »90/12« treffen in den Nachtstunden zum 8. Mai, um 0.45 Uhr, am Freizeitzentrum Lichtenberg ein. Dort haben sich bereits mehrere Streifen des Polizeidienststellenbereiches (PD) sowie der stellvertretende Dienststellenleiter der Polizeiinspektion (PI) Naila eingefunden. Der Einsatzleiter kommt wenige Minuten später.

Beamte der Verkehrspolizeiinspektion Hof beginnen damit, das Gelände um den Freizeitpark und den dortigen Weiher zu durchkämmen. Auch entlang des vermuteten Heimwegs des Mädchens von der Schule suchen sie nach Spuren.

Parallel dazu wird um 1.15 Uhr Peggys Mitschülerin Miriam Eder aus dem Bett geklingelt. Sie habe das Mädchen offenbar zuletzt gesehen, hatte Susanne Knobloch der Polizei erzählt. Die Beamten befragen das verschlafene und verschreckte Kind im Beisein ihrer Mutter. Von Miriam erfahren sie, dass die beiden Mädchen nach Schulschluss gemeinsam nach Hause geschlendert seien, sich ihre Wege vor dem Ederschen Wohnhaus in der Nailaer Straße aber getrennt hätten. Miriam erwähnt noch, dass Peggy versprochen habe, am nächsten Tag Barbie-Puppen in die Schule mitzubringen.

Die Ermittler beschließen, das Mädchen für den Rest der Nacht in Ruhe zu lassen und am folgenden Tag erneut zu vernehmen. Bevor sie gehen, gibt Miriams Mutter den Beamten ungefragt noch eine Information mit auf den Weg: Sie habe ihrer Tochter vor einigen Wochen den Kontakt mit Peggy eigentlich untersagt, da diese »zum Streunen neige«.

Um 1.32 Uhr sendet die PI Naila die erste Personenbeschreibung an das LKA München, an die PD Hof und die KPI Hof. Um Intrapol-Ausschreibung wird gebeten:

Das Mädchen ist ca. 134 cm groß, schlank, dunkelblonde, schulterlange, glatte Haare, olivgrüne Hose, orangefarbenes Sweatshirt mit Aufdruck ›Glöckner von Notre-Dame‹, Turnschuhe mit hohen Sohlen, Windjacke mit gelbem Aufdruck ›TSV Lichtenberg‹.

Eine Dreiviertelstunde später fahren Beamte vor dem blauen Haus am Marktplatz 8 im historischen Kern von Lichtenberg vor. Peggys Mutter wirkt gefasst. Sie gibt an, dass Peggys Schulranzen fehle. Auch ihr Nachthemd und der Kinder-Laptop seien nicht aufzufinden. Dafür liege ihr Kuschelkissen – trotz des allgemeinen Durcheinanders im Kinderzimmer – fein säuberlich drapiert auf dem Bett. Susanne Knobloch äußert den Beamten gegenüber ihr Befremden, dass Elke Kaiser sie nicht beizeiten darüber informiert habe, dass Peggy nach der Schule nicht erschienen sei. Die Kaisers selbst werden dazu erst am folgenden Tag vernommen.

Am Ende dieser ersten Befragung händigt Susanne Knobloch den Beamten noch ein Foto von Peggy aus.

*

Nicht nur in Lichtenberg stehen in der Nacht vom 7. auf den 8. Mai 2001 Ermittler vor der Tür überraschter und verschlafener Menschen. Auch fünfzehn Kilometer entfernt in Schwarzenbach am Wald, wo Peggys Urgroßmutter Ruth und ihr Opa Horst wohnen, wird gründlich nach dem Mädchen gesucht. Die Polizisten durchforsten das ganze Haus samt Keller und auch den Garten mit der Laube. Ohne Ergebnis.

Und im mittelfränkischen Heroldsberg klingeln zwei Beamte der Polizeidienststelle Erlangen gegen 3 Uhr morgens Martin Schwarz aus dem Bett. Peggys leiblicher Vater öffnet das Schlafzimmerfenster zur Straße, um nachzusehen, wer um diese Uhrzeit geläutet hat. Die Beamten rufen vom Bürgersteig herauf, ob er der Vater von Peggy sei und etwas über ihren Verbleib wisse – das Kind sei offenbar »stiften gegangen«. Schwarz reagiert überrascht. Er könne dazu nichts sagen, er habe seine Tochter seit Jahren nicht gesehen, erklärt er den Beamten, denen diese Antwort fürs Erste ausreicht. Sie verschwinden ohne weitere Nachfrage und ohne die Wohnung, in der Schwarz mit seiner Frau Ines lebt, durchsucht zu haben.

Gegen 3.30 Uhr setzt sich Ahmet Yilmaz an den Computer in der Wohnung am Markplatz 8 und erstellt Fahndungsplakate. Eines ist mit dem Datum des 7. Mai versehen, das andere mit dem des Folgetages. Über den Fotos von Peggy steht in großen Lettern: »Gesucht wird PEGGY KNOBLOCH/BITTE HELFEN SIE MIT. Vermisst seit 07.05.01 bzw. 08.05.01 ca. 14 UHR. Bitte hinweise [kleingeschrieben] an die Polizei ODER [hier folgt seine Handynummer]«.

Zur gleichen Zeit brechen die Einsatzkräfte aus Hof die Suche im Gelände um den Freizeitpark ab – ohne Ergebnis.

Um 4 Uhr klingelt Susanne Knoblochs Telefon. Für einen kurzen Moment keimt Hoffnung auf. Aber es ist nur ein Beamter, der von ihr wissen will, ob sie ihr Einverständnis zu einer Öffentlichkeitsfahndung mit Namensnennung und Bild geben würde. Die Mutter willigt ein.

Gut eine Stunde später ruft Susanne bei ihrer Mutter Renate an. Diese gibt später zu Protokoll:

Am 8. Mai, 5.15 Uhr hat bei uns zu Hause das Telefon geklingelt, und Susanne hat mir gesagt, dass Peggy fort ist. Ich weiß die Uhrzeit deshalb noch so genau, weil ich auf die Uhr geschaut habe, weil ich normalerweise erst um halb sechs aufstehe und sonst niemand um eine solche Uhrzeit anruft. Meine Tochter sagte mir unter Tränen:

»Die Peggy ist weg.« Ich fragte: »Wie weg.« Sie sagte: »Na weg«, und ich sagte: »Sie kann doch nicht einfach weg sein.« Ich musste mich dann erst einmal setzen und Luft holen.

Wenig später geht für die Polizisten der Einsatz in jener Nacht zu Ende. Um 5.49 Uhr gibt die Kripo-Inspektion Hof unter dem Vermerk »EVAP Vermisste/abgängige Person« eine Lagemeldung heraus, laut der »in Lichtenberg die neunjährige Schülerin Peggy Knobloch, geb. 6.4.92, wh. Lichtenberg, Marktplatz 8, nach der Schule nicht nach Hause kam und seitdem vermisst wird«. Sie sei nur 300 Meter von ihrer Wohnung entfernt zuletzt gesehen worden. »Dort dürfte sie nie angekommen sein.«

Kapitel 2
Wer ist Peggy Knobloch?

Peggy Knobloch, Kosename »Schnecke«, kam am 6. April 1992 in Bayreuth auf die Welt. Ihre Mutter, gerade einmal 19 Jahre alt, hatte Nachwuchs zwar nicht geplant, aber als die Schwangerschaft feststand, wollte sie das Kind unbedingt bekommen. Vielleicht, weil sie hoffte, so etwas wie Familie leben zu können. Der eigenen Familie – die Eltern hatten sich bereits 1975 scheiden lassen – hatte Susanne noch als Minderjährige den Rücken gekehrt, ihre Mutter hatte dem Auszug schriftlich zustimmen müssen. Sie habe »ihr eigenes Ding machen«, sich abnabeln wollen, sagt ihre Mutter Renate. »Sie arbeitete dann bei einer Zeitungskolonne als Drücker. Sie wollte selbständig sein, aber es ging vor allem darum, dass sie das Geld brauchte.«

Hier begegnete sie schließlich Martin Schwarz, die beiden kamen sich näher. Der junge Mann aus Mecklenburg-Vorpommern war kurz vor der Wende über Ungarn in die Bundesrepublik geflohen und in Norddeutschland gelandet. Der gelernte Betriebsschlosser, der große Hoffnungen in den vermeintlich goldenen Westen setzte, hatte sich auf eine Anzeige in einer Tageszeitung gemeldet: *18- bis 25-jährige Mitarbeiter gesucht. Keine Vorbildung nötig, sehr gute Bezahlung.* Das klang vielversprechend, war es aber nicht. Hinter der Anzeige steckte ebenjene Drückerkolonne, bei der Susanne bereits arbeitete. Ein hartes Umfeld. Wer sein Soll nicht erfüllte, wurde über Nacht im Wald ausgesetzt, wie Martin uns erzählte. Ihm gelang nach vier Wochen der

Absprung, mit Hilfe seines Bruders kaufte er Susanne wenig später frei.

In Bayreuth wollten sie einen Neuanfang wagen. Martin suchte und fand eine kleine Wohnung für sich und seine Freundin, sein Geld verdiente er als Taxifahrer, Susanne nahm einen Job als Zuschneiderin bei einer Firma für Bademoden an. Als eine Kollegin eine der großen Maschinen unachtsam anschaltete, verlor die junge Frau zwei Fingerkuppen. An Arbeit war vorerst nicht zu denken. Die Nachricht, dass Susanne schwanger war, kam also – was die finanzielle Situation anging – alles andere als gelegen. Vom Gehalt eines Taxifahrers allein würde die kleine Familie kaum leben können, auch die Wohnung war für Zuwachs nicht geeignet. Aber Martin Schwarz hatte Glück. Kurz nach Peggys Geburt fand er eine Stelle bei einer mittelfränkischen Werkzeugfirma. Die kleine Familie zog nach Eckental in der Nähe von Nürnberg.

Doch die Idylle hielt nicht lang. Im Oktober 1992, nur ein halbes Jahr nach Peggys Geburt, brannte Susanne mit der gemeinsamen Tochter durch, wie Martin das formuliert. Eigentlich hatte sie nur ihre Eltern in Halle besuchen wollen, dort aber ihre alte Jugendliebe wiedergetroffen. Gemeinsam mit Peggy zogen die beiden nach Schwanewede bei Bremen.

Für das Kind begann mit diesem Schritt eine Zeit der absoluten Instabilität, eine Phase ohne längere Bindungen, außer zur Mutter. Denn die führte in den nächsten Jahren wechselnde On-off-Beziehungen. Peggy war noch kein Jahr alt, als Susanne vorübergehend zu Martin zurückkehrte. Schwarz gibt im August 2001 zu Protokoll: »Die Susanne hat sich wieder bei mir gemeldet, und auf ihre Bitte hin habe ich sie in Schwanewede abgeholt. Susanne sagte mir damals, dass das doch nicht das Richtige war und dass sie alles bereut.« Wenig später jedoch waren Mutter und Tochter bereits wieder in Norddeutschland.

Anfang April 1995 zog Susanne mit ihrer inzwischen dreijährigen Tochter zurück nach Halle, wo sie auf einem Fest Werner Kraus kennenlernte. Die Beziehung hielt zwei Jahre. Kraus gibt im Mai 2001 zu Protokoll:

Ich schätze, dass die Susanne von mir weg ist, weil wir uns auseinandergelebt hatten. Das hing mit den unterschiedlichen Arbeitszeiten zusammen. […] Wir haben dann keinen Sinn in der Beziehung gesehen, und sie ist ausgezogen. Das ist mir damals schwergefallen. Wenn es nach mir gegangen wäre, hätte ich die Beziehung noch aufrechterhalten. Im Juli 1997, als sie ausgezogen ist, war sie gerade in der vierten oder fünften Woche schwanger. Das hat sie mir erst gesagt, als sie gegangen ist. Bei [diesem] letzten Gespräch habe ich erst erfahren, dass sie zu der Zeit, als sie bei mir gewohnt hat, eine weitere Beziehung zu einem anderen Mann gehabt hat.

Dieser Mann war Ahmet Yilmaz. Die beiden hatten sich im Juni 1996 in einer Diskothek in Hof kennengelernt und seitdem regelmäßig heimlich getroffen; Yilmaz, der damals noch bei seinen Eltern in Oberfranken wohnte, fuhr deswegen immer wieder nach Halle. Für Peggy, die Werner Kraus noch Jahre später Schulfreundinnen gegenüber als ihren »Wunschpapa« bezeichnete, muss die Trennung ein schwerer Schlag gewesen sein. Yilmaz indes zögerte, als er von Susannes Schwangerschaft erfuhr. Die Beziehung hatte sich von Anfang an als recht turbulent erwiesen, es gab jede Menge Streit, auf den aber immer wieder eine Versöhnung folgte. Erst, nachdem Jessica noch in Halle auf die Welt gekommen war, trafen die beiden die Entscheidung, in Lichtenberg einen gemeinsamen Neuanfang zu wagen.

Der Umzug erfolgte 1998, Ahmet Yilmaz sollte für Peggy von nun an der neue »Papa« sein. Eine Bezeichnung, die sie selbst nie verwendet haben soll, wenn sie von ihm sprach. Im Gegenteil. Susannes Mutter Renate gibt im Juli 2001 zu Protokoll: »Wenn die Peggy für einige Zeit bei uns im Urlaub war und sie sollte wieder nach Lichtenberg zurück, dann verkrampfte sie sich regelrecht, und die Unterkiefer zitterten. Sie sagte, sie will nicht zurück. Ihr normaler Ausspruch [für Ahmet Yilmaz] war: ›Der kotzt mich an.‹« Ob Peggy tatsächlich so über ihren Stiefvater dachte, lässt sich nicht mit Sicherheit sagen. Ahmet Yilmaz betonte im Gespräch mit uns jedenfalls, er habe ein gutes Verhältnis zu ihr gehabt.

*

Im Herbst 1998 wurde Peggy in der Grundschule im benachbarten Bad Steben eingeschult. Während Mutter und Stiefvater Probleme oder kein Interesse daran hatten, sich in die Lichtenberger Ortsgemeinschaft zu integrieren, war Peggy bald bekannt wie ein bunter Hund. Sie war »das Schlüsselkind« vom Marktplatz 8, man sah sie oft allein durch den Ort streifen, was naturgemäß zu unterschiedlichen Interpretationen führte. Aufgeweckt, neugierig und interessiert an allem und jedem sei sie gewesen, habe selbst ihr unbekannte Menschen freundlich mit einem »Hallo«, »Grüß Gott« oder »Ich bin die Peggy« begrüßt. Sagen die einen. Ein armes Kind, den halben Tag lang auf sich allein gestellt, eine Herumtreiberin, die kilometerweit von daheim entfernt mit ihrem City-Roller herumgestreunt sei, sagen die anderen.

Einige Lichtenberger wunderten sich im Nachhinein darüber, dass Susanne Knobloch am 7. Mai so engagiert in den Kneipen des Ortes nach ihrer Tochter suchte. Sie habe sich doch sonst nie darum gekümmert. Die Mutter einer Schulfreundin von Peggy erzählte uns, sie habe sich oft gefragt, warum Peggy noch bis spät in den Abend hinein bei ihnen war, ohne dass ihre Mutter sich um den Verbleib der Kleinen gekümmert hätte. Sie selbst habe in diesen Fällen zum Hörer gegriffen, um nachzufragen, wann Peggy denn nun heimkommen solle. Eine andere Mutter berichtete uns vom Tag der Einschulung. Damals hätten die Eltern der Abc-Schützen gemeinsam auf die Ankunft des Schulbusses gewartet. Alle Kinder hätten im Bus gesessen, nur die Peggy nicht. Susanne Knobloch habe das nicht weiter irritiert. Sie sei völlig ruhig gewesen und habe gesagt, die Peggy würde schon wieder auftauchen.

Viel zu jung sei das Kind für diese Form der Selbständigkeit gewesen, schlicht vernachlässigt, womöglich habe sie es zu Hause einfach nicht ausgehalten, tuscheln die nächsten. Sonst hätte sie ja auch nicht überall im Ort nach »Ersatzeltern« suchen müssen. Sie »wollte sogar mit uns nach Berlin ziehen«, »sie wollte, dass wir sie adoptieren«, »sie hat Opa und Oma zu mir gesagt«, erzählen Menschen, deren Nähe Peggy immer wieder gesucht hat. Es gibt Leute, die behaupten, es sei ja kein Wunder, dass das Mädchen Fremden gegenüber so zutraulich sei – so, wie's daheim zuginge. Die behaupten, das Kind habe sich selbständig den Wecker stellen, die Kleidung heraussuchen und um etwas zu essen kümmern müssen. Ein Zeuge aus der Nachbarschaft erinnert sich, dass Peggy des Öfteren morgens gegen sieben Uhr erschrocken vor seiner Tür gestanden und nach der Uhrzeit gefragt habe, weil sie dachte, sie hätte verschlafen. Nach Schulschluss sei sie zumeist die Letzte gewesen, die das Gelände verließ, um nach Hause zu trödeln. Was hätte sie dort auch tun sollen, daheim habe ja niemand auf sie gewartet. Nicht einmal ein Mittagessen habe die Mutter für sie vorbereitet, das sich das Kind hätte aufwärmen können. Eine ältere Dame aus der Nachbarschaft, Annerose Rausch, erzählte uns, dass Peggy hin und wieder bei ihr hereingeschneit sei, weil sie ihren kleinen Hund so gerne mochte. Wenn dann gerade etwas zu essen auf dem Herd stand, habe sie gesagt: »Hm, das riecht aber gut« – und schon war sie zum Bleiben eingeladen. Hunger habe sie immer gehabt, schmunzelt die Nachbarin, am liebsten habe sie »Nudeln mit roter Soße« gemocht. Wenn sie nicht bei ihr gewesen sei, erinnert sich Frau Rausch, sei Peggy ihres Wissens für gewöhnlich zu den Kaisers gegangen. Es gibt aber auch Lichtenberger Bürger, die erzählen, dass die Neunjährige ganze Nachmittage allein in den Wirtshäusern des Ortes verbrachte, vor allem im Gasthof »Zur goldenen Sonne« am Marktplatz. Ausgerechnet in der »Sonne«, wo ein »gewisses Milieu« verkehrte, habe das Kind seine Hausaufgaben erledigt und sei sozusagen Stammgast gewesen. Die Mutter habe das nicht weiter interessiert.

Ein vernachlässigtes Mädchen also? Oder einfach nur eines, das früh selbständig werden musste, wie viele Kinder berufstätiger Eltern? An diesem Punkt scheiden sich die Geister noch heute, wenn man in Lichtenberg Fragen zu Peggy stellt.

Für Susanne Knobloch sind diese kritischen Stimmen nur ein weiterer Beleg dafür, warum sie in diesem Ort kein Bein auf den Boden bringen konnte. »Aus dem Osten«, ein türkischer Lebensgefährte, zwei Kinder von verschiedenen Vätern – das kann ja nichts werden. Sie selbst zeichnet ein anderes Bild von ihrer Tochter. Peggy habe zu Hause immer Notizen hinterlassen, wo sie sei und was sie vorhabe, sie, die Mutter, habe sich voll auf sie verlassen können. Hilfsbereit sei sie, aber Fremden gegenüber keineswegs so aufgeschlossen, wie das andere behaupteten. Eher schüchtern, ein Kind, das niemals zu unbekannten Leuten ins Auto steigen würde.

Bei den Lehrern in der Grundschule Bad Steben gilt Peggy in den ersten beiden Schuljahren als »aufgeschlossen, lebhaft und selbstbewusst«, ein Kind, das gerne seine »eigenen

Wege geht«. Sie besitze eine »gute Auffassungsgabe«, die allerdings oft »unter ihrer Unlust« leide. Mit dem Wechsel zu Anfang der dritten Klasse auf die Grundschule Lichtenberg scheint ein deutlicher Leistungsabfall einhergegangen zu sein. Ihre Schulnoten sind durch die Bank mäßig. Selbst in Mathematik, das sie im Poesiealbum ihrer Freundin Sonja als »Lieblingsfach« bezeichnet, schafft sie nur ein Ausreichend. Immer wieder kommt sie zu spät oder ohne Hausaufgaben in die Schule. Konzentration sei nicht gerade ihre Stärke gewesen, sie habe sich leicht ablenken lassen, manchmal regelrecht abwesend gewirkt, erinnert sich Peggys ehemalige Lehrerin Christl Maier. Immerhin: »Mit Freude beteiligt sie sich am Sportunterricht«, wie es in einem Zeugnis heißt. Seit Oktober 2000 war Peggy Mitglied des TSV Lichtenberg, trainierte dort in der Fußballmannschaft und ging zum Kinderturnen.

Der Leistungsabfall scheint auch der Mutter nicht verborgen geblieben zu sein. Im April 2001 sucht sie gemeinsam mit Peggy einen Arzt auf. Er verschreibt zunächst ein pflanzliches Mittel, später ein Psychopharmakum.

In diesem Zusammenhang gibt es weitere Erzählungen, die irritieren. Blaue Flecken und Striemen auf Peggys Rücken wollen andere Kinder in der Umkleidekabine vor dem Sportunterricht gesehen haben. Das Mädchen sei ein Häufchen Elend gewesen, das nach dem Training beim TSV Lichtenberg weinte und nicht heim wollte, erinnert sich die Mutter einer Schulfreundin bei ihrer Vernehmung. Peggy habe zwar kaum über ihre Familiensituation gesprochen, aber dass sie ihren Stiefvater nicht mochte, wollen viele im Ort gewusst haben. Mitschüler werden später gegenüber der Polizei behaupten, Ahmet Yilmaz habe Peggy wegen schlechter Noten geschlagen. Überhaupt habe sie sehr darauf geachtet, jedem Zusammentreffen mit ihm ohne Beisein der Mutter aus dem Weg zu gehen.

Auch hier lässt sich der Wahrheitsgehalt kaum überprüfen. Auf unsere Nachfrage bestritt Yilmaz, das Kind geschlagen zu haben, auch sei er problemlos mit ihr klargekommen, wenn er allein mit ihr gewesen sei. Susanne Knoblochs Aussagen über das Verhältnis des Mädchens zu seinem Stiefvater sind in dieser Hinsicht wenig hilfreich. Am 11. Mai 2001 gibt sie an, Ahmet habe Peggy nie geschlagen, das würde er sich nicht trauen, sie sei »die Dominantere in der Beziehung«. Außerdem hätte Peggy ihr das sofort erzählt. Wer anderes behaupte, der lüge. Zwei Monate später gibt sie indes zu Protokoll, Peggy habe vor ihrem Stiefvater sehr große Angst gehabt. Er habe sie eben doch geschlagen, sie habe selbst gesehen, wie er ihr auf die Hand oder ins Gesicht gehauen habe. Peggy habe regelrechten Horror davor gehabt, mit Ahmet allein in der Wohnung zu sein.

Peggys Freundin Sonja erinnert sich ebenfalls an blaue Flecken an Peggys Arm, so, als habe jemand sie mit Gewalt gepackt. »Ich habe sie gefragt, wo die her sind, aber Peggy wollte darüber nicht reden.« Überhaupt habe sie nie erzählt, wie es bei ihr zu Hause zuging. Sonja habe trotzdem einiges mitbekommen. Etwa, dass es bei Knoblochs in der Wohnung chaotisch und unordentlich aussah oder dass Peggy nach der Schule statt eines richtigen Mittagessens Schaumwaffeln mit Schokoguss aß. Dafür habe Peggy der Freundin immer wieder von ihren Wochenendausflügen nach Halle vorgeschwärmt, wo sie manchmal mit ihrer Mutter hingefahren sei, um deren Ex-Freund Werner zu besuchen. »Peggy hat uns erzählt, dass es da ganz anders ist als zu Hause, dass sie zum Beispiel im Zoo waren«, erinnert sich Sonja an die Erzählungen über Peggys »Wunschvater«.

*

Für die Ermittler, die sich in den folgenden Wochen und Monaten mit dem Fall beschäftigen, ergibt sich aus all diesen Informationen kein klares Bild. Weder über Peggy selbst noch über die »Familie der Vermissten im engeren und weiteren Sinne und das gesamte soziale Umfeld«, wie die Ermittler später diesen Extra-Spurenkomplex bezeichnen. Eine nüchterne Formulierung für die unübersichtliche Lebenssituation des Mädchens mit leiblichem Vater, Wunschvater und Stiefvater, der »Zusatzfamilie« Kaiser in der Nachbarwohnung, all den von Peggy zu »Ersatz-Onkeln und -Tanten« ernannten Vertrauten, der weitverzweigten Verwandtschaft in Oberfranken und Sachsen – und dem tendenziell als asozial geltenden Milieu im Gasthaus »Zur goldenen Sonne«, in dem sie viel Zeit verbrachte.

Kapitel 3
»Ein Gewaltverbrechen ist nicht auszuschließen«

Am 8. Mai 2001, Tag eins nach Peggys Verschwinden, werden die Meldungen bei der Polizeiinspektion Hof stündlich aktualisiert. »Keine Hinweise der Bevölkerung über den Aufenthaltsort des Mädchens«, heißt es in einem Tickerschreiben um 10.29 Uhr. Es geht an die Staatsanwaltschaft Hof, das Landratsamt und die übergeordneten Stellen in München, Bamberg und Bayreuth. Nach dem gegenwärtigen Ermittlungsstand sei ein Kapitalverbrechen nicht auszuschließen. Das Polizeipräsidium Oberfranken stellt über seine Homepage einen Fahndungsaufruf ins Internet.

Die Polizeiinspektion Hof richtet eine sogenannte Aufbauorganisation wegen »Verdacht auf Entführung« ein, die Vorstufe zur Bildung einer Sonderkommission. Polizeibeamte aus einem Umkreis von mehr als hundert Kilometern werden zur Verstärkung angefordert. Teams der Rettungshundestaffeln aus Hof, Würzburg, Kitzingen und Ansbach reisen an. Taucher kämpfen sich stundenlang durch den Fluss nahe der Lichtenberger Papierfabrik, andere durchkämmen die vielen Teiche und Weiher der Umgebung. Hunderte Polizisten streifen durch die umliegenden Wälder, durchsuchen zahllose unterirdische Stollen und auch die finsteren Gänge unter der mittelalterlichen Burg. Fahndungsplakate werden aufgehängt, Laufzettel mit der Beschreibung des Mädchens in Postkästen geworfen, an Bus-, Taxi- und Müllwagenfahrer im Umland von Lichtenberg verteilt. Im Laufe des Tages zieht der Einsatzleiter, Kommissar Ralf Behrendt, Teams aus Lichtenberg ab, um auch im Grenzgebiet zu Tschechien nach Peggy zu suchen.

In Lichtenberg selbst hat sich die Nachricht, dass ein Mädchen aus dem Ort vermisst wird, wie ein Lauffeuer verbreitet. In der kleinen Gemeinde herrscht Ausnahmezustand. Polizeibeamte und Journalisten klingeln an Haustüren, stellen Fragen, recherchieren. Während den einen das Entsetzen ins Gesicht geschrieben ist, geben andere eifrig Auskunft. Es ist die typische Mischung aus Zurückhaltung und Unbehagen, Wichtigtuerei und Geschwätzigkeit, die zutage tritt, wenn etwas Ungewöhnliches passiert ist und man sich plötzlich im Fokus der Aufmerksamkeit wiederfindet.

Einer der ersten ernstzunehmenden Zeugen, den die Ermittler am 8. Mai aufsuchen, ist der Ladenbesitzer Langheinrich; die Beamten wollen wissen, wann er von Peggys Verschwinden erfahren hat. Im Vernehmungsprotokoll liest sich das so:

Frage: Wann haben Sie von der Vermissung der Peggy erfahren?
Antwort: Heute, als ich gegen sieben Uhr den Laden aufgemacht habe, ist Frau Knobloch total aufgelöst zu mir gekommen. Sie hat geweint und sie war fix und fertig. Sie fragte mich, ob ich die Peggy gesehen hätte. Ich habe ihr geantwortet: ›Nein, heute war sie noch nicht da!‹ Daraufhin sagte Frau Knobloch, dass Peggy seit gestern Abend verschwunden sei. Ich habe zu ihr gesagt, dass sie vielleicht bei Freunden sei und sie bestimmt wieder auftauchen werde. Sie [die Mutter] wurde wieder etwas ruhiger. Sie hat dann noch Semmeln oder Kuchen zum Frühstück mitgenommen. Die hat sie bezahlt und auch die Beträge,

*die von der Peggy her noch offen waren. Es dürften zusammen ca. 12,– DM gewesen sein. Dann ist Frau Knobloch wieder nach Hause gegangen.
Als ich gehört habe, dass die Peggy vermisst wird, war ich richtig aufgewühlt. Es war ja schließlich ein Kind aus der Nachbarschaft, und ich kannte sie gut vom Einkaufen her. Ich habe jetzt überlegt, wo könnte sie sein. Ich habe den 7. Mai nochmals Revue passieren lassen. Gegen 8 Uhr kamen heute zwei uniformierte Polizisten in mein Geschäft. Sie fragten mich, ob ich die Peggy gesehen hätte, außerdem fragten sie mich oberflächlich nach dem Tagesablauf für den 7. Mai 2001. Dann kam auch Kundschaft, und es war Tagesgespräch, dass die Peggy vermisst ist. Es wurde allgemein darüber gesprochen, ob jemand das Kind gesehen hat, und es wurde gerätselt, wo es sein oder was passiert sein könnte.
Gegen 10 Uhr kamen dann noch mal zwei Kripobeamte und haben mich intensiver ausgefragt. Vorher ist schon einmal die Feuerwehrsirene gegangen. Später habe ich erfahren, dass sie nach der Peggy suchen.
Ich habe meinen Laden am 8. Mai 2001 nicht geschlossen und normal meine Öffnungszeiten eingehalten. An diesem Tag habe ich dann, während meiner Mittagszeit und auch am Abend, in unserem Gebäude nachgeschaut, ob ich vielleicht die Peggy finde.
Frage: Sie sind ein alteingesessener Lichtenberger. Welche Meinung haben Sie zum Verschwinden der Peggy Knobloch? Wer könnte damit etwas zu tun haben?
Antwort: Die Lichtenberger sind Leute, die aufeinander aufpassen. Es macht mir daher keinen Sinn, dass da niemand an dem Tag etwas gesehen hat. Selbst wenn ich spät nach Hause komme und einen Schlüssel fallen lasse, werde ich beobachtet. Ich kann mir nicht vorstellen, dass ein Lichtenberger etwas damit zu tun hat, weil ich es keinem*

zutraue. Ich habe da eher die Vermutung, dass das Verschwinden des Kindes im familiären Bereich oder in der weiteren oder näheren Verwandtschaft liegt, weil die Peggy ein Mädchen ist, das nicht mit jedem mitgeht oder in jedem Auto mitfährt.*

*

Am Nachmittag sucht Kommissar Ralf Behrendt die Mutter der vermissten Peggy auf. Vor dem Haus drängt sich ein Pulk Reporter. Behrendt, Mitte fünfzig und ein »gestandener Kriminaler«, gehört eigentlich zur Mordkommission Hof. Wenige Stunden nach der Vermisstenmeldung war er beauftragt worden, die Leitung der Aufbauorganisation zu übernehmen, falls das Kind nicht wieder auftauchen sollte. Gemeinsam mit Susanne Knobloch und Ahmet Yilmaz nimmt er in der Küche Platz und beginnt mit der Befragung.

Susanne Knobloch erzählt noch einmal, was sie den Beamten in der vergangenen Nacht bereits gesagt hat: dass die Haustür abgeschlossen gewesen sei, weshalb sie gewusst habe, dass Peggy nicht zu Hause war. Dass sie sich anfangs keine Sorgen deswegen gemacht und Jessica kurz nach 20 Uhr bei ihrer Nachbarin Elke abgeholt habe. Außerdem gibt Susanne Knobloch bei dieser Befragung zu Protokoll, ihre Tochter sei auf dem Weg zur Schule offenbar noch einmal umgekehrt. Möglicherweise habe sie einen Beutel mit Puppen holen wollen; der habe jedenfalls am Abend des 7. Mai nicht mehr an der Garderobe gehangen. Sie selbst habe das jedoch nicht mitbekommen, da sie wieder ins Bett gegangen sei, nachdem Peggy sich auf den Weg zur Schule gemacht hatte. Reportern gegenüber wird Susanne Knobloch später etwas anderes erzählen. Peggy sei zurückgekehrt, habe sie umarmt und gesagt: »Mama, ich hab dich lieb.«

Bevor Kommissar Behrendt die Wohnung verlässt, ordnet er an, dass zwei Polizisten die nächsten Tage über bei Susanne im Haus bleiben sollen – als psychologische Stütze und für den Fall, dass das Kind verschleppt wurde und die Entführer Kontakt zur Mutter aufnehmen wollen.

*

Am späten Nachmittag des 8. Mai trifft Martin Schwarz mit seiner Frau Ines in Lichtenberg ein. Er hatte erst wenige Wochen vor Peggys mysteriösem Verschwinden die Anschrift seiner Tochter mit Hilfe verschiedener Ämter in Erfahrung bringen können – und ausgerechnet für die Woche von Peggys Verschwinden seinen Besuch in Lichtenberg angekündigt.

Während die Familie von Susanne Knobloch den einstigen Lebensgefährten und leiblichen Vater von Peggy eher kritisch sieht – »er hat sich jahrelang nicht gekümmert, Unterhaltszahlungen mussten gerichtlich durchgesetzt werden«, sagt etwa Susannes Mutter Renate –, betonte Schwarz im Interview mit uns seine beständige Sorge um das gemeinsame Kind. Im August 2010 erzählte er uns, dass er immer wieder mit den Jugendämtern in Bayreuth und Bremen telefoniert habe, um die Adresse seiner Tochter in Erfahrung zu bringen. Sogar Päckchen habe er geschickt, mit Bitte um Weiterleitung. Die seien aber zurückgekommen. Angaben über den aktuellen Aufenthaltsort von Peggy habe er nicht bekommen, weshalb er die Unterhaltszahlungen vorübergehend eingestellt habe.

Der Polizei gibt er zu Protokoll: »Nach Einstellung der Unterhaltszahlungen meldete sich die Susi umgehend bei mir. Sie sagte mir, dass sie mit der Peggy nunmehr in Halle wohnt. Ich habe daraufhin wieder Unterhalt gezahlt. Die Susi bot mir damals an, dass wir sie in Halle besuchen könnten. Dies unterließ ich dann aber. Als Grund möchte ich hier angeben, dass ich damals bereits meine jetzige Frau kannte und keine Komplikationen wollte. Anführen möchte ich noch, dass die Susi damals in einer festen Bindung lebte und mit ihrer zweiten Tochter Jessica schwanger war. Ich glaube, es war im März 2001, als ich eine Bescheinigung für das Finanzamt benötigte [es ging um den Kinderfreibetrag]. Ich erfuhr damals über die Einwohnermeldestelle Heroldsberg, dass die Peggy mit ihrer Mutter nunmehr in Lichtenberg wohnt.«

Auf unsere Frage, wann er denn nun tatsächlich Kontakt mit Susanne aufgenommen habe, antwortete er: »Wir [Schwarz und seine Frau Ines] hatten uns ziemlich genau zu Beginn des Jahres 2001 bei ihr gemeldet und angefragt, ob wir in Zukunft wieder größeren Kontakt halten können.« Die Lage von Lichtenberg sei für einen Besuch recht günstig, da der Ort auf dem Weg zu seinen Schwiegereltern liege. Er habe vorgeschlagen, man könne ja mal vorbeikommen, vielleicht auch regelmäßig, und Susanne habe keine Bedenken angemeldet. Im Gegenteil, sie hätten sogar ein Treffen vereinbart, vielleicht um Peggys Geburtstag am 6. April oder um Ostern herum: »Jedenfalls sollte [der Termin] nicht in ferner Zukunft liegen.«

Auf unsere Nachfrage, ob er das Kind mit einem solchen Besuch nicht verwirrt hätte – schließlich war Peggy bei der Trennung kaum ein Jahr alt, das letzte Mal hatte sie ihren leiblichen Vater 1995 gesehen –, sagte Martin Schwarz, Peggy habe gewusst, wer er sei. Nicht nur Susanne habe dem Mädchen von ihm erzählt, die Uroma hätte Peggy sogar Fotos von ihm gezeigt.

Als er in der Nacht vom 7. auf den 8. Mai vom Verschwinden des Mädchens erfahren habe, hätte er alle Hebel in Bewegung gesetzt, um sofort mit Susanne Kontakt aufzunehmen. Seine Frau Ines habe sie schließlich erreicht. Nach dem

Telefonat hätten sie sich sofort ins Auto gesetzt und seien nach Lichtenberg gefahren, um zu helfen.

*

Martin Schwarz und seine Frau beteiligen sich in den nächsten Wochen aktiv an der Suche nach dem vermissten Mädchen. Sie lassen eigene Suchplakate drucken, die sie mit Hilfe von Verwandten und Freunden in Ober- und Mittelfranken verteilen. Selbst ins tschechische Cheb (Eger) fahren die beiden. Ein Fernsehteam von *Spiegel TV*, das wegen einer anderen Sache vor Ort war, begleitet sie dabei und bietet als Gegenleistung Unterstützung durch ihren Übersetzer an. Im Touristikbüro des Ortes lassen sie tschechische Suchplakate erstellen, die örtliche Tageszeitung veröffentlicht über mehrere Tage hinweg ein Foto von Peggy.

Wir fragten Martin Schwarz, warum er damals glaubte, Peggy könne sich im tschechischen Grenzgebiet aufhalten. Für ihn sei das naheliegend gewesen, meinte er. Die Gegend sei bekannt für Prostitution, auch für Kinderbordelle. Seit die Grenzen offen seien, hätten Zuhälter leichtes Spiel. Peggy passte seiner Meinung nach perfekt ins Beuteschema – blond, zierlich, blaue Augen. Ein hübsches Kind, das könne man ja auf jedem Foto sehen. Überhaupt das Foto: Schon 2001 habe er sich die Frage gestellt, warum die Polizei anfangs mit einem veralteten Foto nach Peggy suchte. Als er erfahren habe, dass die Ermittler mit einem wenigstens drei Jahre alten Bild an die Öffentlichkeit gegangen waren, sei er bestürzt gewesen. Er könne sich nicht erklären, warum Susanne der Polizei kein aktuelles Bild ausgehändigt habe. Sicher, in der ersten Aufregung könne das womöglich passieren, aber in den Tagen danach hätte sie den Ermittlern doch wohl ein neues geben können.

Mit anderen Worten: Eine der aufwendigsten Suchaktionen der bayerischen Polizei begann mit einem veralteten Kinderfoto. Einem Bild, auf dem das Mädchen viel jünger aussah, als es der Wirklichkeit entsprach. Einem Bild, das erst nach über drei Wochen ausgetauscht wurde.

Kapitel 4
Zeitnahe Zeugen sind die glaubwürdigsten

Neben den Recherchen im familiären Umfeld von Peggy konzentriert sich die Polizei in den ersten Tagen darauf, den Ablauf des 7. Mai zu rekonstruieren. Die Ermittler wissen, dass Peggy kurz nach halb acht das Haus verlassen und im Laden von Jürgen Langheinrich eingekauft hat. Dass sie die Schule gerade noch rechtzeitig erreicht hat, welche Fächer sie hatte und dass sie nach Ende der sechsten Stunde herumgetrödelt hat. Auch der Weg vom Schulgelände über das Anwesen der Eders bis zum Marteau-Platz gilt als gesichert. Insgesamt haben sie Kenntnis über einen Zeitraum, der sich von 7.35 bis 13.25/30 Uhr erstreckt. Von da an wird es schwierig.

»Zeitnahe Zeugen sind die glaubwürdigsten«, lautet eine gängige Kriminalistenweisheit. Aber wenn man sich allein die Vernehmungsprotokolle der ersten Tage vornimmt, wird deutlich, wie problematisch diese lückenlose Rekonstruktion für die Ermittler gewesen ist.

14 Uhr: Gustav Frey sieht durch den Rückspiegel seines Autos, wie ein Mädchen mit einem langen Anorak oder Mantel in einen Wagen einsteigt. Er will dem Mädchen direkt in die Augen geblickt haben und ist laut Protokoll »zu hundert Prozent« davon überzeugt, dass es die Peggy gewesen ist.

14.45 bis 15 Uhr: Zwei Mitschüler von Peggy, Sebastian Röder und Jakob Demel, sagen aus, sie hätten das Mädchen an der Bäckerei am Marteau-Platz gesehen. Sie sei in einen roten Mercedes eingestiegen, in dem schon ein anderes, ihnen unbekanntes Mädchen gesessen habe. Peggy habe ihren City-Roller dabeigehabt und sei über den vorgeklappten Beifahrersitz nach hinten geklettert.

15 Uhr: Peggys Klassenkamerad Peter Wirth gibt an, Peggy sei den Quellensteinweg Richtung Freizeitzentrum gelaufen. Er habe gerade Hausaufgaben gemacht und einen Moment lang aus dem Fenster gesehen. Just in diesem Augenblick sei Peggy in Begleitung eines etwas kleineren Mädchens, das er nicht kannte, draußen vorbeigegangen. Peter, der seit der ersten Klasse die gleiche Schule besucht wie Peggy, wiederholt seine Aussage knapp zwei Monate später im Juli 2001. Und er nennt weitere Details: Etwa, dass Peggy einen Schulranzen auf dem Rücken getragen habe – eine wichtige Beobachtung. Denn bei den weiteren Ermittlungen sollte die Frage, wie lange Peggy den Ranzen bei sich trug, eine entscheidende Rolle spielen.

Bei einer weiteren Befragung am 16. Juli 2002 indes, also über ein Jahr nach Peggys Verschwinden, wird sich Peter in Widersprüche verstricken. Einen Schulranzen habe sie nicht getragen, auch sei sie alleine gewesen. An dieser Stelle mischt sich Peters Mutter ein: Sie selbst habe am 7. Mai Peggy und das andere Mädchen den Quellensteinweg Richtung Bad Stebener Straße entlanggehen sehen. Im Protokoll heißt es: »Frau Wirth kann sich erinnern, dass es zwei Mädchen gewesen sind, wovon eines einen Schulranzen auf dem Rücken hatte. Das andere Mädchen kann sie nicht näher beschreiben.«

15.30 bis 15.45 Uhr: Ralf Wagner, ein Schülerlotse, der Peggy und ihren üblichen Heimweg kannte, sagt aus, er habe das Mädchen vom Marktplatz kommend am Rathaus entlang in Richtung Wohnung gehen sehen. Sie habe einen orange-roten Pullover getragen; eine Verwechslung mit einem anderen Mädchen schließe er aus. Die Ermittler merken in ihrem Protokoll an, der Zeuge mache »einen sehr vernünftigen und sicheren Eindruck«.

Ralf wird seine Aussage am 13. Juni 2001 wiederholen. »Ich bin mir nach wie vor sicher, dass es sich um Peggy handelte. Ich bin mir auch ganz sicher, dass es am 7. Mai war, da am nächsten Tag meine Mutter zur Kur fuhr.«

15.45 bis 16 Uhr: Jens Schmitt will Peggy bei der Bäckerei am Henri-Marteau-Platz gesehen haben. Er sei gerade mit dem Fahrrad vorbeigefahren, als diese in Begleitung eines ihm unbekannten Mädchens den Laden betreten habe. Es sei etwa einen Kopf kleiner und vielleicht ein Jahr jünger gewesen als Peggy, gibt er zu Protokoll.

16 bis 16.30 Uhr: Um diese Zeit überquert Jürgen Kohl den Henri-Marteau-Platz Richtung Poststraße. Er sei auf dem Weg zur Wohnung seines Großvaters gewesen und habe Peggy ebenfalls mit einem ihm fremden, jüngeren Mädchen in der Bäckerei gesehen.

Bei seiner dritten Vernehmung am 11. Mai 2001 ergänzt er: »Ich habe sie durch die Schaufensterscheibe gesehen. Sie stand vor der Theke, es war aber niemand dort. Die Verkäuferin war offensichtlich kurz abwesend, vielleicht hat sie gerade Semmeln geholt. Ich sah die Peggy von hinten, ich habe sie genau erkannt, es gibt kein Missverständnis. Sie hat mich auch gesehen und mir noch ›Hallo!‹ zugerufen.« Danach sei sie aus dem Laden gekommen, sie hätten kurz miteinander geredet. Ob das Mädchen anschließend in den

Laden zurückgekehrt sei, wisse er nicht, er sei dann weitergegangen.

16 Uhr plus/minus ein paar Minuten: Axel Köster, seit der ersten Klasse ein Mitschüler von Peggy, bestätigt die Aussage von Jürgen. Er habe gegen 16 Uhr seine Hausaufgaben beendet und sich auf den Weg zu einem Freund begeben. Im Bäckerladen habe er Peggy in Begleitung eines Mädchens mit dunkelbraunen langen Haaren stehen sehen. Peggy habe offenbar etwas im Flaschenregal gesucht, gibt er am 11. Mai 2001 zu Protokoll.

16 bis 17 Uhr: Felix Ludwig sagt bei seiner ersten Befragung aus, er habe um diese Zeit gemeinsam mit Peggy auf dem Parkplatz am Feuerwehrhaus gespielt. Sein großer Bruder Markus bestätigt, er habe die beiden laufen sehen. Später soll Felix immer wieder enttäuscht geäußert haben: »Ich hab doch noch am Nachmittag mit der Peggy gespielt. Warum glaubt mir denn keiner?« Das jedenfalls sagt seine Mutter Katja.

16 Uhr plus x: Ein Urlauberehepaar gibt zu Protokoll, dass ihnen an jenem 7. Mai auf einem Wanderweg nahe der Gaststätte »Mordlau« kurz nach 16 Uhr ein Mädchen mit einem Ranzen auf dem Rücken entgegengekommen sei. Wie eine Spukgestalt aus dem Nebel sei es plötzlich erschienen. Außerdem, so Paula und Ernst Reiter, hätten sie etwa hundert Meter von der Gaststätte entfernt einen roten Wagen mit schrägem Heck gesehen. Er habe dort gewendet. Bei einer späteren Befragung ergänzen die beiden, sie hätten ein helles Ornament auf der Rückseite des dunklen Anoraks des Mädchens gesehen. Das würde sich mit anderen Beobachtungen decken, ebenso der Verweis auf den roten Wagen, den ja auch die beiden Klassenkameraden von Peggy erwähnt haben. Wie aber wollen die Urlauber ein Ornament auf dem Rücken der Jacke gesehen haben, wo das Kind doch angeblich einen Ranzen trug? Und auch den Roller, von dem die beiden Buben gesprochen haben, erwähnen diese Zeugen nicht.

In einem Vermerk der Polizei vom 10. Mai 2001 heißt es dennoch, nach bisherigen Erkenntnissen sei davon auszugehen, dass es sich bei dem Mädchen, das am Montag gegen 16 Uhr in Richtung Mordlau gelaufen sei, »um die vermisste Peggy Knobloch handelte«.

19 Uhr: Pascal Gruner macht sich auf den Weg zu einer Übung der örtlichen DLRG. Peggy sei in diesem Moment an seiner Haustür vorbeigekommen. Er habe ihr Gesicht erkannt, daran gäbe es keinen Zweifel. Sie sei mit einer grauroten Jacke bekleidet gewesen. Andere Zeugen haben ausgesagt, dass Peggy ein orangefarbenes Sweatshirt und eine schwarze TSV-Lichtenberg-Windjacke getragen habe. Möglicherweise hat Pascal die Farben aufgrund der diesigen Witterung an jenem Tag verfälscht wahrgenommen. Ferner gibt er am 8. Mai 2001 zu Protokoll: »Sie hatte ihren blau-silbernen Roller dabei, den sie trug bzw. schob.« Peggy sei links in den Carlsgrüner Weg Richtung Zeitelwaidt eingebogen, dann habe er sie aus den Augen verloren. Am Ende betont er noch einmal: »Ich bin mir zu hundert Prozent sicher, dass es die Peggy war.« Seine Mutter bestätigt diese Aussage. In einem Aktenvermerk einen Monat später heißt es allerdings, Pascal sei sich nicht mehr so sicher, dass er tatsächlich das vermisste Mädchen gesehen hat.

19 Uhr plus / minus x: Franz Rausch kommt vom Fußballtraining heim. Er wohnt, wie Pascal Gruner, im Falkenweg und sagt ebenfalls aus, dass Peggy mit ihrem blau-silbernen Roller in Richtung Zeitelwaidt gefahren sei. Auch er erwähnt die grau-rote Jacke, genauer: »Oben um die Brust herum war die Jacke grau und unten war sie rot. […] Ich bin mir ganz sicher, dass es die Peggy war.« Franz kannte Peggy vom Donnerstagsturnen. Befreundet seien sie aber nicht gewesen. »Sie ist zu den meisten nicht so nett und auch nicht so Freunde suchend. Nett ist sie eigentlich nur zu ihren Freundinnen, der Miriam und der Manuela Eder. […] Von den anderen Kindern aus der dritten Klasse weiß ich nur, dass sie in der Schule nicht so gut ist. Manche sagen auch, dass sie deswegen von ihrem Vater geschlagen wird.«

In den vergangenen drei Wochen hätten er und sein Freund Pascal das Mädchen öfter mal in Richtung Zeitelwaidt fahren sehen. Die Mutter von Pascal wird ein Jahr später, am 18. Juni 2002, zu Protokoll geben: »Noch erwähnen möchte ich, dass ich die Peggy ein oder zwei Wochen vor ihrem Verschwinden im Falkenweg gesehen habe. Sie lief mit dem City-Roller hier rum. Es war immer in den Abendstunden, so gegen 19 Uhr. Ich kannte sie damals nicht und fragte meinen Sohn, wer das ist. Er antwortete mir, dass das die Peggy sei.« Ferner gibt sie an, sie traue ihrem Sohn einen guten Blick für Gesichter zu: »Er kennt die Leute. Er hat damals, am 8. Mai 2001, nachdem er davon erfahren hatte, dass die Peggy weg ist, spontan zu mir gesagt, dass er die Peggy doch am Tag vorher, abends, noch im Falkenweg gesehen hat. Ich glaube nicht, dass er sich das ausgedacht hat.«

*

Die zeitnahe Befragung von Zeugen bringt den Ermittlern – trotz einiger Widersprüche – zunächst also folgendes Ergebnis: Absolut gesichert ist der Zeitraum vom Verlassen des Hauses am Morgen bis zum Ende der sechsten Stunde. Auch von 12.50 bis 13.25 Uhr gibt es mehrere Zeugen, die den Weg des Mädchens bis kurz vor dem Haus am Marktplatz 8 glaubhaft nachzeichnen können. Und schlussendlich, sieht man einmal von den Aussagen des Urlauberpaares ab, scheint Peggy bis 19 Uhr durch den Ort oder die unmittelbare Umgebung gestreift zu sein.

Aber schon bald erhalten die Beamten Hinweise, die auch über diesen Zeitraum hinausgehen und den Radius der weiteren Ermittlungen vergrößern werden.

Am Tag nach Peggys Verschwinden sucht Martin Müller gegen Abend seine Stammkneipe am Stadtrand von Lichtenberg auf. Aus den Gesprächen der anderen Gäste erfährt er, dass ein Mädchen aus dem Ort vermisst wird. Er kennt Peggy nicht, hat von ihrem Verschwinden auch noch nichts gehört. Seine Schreinerei liegt etwas abgelegen unterhalb des Burgbergs, direkt an einer großen Straße. Während er den anderen zuhört, erinnert er sich an eine merkwürdige Beobachtung. Am Nachmittag hatte er gegen 16.15 Uhr aus dem Fenster seiner Werkstatt heraus eine Frau mit einem Mädchen an der Hand durch die Wiese auf seine Schreinerei zulaufen sehen. Die Frau wirkte auf ihn etwas unschlüssig, so, als habe sie sich verlaufen und suche einen Ausgang vom Grundstück hinaus zur Straße. Der Zeuge beschreibt das Aussehen der Frau später als südländisch. Seine Beschreibung des Mädchens passt auf Peggy. Da Müller glaubwürdig versichert, von dem Fall bis dahin nichts gehört zu haben, und seine Aussage außerdem durch eine Nachbarin bestätigt wird, gilt diese Spur als vielversprechend. Am 10. Mai 2001 wird das Grundstück des Schreiners von einem Hundeführer der Polizei untersucht. Tatsächlich ist das Gras an einigen Stellen niedergetreten. Herr Müller und die Nachbarin geben an, die Spuren könnten keinesfalls von ihnen selbst stammen.

Am 10. Mai, drei Tage nach Peggys Verschwinden, bricht Dirk Wimmer aus Helmbrechts, einem Ort, gut zwanzig Kilometer von Lichtenberg entfernt, zu seinem täglichen Spaziergang auf. Er verlässt gegen 17.30 Uhr das Haus und läuft zunächst Richtung Taubaldsmühle durch hügeliges, überwiegend bewaldetes Gelände. Der Rundweg, der ihn über den Ortsteil Oberweißenbach und weiter über einen Flurbereinigungsweg zurück nach Hause führen wird, dauert etwa eine Stunde.

Er ist nicht mehr weit von daheim entfernt, als er etwas zurückversetzt vom Wegesrand etwas liegen sieht. Einen Körper. Ein Mädchen, reglos auf dem Rücken liegend, mit »puppenhaftem«, kindlichem Gesicht, die Haut »sehr blass«. Der 58-jährige Metzgereiverkäufer habe sich nicht näher herangetraut, er sei geschockt gewesen, »total fertig«, gibt er später zu Protokoll. Neben dem Mädchen habe er noch eine Tasche und Kleidung registriert, Blut habe er keines gesehen. Dann sei er kopflos nach Hause gerannt. »Die Peggy liegt dort«, habe er gerufen und weiter: »Ruf die Polizei an, ich kann es nicht.«

Seine Tochter wählt die Nummer der Polizeiinspektion Münchberg, er übernimmt den Hörer erst, als sich am anderen Ende jemand meldet. Das Gespräch dauert insgesamt nur zwei Minuten. »Vom Alter und von der Größe her könnte es das gesuchte Mädchen sein«, vermerkt der Beamte, der das Telefonat geführt hat.

Die Kripo reagiert schnell. Als Dirk Wimmer gegen 20 Uhr den vereinbarten Treffpunkt am Flurbereinigungsweg erreicht, erwarten ihn bereits der Einsatzleiter Ralf Behrendt sowie Beamte der Polizei Münchberg. Doch als die Gruppe am vermeintlichen Fundort eintrifft, ist nichts zu sehen. Kein Körper, keine Leiche, keine Tasche, keine Kleidung, nichts. Im Bereich des Fußwegs finden sich lediglich Fahrzeugspuren, jedoch »älterer Art«, denn »Grashalme stehen senkrecht und sind nicht abgebrochen und nicht beschädigt. Das Profil ist auch nicht scharfkantig im festen, aber feuchten Boden abgedrückt«, notieren die Beamten.

Dirk Wimmer beharrt dennoch auf seiner Beobachtung: »Meine Entdeckung entspricht auf alle Fälle der Wirklichkeit. Eine Einbildung ist völlig ausgeschlossen. Mir ist das jetzt natürlich sehr peinlich, Sie werden wahrscheinlich denken, ich will mich nur wichtig machen – aber es lag jemand da.« Um seine Aussage zu untermauern, verweist er auf eine Nachbarin, die ihm erzählt habe, sie sei am Vortag mit ihrem Hund den gleichen Weg entlanggelaufen. Mit Sicherheit, meint Wimmer, hätte der Hund angeschlagen, wenn da gestern schon jemand gelegen hätte. Da ihm die Nachbarin aber nichts dergleichen erzählt habe, müsse »die Leiche« erst heute dort hingeschafft worden sein.

Während mehrere Einheiten der Polizei das Waldstück abriegeln und durchkämmen, dauert die Befragung des Zeugen an.

Der wiederholt seine Aussage und präzisiert sie so: »Ich blickte direkt in ein Mädchengesicht« und »Das Gesicht sah mich praktisch an. Die Augen waren aber geschlossen. Die Arme waren parallel zum Oberkörper, auf die Beine habe ich nicht geachtet.« Zur Kleidung des Mädchens kann er nach wie vor keine Anhaltspunkte liefern, nur an einen Anorak erinnert er sich nun. Der habe neben dem Kind gelegen, ein zweifarbiges Kleidungsstück, »ich glaube, blau und schwarz«. Genaueres fällt ihm auch zu der Tasche ein: »Dann stand da noch eine Art Toilettentasche, sie war blau, pink, mit so weißen Punkten, wenn ich mich noch recht erinnere. Ich habe mich nur auf das Gesicht konzentriert bzw. war starr vor Schreck. Mir schlotterten die Knie.«

Um 22.27 Uhr hält die Polizei Münchberg in einem Aktenvermerk fest, dass sie den Zeugen Wimmer für »durchaus glaubwürdig« hält. Den ominösen Fund bezeichnet sie als »Leiche«. Ob da tatsächlich eine Tote gelegen hatte, konnte nie geklärt werden.

*

Am Samstag, den 12. Mai 2001, hat auch Ilona Sebert eine seltsame Begegnung. Sie hat ein Stoffgeschäft in der Nähe von München, im Erdinger Moos. An jenem Tag betritt ein etwa 35-jähriger Mann ihr Geschäft, an der Hand ein Mädchen, das er die ganze Zeit über nicht loslässt. Er habe den Eindruck vermittelt, als wolle er um jeden Preis verhindern, dass das Mädchen einen Ton von sich gibt, er sei unruhig gewesen und habe immer wieder zur Tür geblickt. Sie sei sich ganz sicher, dass dieser Mann nicht der Vater war, gibt Frau Sebert zu Protokoll. Er habe ein Halstuch kaufen wollen, aber sie habe ihm nur einige Stoffe zeigen können und gesagt, seine Frau, die Mutter des Mädchens, könne daraus ja eines nähen. Das Kind habe keine Mutter mehr, habe der Mann gesagt. Dann sei er unvermittelt mit dem Mädchen an der Hand aus der Tür gestürzt und in einen Wagen gestiegen. Die Nummer habe sie sich leider nicht merken können, es sei jedoch kein hiesiges Kennzeichen gewesen. Aber: Der Mann habe einen Dialekt gesprochen, wie er im Raum Bayreuth üblich sei. Die Ladenbesitzerin gibt bei ihrer Vernehmung an, sie habe das Gefühl gehabt, das Mädchen wolle ihr etwas sagen oder Schutz bei ihr suchen. Und dass sie jedes Mal, wenn sie ein Bild von Peggy sehe, daran denken müsse, dass dies das Mädchen aus ihrem Laden gewesen sei.

*

Ebenfalls im Mai 2001 soll Peggy in Pforzheim gesehen worden sein. Elvan Keser gibt an, das Mädchen in Begleitung einer Frau vor einem Blumengeschäft erkannt zu haben. Ein halbes Jahr später, im Dezember, will sie noch einmal die gleiche Beobachtung gemacht haben. Da sei sie sich ganz sicher, wird sie Jahre später vor Gericht aussagen – jedenfalls zu fünfzig Prozent.

Für die Ermittler ist es schwierig, sich in diesem Dickicht zurechtzufinden. Denn viele vermeintliche Zeugen werden erklären, das vermisste Mädchen nicht nur nach Wochen, sondern sogar Jahre nach ihrem Verschwinden gesehen zu haben. In Bordellen, auf der Straße, in der Türkei, an Orten irgendwo in Deutschland, gerne auch zur gleichen Zeit. Die Ermittler gehen einigen dieser Spuren mit großem Aufwand nach, einige der »Urheber« werden später sogar vor Gericht angehört. Andere, deren Aussagen weit glaubwürdiger gewesen sind und vor allem zeitnaher gemacht wurden, hingegen nicht. Aber das ist nur eine der vielen Merkwürdigkeiten im Fall Peggy. Die Polizei jedenfalls zieht aus dieser Melange aus Fakten, Aussagen von Trittbrettfahrern und wohlmeinenden Helfern ihre ganz eigenen Schlüsse.

Kapitel 5
Soko Peggy 1

Allein in den ersten acht Wochen nach Peggys Verschwinden gehen die Ermittler rund 2500 Hinweisen nach. Sie vernehmen unzählige Zeugen, protokollieren deren Aussagen und fahnden in allen möglichen Richtungen nach dem Mädchen. Aus der einstigen Aufbauorganisation wegen der »Vermissung einer Person« ist inzwischen eine Sonderkommission geworden, zeitweise arbeiten 75 Ermittler rund um die Uhr am Fall Peggy.

Die Beamten des Hofer Kommissariats K1 hatten deswegen über Nacht ihre Büros räumen müssen, waren in andere Trakte des Gebäudes umgesiedelt worden. Dennoch geht es beengt zu. Drei Beamte der Sonderkommission teilen sich zwei zusammengestellte Tische, je einen Computer und ein Telefon. Pro Zimmer können so sechs verschiedene Ermittlungsteams, durch Stellwände voneinander abgeschirmt, Platz finden. Kurze Wege und ein reibungsloser Informationsfluss innerhalb der Soko haben oberste Priorität. Technisch jedenfalls ist die Sonderkommission bestens gerüstet. Bereits einen Tag nach der Gründung der Soko haben IT-Spezialisten eine Spezialsoftware namens »Soko-Plus« installiert. Mehrere Beamte sind mit dem Programm vertraut, so dass die Soko Peggy 1 »sowohl personell als auch technisch« in der Lage ist, es »ohne Vorlauf anzuwenden«, wie es in einem späteren Zwischenbericht heißen wird. Die Software versetzt die Ermittler in die Lage, Daten von ihren mobilen Computern auf einen zentralen Server zu überspielen und miteinander zu verknüpfen. Mit Hilfe einer weiteren Spezialsoftware namens »Analyst Notebook« können die Ermittler ihre Daten grafisch darstellen, so das »Gesamtbild des Falles« anschaulich machen und Zusammenhänge erkennen, die sonst verborgen geblieben wären.

Auch was die Optimierung der Arbeitsabläufe angeht, betreibt die Soko einigen Aufwand. Es gibt eine »interne Revision«, auch ein aus der Betriebswirtschaft abgeleitetes Controlling wird installiert. Dieser Planungsaufwand ist nötig, um etwa zu entscheiden, in welcher Reihenfolge die Unmenge an Hinweisen abgearbeitet werden sollte. Bereits abgearbeitete Spuren werden immer wieder hervorgeholt und mit dem aktuellen Ermittlungsstand abgeglichen. Regelmäßige Zusammenkünfte und Brainstormings sollen außerdem sicherstellen, dass alle Teammitglieder auf dem gleichen Stand sind. Dennoch wird die Bilanz ein halbes Jahr später ernüchternd ausfallen: »Im vorliegenden Sachverhalt haben sich bisher durch den Einsatz dieser EDV-Anwendung über das bereits Bekannte hinaus keine zielführenden Erkenntnisse ergeben.« Und weiter heißt es in diesem Zwischenbericht der Soko 1: »Der ständige Prozess des Bewertungsabgleichs von Spuren mit dem jeweiligen aktuellen Erkenntnisstand führte in einer Reihe von Spuren zu weiteren spezifischen Ermittlungs- und Suchmaßnahmen, die jedoch vom Ergebnis her kein anderes Bild ergaben.«

*

Bereits am 11. Mai 2001 hatte Herbert Manhart die Leitung der neuen Soko Peggy 1 übernommen. Manhart ist seit vierzig Jahren bei der Polizei, 1970 kam er zur Kripo, von 1974 an arbeitete er bei der Mordkommission und Vermisstenstelle in Nürnberg. 1998 kehrte er als Leiter der Mordkommission in seine Heimatstadt Hof zurück. Frisch aus dem

Urlaub kommend, hatte der 58-jährige Erste Hauptkommissar seinen Kollegen Behrendt als Chef der Ermittlungen in dem ebenso mysteriösen wie aufwendigen Vermisstenfall »Peggy« abgelöst.

Die Zahl der Aktenordner in den Büros der Soko wächst in den folgenden Wochen ebenso rasant wie der Druck der Öffentlichkeit. Die Beamten gehen jeder Spur nach, auch eher abwegigen, die ihnen Wahrsager und Hellseher nahelegen. »Muschelsucher«, wie Herbert Manhart diese Art von »Tippgebern« nennt. »Es könnte sein, dass uns einer dieser selbsternannten Hellseher auf eine falsche Spur führen will«, sagt der Leiter der Soko damals im Interview mit einer Zeitung, aber »wir müssen so etwas aus allen Blickwinkeln betrachten«. Das ist zeitlich und personell extrem aufwendig. Fünf bis sechs Teams, bestehend aus je einem einheimischen Beamten und zwei ortsfremden Polizisten, sind allein in Lichtenberg unterwegs. In diesem Ort fällt sogar ein fremder Hund auf, heißt es, dennoch finden die Beamten keinerlei Anhaltspunkte über den Verbleib des Mädchens. Frust macht sich langsam breit, zumal sich viele der vermeintlich heißen Spuren letztlich als eiskalt entpuppen. So wie die Geschichte, die sich in einem Wald bei Bad Steben zugetragen hat. Ein Spaziergänger hatte starke Verwesungsgerüche wahrgenommen und sofort die Polizei informiert. Beamte mit Spürhunden durchforsteten das Gelände, fanden aber nichts. Am Ende stellte sich heraus, dass der verdächtige Geruch von einem vorbeifahrenden Lkw ausgegangen war – der Laster hatte Schlachtabfälle geladen.

Wieder eine Spur, die man abhaken konnte.

Schon nach wenigen Wochen als Soko-Leiter muss Herbert Manhart einräumen: »Peggy – das ist mein bisher schwierigster Fall.« Er schläft schlecht, wird immer öfter vor dem Alarm seines Weckers wach. Nach halb fünf/fünf sei an Schlaf für ihn nicht mehr zu denken, erzählt er. Mindestens eine Stunde früher als seine Kollegen ist er im Büro. Mehr als dreihundert Überstunden hat er inzwischen angesammelt. An seinen letzten normalen Arbeitstag kann er sich kaum noch erinnern. Für Manhart und viele seiner Soko-Kollegen ist dies der spektakulärste Fall ihrer Laufbahn. Für einige Ermittler wird er ein Karrieresprungbrett werden. Aber für die Einwohner von Lichtenberg ist er ein einziger Alptraum, der bis heute nachwirkt.

*

Auch nach Wochen ist noch kein Erfolg zu verzeichnen. Peggy bleibt verschwunden. Das Medieninteresse ist nach wie vor hoch, der Fall ist deutschlandweit in Zeitungen und TV-Sendungen Thema. Mangels aktueller Neuigkeiten wird zwar in den Tagesnachrichten kaum noch darüber berichtet, dafür aber an prominenter Stelle in Reportage- und Boulevardformaten. So auch in der Sendung »Kripo live«, ausgestrahlt vom MDR, in der im Juni 2001 Ralf Behrendt zu Gast ist. Behrendt, der inzwischen nur noch als »Vize« der Soko Peggy 1 fungiert, will via Fernsehen die Bevölkerung erneut zur Mithilfe aufrufen: »Wir sind noch nicht auf dem Weg, der uns zum Erfolg führt. Es kann alles Mögliche sein, dass das Kind noch lebt, [es] kann auch sein, dass ein schweres Verbrechen an dem Kind verübt worden ist. Auch wenn eine Spur nicht zum Erfolg geführt hat, aber dazu, dass eine Person ausscheidet, so ist das auch schon ein Erfolg«, so der Kommissar über den bisherigen Stand der Ermittlungen.

Die Moderatorin schlägt einen emotionalen Ton an: »Für die Mutter ein schwacher Trost, wenn sie jetzt hört, ein Verbrechen ist doch recht wahrscheinlich, furchtbar.«

Behrendt reagiert darauf sichtlich überrumpelt. Er wirkt hölzern bei dem Versuch, sich aus seiner sachlichen Polizeilogik zu lösen und halbwegs passend auf die mitfühlende

Bemerkung einzugehen: »Ich war erst gestern mit der Mutter zusammen, und wir hatten über die verschiedenen Möglichkeiten gesprochen. Auch darüber, dass die Mutter weiß, dass möglicherweise ihr Kind tot ist. Sie hat eine Bitte ausgesprochen, dass, äh, wenn das Kind tot ist, dass ich es ihr sofort entrichte, dass sie, äh, auch wenn das Kind tot ist, sie es noch einmal in die Arme nehmen kann.«

Eine Selbstverständlichkeit, sollte man meinen.

Unvermittelt bittet die Moderatorin Behrendt nun, über die bisherigen Ermittlungsergebnisse zu referieren. Gleich im ersten Satz unterläuft ihm ein schwerer Versprecher: »Ab 13.15 Uhr ist das Kind nach Hause gekommen.« Behrendt meinte wohl eher das Gegenteil, dass nämlich Peggy *nicht* nach Hause gekommen war. Anschließend fährt er fort: »Es [das Kind] wurde dann noch mal gesehen am Nachmittag im Bereich des Marktplatzes, einmal an der Telefonzelle, einmal auf einem Parkplatz am Feuerwehrhaus und zum Schluss am Dorfbrunnen. Da war es etwa 16.30 Uhr. Ab diesem Zeitpunkt fehlt eigentlich jede Spur von ihr.«

Eine interessante Bemerkung. Gemäß der Polizeiprotokolle vom 8. und 9. Mai gibt es mehrere Zeugen, die angaben, Peggy noch bis 19 Uhr im Ort oder in der unmittelbaren Umgebung gesehen zu haben. Trotzdem sagt Behrendt, ab 16.30 Uhr fehle jede Spur. Auch seine Auflistung der Örtlichkeiten – Telefonzelle, Feuerwehrhaus, Dorfbrunnen – ist äußerst lückenhaft. Er bezieht sich damit ausschließlich auf die Aussagen jenes Jungen, der mit Peggy gespielt haben will. Die Ortsangaben der anderen Zeugen erwähnt er nicht.

Als Nächstes werden Fotos von Peggy eingeblendet, über die Behrendt Folgendes sagt: »Die hat mir die Mutter erst gestern gegeben. Sie sind relativ neu. Das Porträt von vorne ist am Gründonnerstag erst gemacht worden, und auch das Bild von der Seite ist eines aus dem April 2001.«

Die Moderatorin kommentiert: »Sehr zutreffende, aktuelle Aufnahmen, und wir hoffen, dass sich Zeugen erinnern.«

In dieser Sendung wurden also endlich auch »zutreffende, aktuelle« Aufnahmen von Peggy präsentiert. Wochen nach dem Verschwinden des Mädchens.

Die Bilder ergänzt Behrendt um eine Beschreibung von Peggys Charakterzügen; die Vermisste nennt er dabei konsequent »das Kind«. Es sei sehr lebenslustig und würde ohne Scheu auf Menschen zugehen. »Das Kind ist für sein Alter auch recht selbständig. Das hat sie wahrscheinlich von ihrer Mutter geerbt, die sich auch durchs Leben schlagen, mit allen Schwierigkeiten kämpfen musste. Das hat die Peggy wahrscheinlich von ihr mitbekommen. […] Sie war auch, äh, doch auch in der Lage, unter Umständen Fremde auch anzusprechen, wäre aber wahrscheinlich nicht eingestiegen. Das ist bloß ein Bereich der Wahrscheinlichkeit, man kann das nie sagen.«

Die Moderatorin hakt nach: »Oft finden ja auch Täter, wie wir von anderen Fällen wissen, genau diesen Punkt, bei dem sie dann das Kind gefügig machen.«

Behrendt führt aus: »Sie war auch ein potenzielles Opfer, das müsste man hier noch mit einfügen, denn sie war auch vor dem Tatzeitpunkt öfters alleine. Das war deswegen, weil die Mutter eben auch zur Arbeit gehen musste, sie musste für den Unterhalt sorgen, für ihr Kind, und somit war es notgedrungen und zwangsläufig so, dass sie eben eine Zeit lang zu Hause oder auch auf der Straße alleine gewesen ist und« – hier unterbricht die Moderatorin: »Wie ja durchaus viele Kinder in diesem Alter.«

»Nun ist ja Lichtenberg ein kleiner Ort«, führt sie das Gespräch weiter. »An und für sich wächst ja da ein Kind in Geborgenheit auf, man kennt sich. Aber Sie möchten nicht nur die Bevölkerung dort ansprechen.«

»Das ist richtig. Lichtenberg liegt gleich neben Bad Steben, ist nur drei Kilometer von diesem Kurbadeort entfernt. Deshalb die Bitte an die Personen, die sich zu dem Zeitpunkt im Raum Lichtenberg aufgehalten haben – auch Kurgäste –, sie sollen doch noch einmal diesen Tag gedanklich zurückholen und überlegen, ob nicht das Kind irgendwo bei ihnen aufgetaucht ist in der Nähe. Sie können uns dann auch noch vielleicht wichtige Hinweise geben.«

Eine Puppe wird präsentiert – mit Kleidungsstücken, wie sie Peggy am Tag ihres Verschwindens getragen hat. Auch der pinkfarbene Schulranzen mit den gelben Leuchtstreifen wird erwähnt. Die Sendung endet mit dem Satz, dass eine Summe in Höhe von 55000 DM ausgesetzt wurde für Hinweise, die zur Aufklärung des Falles führen würden.

Susanne Knobloch werden im Verlauf der Ermittlungen elf Schulranzen präsentiert. Der ihrer Tochter ist nicht dabei. Auch keines der Kleidungsstücke, die das Mädchen am Tag ihres Verschwindens trug, taucht je wieder auf. In dieser Hinsicht zumindest bringt der Ausflug des Ermittlers ins Boulevardfernsehen keine verwertbaren Hinweise.

Aus heutiger Sicht ist allerdings interessant, welche Aussagen Behrendt über den Zeitpunkt von Peggys Verschwinden macht: »Ab 16.30 Uhr fehlt eigentlich jede Spur von ihr.« Mit anderen Worten: Im Juni 2001 gilt der Zeitraum von 7.35 bis 16.30 Uhr durch Zeugenaussagen als gesichert. Ein Zeitraum, der sich im Laufe der Ermittlungen deutlich nach vorne verschieben sollte.

*

Peggy war das zweite kleine Mädchen, das in jenem Frühjahr des Jahres 2001 verschwand. Das erste war die zwölfjährige Ulrike aus Eberswalde bei Berlin, die am 22. Februar vermisst gemeldet wurde. Aber während es in diesem Fall bald handfeste Spuren gab – ein verbeultes Fahrrad, eine Haarspange und einen ausgebrannten VW-Polo, in dem sich Überreste von Ulrikes Rucksack fanden –, blieb Peggy wie vom Erdboden verschluckt. Und das, obwohl Suchmannschaften die Umgebung von Lichtenberg im Umkreis von fünf Kilometern durchkämmt hatten und selbst Hubschrauber und Tornados, ausgerüstet mit Wärmebildkameras, wieder und immer wieder über den Frankenwald geflogen waren. »Wir könnten jetzt die ganze Welt absuchen«, befand ein genervter Polizeisprecher, »aber irgendwo ist die Grenze.« Den Tornadoeinsatz habe es ohnehin nur auf Druck der Öffentlichkeit gegeben, musste auch Ralf Behrendt einräumen – weil die Polizei diese Methode auch im Fall der kleinen Ulrike aus Eberswalde eingesetzt hatte. Bei ihr war es am Ende ein Hinweis aus der Bevölkerung, der zur bitteren Lösung des Falles geführt hatte: In der Nähe eines Flugplatzes im Kreis Barnim hatte man Anfang März 2001 die Leiche des Mädchens gefunden. Von Peggy dagegen gab es auch nach Wochen keine Spur.

*

Wer heute durch Lichtenberg spaziert und Menschen auf den Fall Peggy anspricht, merkt bald, dass die Lichtenberger zwei Sorten von Menschen nicht besonders mögen: Polizisten und Journalisten.

Der kleine Ort in Oberfranken wurde damals zum Tummelplatz für Reporter, Kamerateams und Schaulustige. Gleich nach Peggys Verschwinden sei es losgegangen, »da fielen ganze Horden von Journalisten bei uns ein«, erzählte uns ein Anwohner bei einer unserer Recherchereisen. Die Journalisten hätten sich benommen, als gehöre die Stadt ihnen. Sie seien laut und arrogant aufgetreten. Praktisch jeder Einheimische, der sich auf der Straße blicken ließ, sei fotografiert, gefilmt und ausgefragt worden. Selbst zu unmöglichen Zeiten am Abend und am Wochenende hätten die Reporter geklingelt, um irgendein Statement zu bekommen. Den Fuß hätten sie in die Tür gestellt, damit man ihnen selbige nicht vor der Nase zuknallte, und sogar einen Gartenzaun hätte ein übereifriges Kamerateam umgerissen und anschließend den Besitzer deswegen auch noch beschimpft. Aber vor allem die Kinder seien dem Spektakel hilflos ausgesetzt gewesen und geradezu bestürmt worden. Peggys Altersgenossen seien regelrecht gejagt worden. Ständig hätten die Reporter ihnen Regieanweisungen erteilt, was sie vor laufenden Kameras vorführen sollten – etwa mit dem Fahrrad den Schlossberg herunterfahren, auf die Kamera zu, dann an der Kamera vorbei, auf keinen Fall in die Kamera schauen, sondern den Blick suchend nach links und rechts schweifen lassen. Solche Bilder wurden damals tatsächlich in den Boulevardmagazinen der öffentlich-rechtlichen und der Privatsender gezeigt, wobei man den Zuschauern weismachte, die Kinder suchten verzweifelt nach der kleinen Peggy. Manche von ihnen kannten das Mädchen überhaupt nicht. Ein Junge, der Reportern gegenüber erwähnte, er habe Peggy nicht besonders leiden können, sei aber trotzdem traurig, dass sie verschwunden sei, wurde im Fernsehbeitrag so natürlich nicht zitiert. Im Film sah man den Buben beim Gang über den Marktplatz, während eine Stimme aus dem Off kommentierte: »Der kleine X sucht seine beste Freundin.«

»Die wollten eigentlich gar nichts wissen, sondern von uns nur hören, was sie sich selber zurechtgelegt hatten«, hörten wir bei unseren Recherchen mehrfach. Ein Vorwurf, den viele Lichtenberger nicht nur Journalisten machen, sondern auch den Ermittlern. Wieder und wieder seien sie befragt worden, von unfreundlichen und schnöseligen Beamten, die am liebsten gleich den ganzen Ort unter Generalverdacht gestellt hätten. Und am Ende doch, trotz all der Aussagen, ihre ganz eigenen Schlüsse gezogen hätten. »Weil sie einen Sündenbock brauchten«, wie ein Mann mürrisch-resigniert zu uns sagte.

Die ermittelnden Beamten beklagten sich ihrerseits immer wieder bei ihren Vorgesetzten, sie würden gegen eine Mauer des Schweigens laufen, die Leute seien vernagelt, eine verschworene Gemeinschaft, gegen die sie nicht ankämen.

Eine Erfahrung, die wir nicht gemacht haben. Wenige Lichtenberger erteilten uns eine Abfuhr und verweigerten das Gespräch. Nur einmal bekamen wir Vorbehalte deutlich zu spüren. Bei einem unserer Besuche vor Ort beklagte sich eine Metzgersfrau, wir hätten ihr das Geschäft verdorben – weil wir vor ihrem Laden in der Sonne auf einer Bierbank sitzend zu Mittag unsere Wurstsemmeln aßen. Die hatten wir vorher bei ihr gekauft. Ihre Stammkundschaft habe sofort gemerkt, dass da wieder Reporter vor dem Laden sitzen, und deshalb einen Bogen um die Metzgerei gemacht. Das sei ja nicht weiter verwunderlich, schließlich hätten die Lichtenberger damals die abenteuerlichsten Geschichten über sich und ihren Ort in der Zeitung lesen müssen.

*

Der Laden von Kaufmann Langheinrich wird in den Wochen nach Peggys Verschwinden zum zentralen Treffpunkt für Ortsfremde und Einheimische, vor allem, wenn es um den Austausch von Klatsch und Tratsch, das Verbreiten von Gerüchten, Anschuldigungen und Vermutungen geht. Und Gerüchte gibt es viele, die Presse weiß von immer neuen Spuren zu berichten. Mal ist das Kind über die Grenze verschleppt worden, muss dort vermutlich auf dem Strich arbeiten. Dann hat angeblich Ahmet Yilmaz etwas mit seinem Verschwinden zu tun, möglicherweise sogar die Mutter.

Dann wieder erfahren die Lichtenberger, sie alle hätten etwas zu verbergen, würden gar einen Kinderpornoring decken.

Dabei wollen sie doch nur helfen. Kaufmann Langheinrich hängt ein Foto von Peggy an die Ladentür, direkt neben den Aufkleber vom Otto-Versand und einer Einladung des Pfarrers, sich in der Kirche zu einem Gebet für die Vermisste einzufinden. Geduldig lassen sie die ganzen Befragungen über sich ergehen, hoffen und bangen. Aber bei einem Ermittlungsmarathon über Wochen und Monate macht sich langsam eine gewisse Ermüdung breit. Die Lichtenberger sind all des Redens und Vermutens überdrüssig. Sie wollen keine Journalisten, keine Kameras, keine Fotoapparate mehr sehen. Und auch keine Polizisten mehr. Zu viele fühlen sich in ihren Aussagen falsch wiedergegeben, über Stunden mit Fangfragen verunsichert. Sie haben nicht länger das Gefühl, etwas zur Aufklärung des Falles beitragen zu können. Im Gegenteil.

Während sich die Lichtenberger also langsam zurückziehen, heizen die Journalisten mit immer neuen Erkenntnissen über Peggy die Spekulationen an. Trotz ihrer Freundlichkeit, Neugier und Aufgeschlossenheit sei sie doch eher ein einsames Kind gewesen, das zu Hause wenig Anerkennung und Ansprache erfahren habe. Möglicherweise sei sie einfach weggelaufen, weil sie es daheim nicht mehr aushielt? Weg von der Rabenmutter, dem vermeintlich prügelnden Stiefvater? In ein Auto gestiegen, einem Missbrauch zum Opfer gefallen? Oder ist sie am Ende doch nach Tschechien verschleppt worden? Von Zuhältern, die nur auf Frischfleisch warteten?

Eine These jagt die nächste, keine lässt sich mit einem vernünftigen Hinweis untermauern, nur dem Rauschen im Blätterwald sind diese Spekulationen dienlich.

Kapitel 6
Die Türkei-Connection

In den ersten Wochen nach der Gründung der Soko versucht Manhart, die vielen Spuren und Hinweise zu bündeln und zu Themenkomplexen zu verdichten. Einer dieser Komplexe beschäftigt sich mit Ahmet Yilmaz, dem Lebensgefährten von Peggys Mutter Susanne. Möglicherweise könne es Unstimmigkeiten gegeben haben, nicht nur in der Beziehung, sondern auch, was die Erziehung des Kindes betraf.

Die Ermittler finden schnell heraus, dass die Verbindung von Susanne Knobloch und Ahmet Yilmaz von Anfang an ein einziges Auf und Ab gewesen zu sein scheint. Zum Zeitpunkt des Kennenlernens hatte Susanne noch in Halle gewohnt, gemeinsam mit Werner Kraus. Ihre Familie mochte den Neuen nicht und machte daraus kein Hehl. »Seit Susanne mit dem Ahmet zusammen ist, gibt es immer ein Hin und Her«, klagt Hans Knobloch, Susannes Vater. »Wenn es nach ihm gehen würde, müsste sie mit dem Kopftuch herumlaufen.« Manchmal habe sie das tatsächlich getan, etwa, wenn Ahmet Besuch von türkischen Verwandten erwartete. Er hätte Ahmet am liebsten »rausgeschmissen«, so Susannes Vater. Der Ton zwischen den Knoblochs und dem türkischen Schwiegersohn war rauh. Susannes Mutter gibt zu Protokoll, Ahmet habe sie einmal eine »falsche alte Hexe« genannt.

Schon einmal – Anfang 1997 – hatten sich Susanne und Ahmet getrennt, aber nur für kurze Zeit. Dann habe sich

Susanne bei ihm gemeldet und gesagt, sie sei schwanger, so Ahmet Yilmaz. Sie trafen und versöhnten sich. »Ich wollte schließlich für mein Kind da sein«, sagt er heute. Und: »Ich habe diese Frau geliebt.«

Eine Freundin gibt zu Protokoll, eines Nachts sei Ahmet plötzlich bei ihr aufgetaucht, er sei völlig verzweifelt gewesen, habe die »Susi« gesucht. Sie sei verblüfft gewesen, dass er offenbar gar nicht gewusst habe, dass Susanne wieder mit einem anderen Mann zusammen gewesen sei. Als Susanne am nächsten Morgen bei ihr angerufen habe, so die Freundin, habe sie ihr erzählt, dass Ahmet sich bei ihr ausgeweint habe. Und dass er beteuert habe, er werde seine Eifersucht ablegen, wenn denn »die Beziehung mit der Susi nur wieder in Gang komme«. Er sei fix und fertig gewesen und wünsche sich einfach nur eine heile Familie mit Susanne, der zukünftigen gemeinsamen Tochter Jessi und Peggy. Er habe ihr sogar einen Brief gezeigt, den er für Susanne geschrieben habe. Sie solle sich das alles doch noch einmal überlegen.

Die Freundin redete mit Susanne, erfolgreich: Die lud Ahmet kurz nach dem Telefonat zu sich in ihre Wohnung ein. Unglücklicherweise stand auf dem Küchentisch ein großer Strauß Rosen. Wo der denn her sei, fragte Ahmet misstrauisch. Den habe ich mir selber gekauft, habe Susanne geantwortet. Tatsächlich stammten die Blumen von einer anderen Liebschaft, so zumindest erinnert sich die Freundin. Aber Susanne liebe den Ahmet trotzdem mehr als den anderen. »Ich will mit ihm zusammenbleiben, egal, was das für ein Arschloch ist«, habe sie gesagt. Seine ewige Eifersucht nerve zwar, aber auch die würde sie im Laufe der Zeit schon in den Griff bekommen.

So kam es dann auch, jedenfalls vorübergehend. Auf Susannes Wunsch »haben wir uns zusammengerauft und sind dann nach Lichtenberg gezogen«, erzählte uns Ahmet. Er selbst wäre ja lieber nach Rehau gegangen, ebenfalls in Oberfranken und nicht weit von Lichtenberg entfernt. Die Wohnung habe seiner Partnerin aber nicht gefallen, vielleicht deshalb, weil Ahmets Eltern in der Nähe wohnten. Außerdem sei sie zu weit entfernt von den Verwandten, Susannes Vater und ihrer Großmutter gewesen, die beide in Heinersberg lebten.

Kurz vor der Jahrtausendwende besiegelten Ahmet und Susanne ihre Beziehung in einer Art türkischen Hochzeit im privaten Kreis. Susanne war dafür sogar zum Islam übergetreten. Die Zeremonie, die erst im zweiten Anlauf zustande gekommen war, fand in der Wohnung eines Bruders von Ahmet Yilmaz in Hof statt.

Ein Termin 14 Tage vorher war wegen eines schweren Streits geplatzt. Susanne habe offenbar keine Lust auf eine »türkische Hochzeit« gehabt, vermutet ihr Vater Hans. »Scheinbar wurde sie von der türkischen Familie von Yilmaz in diesen 14 Tagen dazu überredet«, gibt er der Polizei zu Protokoll. Ihn selbst hätten die Yilmaz' ebenfalls zur Teilnahme gedrängt, mit dem Argument, ohne seine Anwesenheit könne die Zeremonie nicht stattfinden. »Mir wurde gesagt, dass der Vater der Braut mit dabei sein müsse.« Drei orientalisch gekleidete Männer, die Hans Knobloch als »Hodschas« bezeichnet, hätten das Gelübde abgenommen. Und später habe seine Tochter, wenn Yilmaz dabei war, kein Schweinefleisch mehr gegessen, und wenn sich die türkische Verwandtschaft angekündigt habe, hätte sie sich sogar verschleiert. Er könne das alles gar nicht verstehen, aber bitte, wenn es sie glücklich mache …

Aber wirklich glücklich waren die beiden wohl nicht miteinander. Immer wieder gab es Auseinandersetzungen. Susanne habe ihr einmal blaue Flecke am Arm und am Schlüsselbein gezeigt, sagt die bereits erwähnte Freundin im Polizeiverhör aus. Es habe einen heftigen Streit gegeben, bei dem sogar »ein Teil vom Küchenmobiliar durch die Gegend geflogen sein« muss. »Bei meinem Besuch an diesem Tag war die Tischplatte beschädigt. […] Susanne sagte, dass der Streit ziemlich laut gewesen wäre, denn die Elke hätte dies in der darüberliegenden Wohnung lautstark mitbekommen.«

Ein anderes Mal gab es eine heftige Szene, als Ahmet von einer Spätschicht nach Hause kam und klingeln musste, weil von innen der Schlüssel steckte. Nachdem Susanne ihm endlich geöffnet hatte, stieß Ahmet in der Küche auf einen fremden Mann. Was er hier wolle, habe er ihn gefragt. Nur mit der Susanne reden, habe der geantwortet. Wenig später sei der Mann gegangen. Er sei sehr wütend gewesen, erinnert sich Ahmet an diesen Abend.

Sein Misstrauen wuchs, die Beziehung stand ein weiteres Mal auf der Kippe. Was, wenn seine Tochter Jessica vielleicht von einem anderen Mann war, fragte er sich. Zuerst fand er diesen Gedanken paranoid, aber irgendwann Ende 2000 muss sich die Ungewissheit in seinem Kopf festgefressen haben. Nur – wie sollte er sich Klarheit verschaffen? Susanne fragen? Auf keinen Fall. Susanne um Einverständnis für einen Vaterschaftstest bitten? Ausgeschlossen. Also schmiedete er den Plan, die Vaterschaft heimlich zu testen. »Als ich einmal früher von der Arbeit nach Hause kam, da habe ich die Jessi vom Kindergarten abgeholt«, erinnert er sich. Um eine Speichelprobe von ihr zu bekommen, habe er im Bad gemeinsam mit ihr die Zähne geputzt. Jessis und seinen Speichel habe er dann an ein DNA-Labor in Berlin geschickt und um einen Vaterschaftstest gebeten. Ein paar Wochen später kam das Resultat: Ahmet Yilmaz sei definitv *nicht* der Vater. Die Ungewissheit war vorüber, die gute Laune auch.

Er konfrontierte Susanne mit dem Ergebnis. »Die hat sich tierisch aufgeregt«, sagte Ahmet uns gegenüber. Über ihren

Fehltritt, den Betrug und die fremde Vaterschaft habe sie gar nicht reden wollen. Stattdessen habe sie ihn wegen seines Vertrauensbruchs mit Vorwürfen überzogen. Zuerst habe sie das Ergebnis des Tests angezweifelt und einen Bluttest verlangt.

Er habe dem zugestimmt, aber so weit kam es am Ende gar nicht. Susanne räumte von sich aus ein, dass Jessica einen anderen Vater hat, verweigerte aber nach wie vor ein klärendes Gespräch. Die Beziehung zerbrach ein weiteres Mal – aber schon ein paar Wochen später kehrte Ahmet wieder zurück. »Ich hab das Kind doch als mein Kind großgezogen«, klagte er. Wenn Jessi oder Peggy krank gewesen seien, dann habe er sie nachts versorgt und sei oft nur mit ein oder zwei Stunden Schlaf zur Arbeit gegangen. »Ich habe gedacht, das kann doch nicht alles gewesen sein.« Also lautete die Devise: »Weg mit diesen ganzen dunklen Gedanken. Ich will mit denen zusammenleben.«

Doch dieses Mal missglückte die Versöhnung. Die Atmosphäre blieb dauerhaft gespannt. Susanne habe ihn ständig provoziert und gepiesackt, etwa abends vor dem Fernseher: Wenn es in einem Beitrag um Kuckuckskinder oder falsche Vaterschaften ging, habe sie ihn mit bissigem Spott bedacht. Ahmet kapselte sich ab. Wenn Susanne mit den Kindern zu Besuch nach Halle fuhr, blieb er in Lichtenberg. Mit den Nachbarn sprach er kaum noch.

Auch das Verhältnis zu Peggy verschlechterte sich – falls es denn je gut war. Die Freundin, bei der Ahmet sich ausgeweint hatte, erinnert sich, wie Peggy ihr erzählte, »dass sie vom Ahmet eine Ohrfeige bekommen hätte«. Ein paarmal habe sie auch gesagt, »dass der Ahmet sie nicht mehr lieb« und mehrmals Stubenarrest verhängt habe. Auch Schulfreunde erzählen, dass Peggy manchmal blaue Flecke an den Armen hatte, und Kaufmann Langheinrich erinnert sich, dass Peggy ihn gebeten habe, dem Stiefvater nichts davon zu erzählen, wenn sie sich einmal Süßigkeiten oder ein *Wendy*-Heft gekauft hatte.

Nach außen versuchte Familie Yilmaz/Knobloch, den Schein zu wahren. Tatsächlich waren die Bande aber wohl längst zerbrochen.

*

Die Polizei befragt nach Peggys Verschwinden auch die Verwandtschaft der Nachbarfamilie Kaiser in O. bei Halle. Die Mutter von Maik sagt aus: »Elke hat mir mal erzählt, wenn Ahmet nicht da war, also in den Zeiten, wo die Susi den Ahmet rausgeschmissen hatte, lebte die Peggy richtig auf. Sie hat dann angeblich einen guten Appetit gehabt, viel gegessen und war wesentlich fröhlicher als sonst.« Dass das Mädchen verschwunden sei, werde wohl mit dem ständigen Beziehungskrach zu tun haben, meint Dietlinde Engelhard. »Ich selbst vermute, dass die Susi die Peggy irgendwo versteckt hält, weil sie sich vom Ahmet trennen will. Ich kann mir das nicht anders erklären. Ich bin mir eigentlich sicher, dass Peggy lebt«, gibt sie zu Protokoll.

Letzteres vermuten auch die meisten anderen Mitglieder der Familien Knobloch, Kaiser und Engelhard. Aber nicht alle glauben, dass Susanne etwas mit dem Verschwinden des Mädchens zu tun habe. Etwa Thorsten, der damals 19 Jahre alte Adoptivbruder von Maik Kaiser. Er hatte die Kaisers mehrere Male in Lichtenberg besucht – und an Peggy offenbar einen Narren gefressen. »Ich traue es am ehesten dem Türken zu, dass er die Peggy versteckt haben könnte, damit er auf die Suse Druck ausüben kann«, erzählt er den Ermittlern. Einige der alteingesessenen Lichtenberger wiederum haben zwar weniger Ahmet in Verdacht, raunen aber bis heute, ständig seien »Ausländer« bei Susanne Knobloch »ein und aus gegangen«. Sie seien nur im Dunkeln und immer heimlich durch den Hintereingang ins Haus geschlichen. Dass man im Dunkeln die Nationalität der ominösen Gestalten kaum ausmachen konnte, geschweige denn, welche Wohnung sie nach dem Gang über den Hof angesteuert haben könnten, sei dahingestellt. Abgesehen davon wäre die Tatsache, dass die Kaisers ohne Erlaubnis des Hauseigentümers Zimmer an reisende Kraftfahrer untervermieteten, eine natürliche Erklärung dafür, dass allabendlich fremde Männer ins Haus kamen.

Die Ermittler jedenfalls sehen in Ahmet Yilmaz einen potenziellen Tatverdächtigen. Schließlich hatten sich nicht nur Freunde und Familie von Susanne Knobloch kritisch geäußert, auch einige Kinderzeugen hatten angegeben, er habe das Mädchen womöglich misshandelt. Ein Verdacht, den Susanne Knobloch mit ihren Aussagen später selbst bekräftigte.

*

Den Ausschlag für die nun verstärkt anlaufenden Ermittlungen gegen Ahmet Yilmaz gibt schließlich eine höchst dubiose E-Mail, die bereits am 25. Mai, also zwei Wochen nach Peggys Verschwinden, bei der Kripo in Hof eingegangen war. Sie stammte von der Absenderadresse *ichweissbescheid@yahoo.com*. Eine Adresse, die offenbar nur ein einziges Mal verwendet wurde. Die Firma Yahoo löschte sie später wegen Inaktivität. Wer sie eingerichtet hat, ist bis heute ungeklärt. Der Text der E-Mail lautete:

Ich muss Ihnen sagen, dass die Peggy sich weder in Deutschland noch in der Tschechei befindet. Sie ist in der Türkei; Antakya Hatay Gegend. Ihr Stiefvater weiß davon auch Bescheid, dass das Kind über Russland in die Türkei eingereist ist. Ich würde Ihnen ehrlich persönlich helfen, doch das würde nur einen neuen Familienkrieg auslösen.

Die türkische Polizei, die den deutschen Kollegen in dieser Sache behilflich ist, findet immerhin heraus, wo die Mail abgeschickt worden war: in einem Internet-Café in der Stadt Mersin, westlich von Adana in der Südtürkei. Die türkischen Beamten teilen mit, dass sich zu besagtem Zeitpunkt vier Männer in dem Café befunden haben, die sie allesamt ausfindig gemacht und befragt hätten. Alle bestreiten, etwas mit dieser Mail zu tun zu haben. Also wieder nur eine Sackgasse? Wäre da nicht ein Umstand gewesen, der die deutschen Ermittler ins Grübeln bringt: Einer der Männer, die zum fraglichen Zeitpunkt in jenem Internet-Café gewesen waren, heißt mit Nachnamen Yilmaz. Genau wie der Lebensgefährte von Susanne Knobloch, Peggys Stiefvater.

Fieberhaft versuchen die deutschen Beamten, der Türkei-Spur nachzugehen. Die Staatsanwaltschaft ordnet ein Ermittlungsverfahren gegen Ahmet Yilmaz an. Per richterlichem Beschluss erhält die Polizei die Erlaubnis, Ahmets Handy überwachen zu lassen.

Aber von Anfang an verlaufen die Nachforschungen zäh und mühsam. Der anonyme E-Mail-Schreiber hatte behauptet, Peggy sei über Russland in die Türkei eingereist. Doch wie sollte sie von Lichtenberg nach Russland gebracht worden sein? Zumal man doch Straßensperren errichtet und sämtliche Autos kontrolliert hatte?

Egal. Die Soko Peggy nimmt Kontakt mit ausländischen Behörden auf. Aus Russland gibt es keine Antwort, dafür aber von einer der Behörden in Tschechien. Die dortigen Kollegen mutmaßen, Peggy sei über Prag in die Türkei gebracht worden.

Im Juli 2001 scheint es erneut ein Stück voranzugehen. Soko-Chef Herbert Manhart teilt in einem Schreiben an das

Bundeskriminalamt in Wiesbaden mit, er habe erfahren, dass sich Peggy in Elmabagi befinde, einem Ort in einer abgeschiedenen Bergregion im Südosten der Türkei. Peggy werde in einem Anbau neben einer Kirche versteckt. Diese Information habe er von einer tschechischen Fahndungseinheit erhalten, die wiederum hätten diese Neuigkeit von einem bulgarischen V-Mann. In schönstem Behördendeutsch heißt es: »Im Rahmen der bislang durchgeführten Ermittlungen wurde hier mitgeteilt, dass Peggy Knobloch von der Großfamilie Yilmaz in die Türkei verbracht worden sei.«

Manhart kündigt in seinem Schreiben gleich einen »Großeinsatz« an, eine konzertierte Durchsuchungsaktion. Während man in Deutschland die Wohnungen von Ahmet Yilmaz und dessen Verwandtschaft durchsuchen wolle, möge das BKA dafür sorgen, dass die türkische Polizei zeitgleich eine entsprechende Razzia in Elmabagi durchführe.

Das Ergebnis ist einmal mehr ernüchternd: Bei der Durchsuchung der Wohnungen des deutschen Yilmaz-Zweigs finden die Ermittler nichts, was eine Verwicklung der Familie in die vermeintliche Verschleppung des Mädchens in die Türkei bestätigt hätte. Und auch die türkischen Ermittler können keinen Erfolg verzeichnen – was ihre deutschen Kollegen zunächst aber nicht erfahren. Aus ungeklärten Gründen läuft der Bericht der türkischen Polizei erst Monate später bei der Soko Peggy ein.

Die Ermittler wollen dennoch nicht lockerlassen, suchen nach neuen Ansätzen. In einem Aktenvermerk heißt es: »Im Rahmen der Personenabklärung – Yilmaz ist türkischer Staatsangehöriger und ebenso wie seine Lebensgefährtin moslemischen Glaubens – erarbeitete die Soko einen Fragenkatalog, der unter ethologischen und ethnologischen Gesichtspunkten (Brauchtum, islamische Lebensweisen und Völkerkunde) u.a. dem Institut für Orientforschung an der Universität Erlangen vorgelegt und in mehreren gemeinsamen Besprechungen mit den dortigen Mitarbeitern abgearbeitet wurde.«

Wiederum verschwendete Zeit und Energie: »Auch dies erbrachte keine relevanten Erkenntnisse, insbesondere über ein mögliches Motiv des Yilmaz, das möglicherweise in unterschiedlichen Auffassungen bezüglich der Erziehung des Kindes hätte liegen können.«

*

Peggy ist inzwischen ein halbes Jahr verschwunden. Nach wie vor gibt es nicht die geringste Spur auf ihren Verbleib. Die Hinweise auf Ahmet Yilmaz haben ins Leere geführt, die Beamten befragten immer wieder dieselben Zeugen – einfach deshalb, weil keine neuen hinzukamen. Aussagen wurden auf die Stimmigkeit kleinster Details abgeklopft, Vermutungen und Verdächtigungen als neue Spuren gefeiert und nach kurzer Nachprüfung enttäuscht verworfen. Etwa jener anonyme Hinweis, Peggy sei in der türkischen Stadt Kayseri gesichtet worden. Ein »älterer Mann namens Gümüs« habe »ein Mädchen bei Nachbarn als seine Enkelin aus Deutschland« vorgestellt. Schnell stellte sich heraus, dass die beiden mit dem Fall Peggy nicht das Geringste zu tun hatten.

Als besonders erschwerend kommt hinzu, dass die Beamten bislang keinen einzigen Sachbeweis gefunden haben. Faserspuren, Kleidung, Schulranzen – nichts. Vom lebenden oder toten Körper des Mädchens ganz zu schweigen. Peggy scheint wie vom Erdboden verschluckt.

Im Oktober 2001 ist die Soko mit ihrem Latein am Ende. Die Untersuchungen gegen Ahmet Yilmaz und seine Familie werden eingestellt, die Unterlagen abgelegt. Im entsprechenden Vermerk heißt es: »Die durchgeführten Ermittlungen erbrachten bis dato keinen zwingenden Hinweis, dass die Personen mit dem Verschwinden der Peggy zu tun haben könnten.«

In dieser angespannten Situation erhält die Soko einen neuerlichen Hinweis aus der Tschechischen Republik. Ein gewisser Jakub Stoch, Polizeiagent aus Falkenau, meldet sich mit einer wilden Geschichte. Ein Kollege in Prag habe ihn angerufen und ihm mitgeteilt, dass sich der bulgarische V-Mann wieder gemeldet habe. Er wisse tatsächlich, dass Peggy lebe und wo sie zu finden sei – nämlich nach wie vor in Elmabagi.

Also doch! Wenige Tage später reisen zwei Mitglieder der Soko Peggy in die tschechische Hauptstadt. Im Polizeibüro des Flughafens treffen sie Jakub Stoch und den V-Mann-Führer Vesely. Dessen Angaben protokollieren die deutschen Polizisten wörtlich:

Vesely: Ich weiß aber, dass Peggy noch in Elmabagi sein soll.
Frage: Wie können Sie das so genau sagen?
Vesely: Ich weiß das. Ich werde Ihnen ein Foto von Peggy zukommen lassen, damit Sie und die deutschen Behörden sehen, dass sich Peggy noch dort befindet und lebt.
Anmerkung: Herr Vesely telefoniert mit seinem Handy und spricht mit einer Person in Tschechisch. Anschließend antwortet er, er hätte jetzt mit einem Informanten gesprochen, der von Peggy ein Bild beschaffen könne.

Konnte das wahr sein? Sollte die Spur auf Ahmet Yilmaz doch die richtige sein? Aber warum gab es dann keine eindeutigen Nachrichten aus Elmabagi, das ja offenbar nur ein kleines Dorf war? Die türkische Polizei hätte ihre Suche dort schon längst abgeschlossen haben müssen. Tatsächlich sollte es aber noch bis zum zweiten Weihnachtsfeiertag 2001 dauern, bis endlich ein entsprechendes Schreiben des türkischen Innenministeriums beim deutschen Generalkonsulat in Istanbul eintrifft. Der Inhalt ist entmutigend. »Trotz aller Ermittlungen, die in der gesamten Türkei für die Auffindung der Peggy Knobloch […] durchgeführt wurden, konnte nicht festgestellt werden, ob das genannte Mädchen in die Türkei gebracht wurde bzw. wo sie sich aufhalten könnte.«

Wieder hat sich eine vielversprechende Spur im Nichts verloren. Wieder ist die Soko im Fall Peggy keinen Schritt weitergekommen.

Kapitel 7
Ulvi Kulac unter Verdacht

Im Dezember 2001 muss die Soko nicht nur die Türkei-Spur ad acta legen, sie erleidet auf den ersten Blick noch eine weitere schwere Schlappe. Die Ermittler hatten den Tipp bekommen, dass Peggy vor ihrem Verschwinden hin und wieder in einem leerstehenden Haus in der Lichtenberger Brauhausstraße gesehen worden war. Vielleicht hatte sie hier ein heimliches Versteck und war dort von ihrem späteren Täter aufgespürt worden? Womöglich hatte dieser dem Mädchen in dem Haus, nur wenige Schritte entfernt von der Knoblochschen Wohnung, aufgelauert und es an Ort und Stelle umgebracht und verscharrt?

Die Ermittler hatten aufgrund dieses Tipps Leichenspürhunde angefordert und das Haus durchsuchen lassen. Als die Hunde anschlugen, ordnete die Soko an, das Gebäude abzutragen. Balken für Balken, Stein für Stein, bis auch die Kellerräume freigelegt waren. Zwischen dem ganzen Schutt stießen die Ermittler auf eine Sickergrube, aus der bestialischer Gestank drang. Also doch eine Leiche? Die Ernüchterung war groß, als man am Ende nur ein Sammelsurium aus Abfall, Fleischresten, vergorenen Sauerkrautfässern und Öl fand.

Die Pointe dabei: Die Ermittler hatten eigentlich Hunde aus dem benachbarten Thüringen angefordert, die dezidiert an echten Leichen ausgebildet werden und dementsprechend präzise auf den charakteristischen Geruch von Leichen reagieren. Bayerische Leichenspürhunde trainieren dagegen an

Fleischresten, wie uns Insider verraten haben. Daher können sie nicht unterscheiden zwischen Leichen, vergammelter Wurst oder verdorbenem Fleisch. Das Gesuch der Soko war abgelehnt worden – aus finanziellen Gründen. Das Ausleihen der thüringischen Hunde sei zu teuer. Im Nachhinein wäre das sicher eine wesentlich günstigere Variante gewesen, als ein ganzes Haus abtragen zu lassen. In der Brauhausstraße jedenfalls konnte keine Leiche gefunden werden.

Auf die Idee, hier graben zu lassen, hatte die Ermittler eine Spur gebracht, die eigentlich als abgearbeitet galt – wie so viele. Ulvi Kulac war bereits am 23. Mai zum Vermisstenfall Peggy befragt worden. Der 24-Jährige konnte ein lückenloses Alibi für den 7. Mai nachweisen, die Spur war kalt, die Unterlagen seiner Befragung waren längst abgeheftet worden.

Doch nun war plötzlich alles anders. Der junge Mann war erneut ins Visier der Soko geraten, weil er sich vor einem kleinen Jungen entblößt und onaniert hatte. Auch war er von Zeugen bei dem Haus in der Brauhausstraße gesehen worden. Der Verdacht: Ulvi könne auch Peggy bedrängt, sie möglicherweise sogar umgebracht und in ebenjenem Haus vergraben haben.

*

Ulvi Gürcan Kulac kam am 13. Dezember 1977 in Naila zur Welt. Er wurde außerehelich geboren und war das fünfte Kind von Elsa Kulac, die gerade in Scheidung lebte. Sein türkischstämmiger Vater Erdal und seine Mutter Elsa heirateten am 12. April 1979. Obwohl Elsa mit 39 Jahren keine junge Mutter mehr war, kam das Kind ohne Komplikationen und gesund zur Welt.

Im Alter von zwei Jahren und zwei Monaten erkrankte

der Junge an einer Meningitis, kam ins Krankenhaus und musste fünf Wochen in der Kinderabteilung des Klinikums Hof stationär behandelt werden. Die Ärzte machten den Eltern keine falschen Hoffnungen. Ulvi würde bleibende Schäden behalten.

Elsa wollte sich dieser Diagnose mit aller Kraft widersetzen. Mühsam brachte sie dem Kind Buchstabe für Buchstabe bei, lehrte ihn über Jahre erst das Sprechen, dann – soweit möglich – ein bisschen Schreiben. In einem Brief an die Staatsanwaltschaft Hof vom 25. September 2009 wird sie später festhalten: »Ich habe zwanzig Jahre gebraucht, um meinen Sohn wieder lebensfähig zu machen. Jeder Schritt oder Buchstabe wurde gefeiert.«

Wenige Tage nach seinem sechsten Geburtstag, am 21. Dezember 1983, verunglückte die Familie mit dem Auto in der Türkei. Ulvi musste mit ansehen, wie seine ein Jahr ältere Schwester an der Unglücksstelle starb. Noch heute gerät er in Panik, wenn er die Sirene eines Rettungsfahrzeuges hört.

Kurze Zeit später wurde Ulvi nach einem Test in der Sonderschule Naila eingeschult, zwei Jahrgangsstufen später wechselte er ins Therapeutische Zentrum Hof. Nach Abschluss der Schulzeit besuchte er noch zwei Jahre die Werkstatt für Behinderte in Hof, verließ diese aber, weil er sich dort nicht wohl fühlte. Bei einer Spedition in Naila fand er eine Anstellung als Hilfsarbeiter, kündigte aber nach kurzer Zeit. Die Eltern sorgten nun wieder für seinen Unterhalt. Im Oktober 1987 hatte Elsa Kulac einen Antrag auf Schwerbehinderung gestellt, der ein Jahr später bewilligt wurde. Die Behörde bescheinigte, dass Ulvi in seiner körperlichen Bewegungsfähigkeit erheblich eingeschränkt sei und einer ständigen Begleitung bedürfe. Das Angebot, ihren Sohn in eine Einrichtung für betreutes Wohnen zu geben, lehnte Elsa Kulac ab.

Da seine Eltern das Lokal »Schlossklause« direkt an der Burgruine betrieben, bot es sich an, dass er dort als Hilfskellner den Betrieb unterstützte, was ihm offenbar ganz gut gelang. Er schenkte ein, servierte Essen, rechnete sogar ordnungsgemäß kleine Beträge bei den Gästen ab. Die Ortsansässigen legten ihm das Geld nach Möglichkeit passend hin. Nach eigenen Angaben kochte er sogar gerne. Von 1999 an war er darüber hinaus beim Sportverein TSV Lichtenberg als geringfügig Beschäftigter auf 315-DM-Basis angestellt. Die Arbeit machte ihm Spaß. Ein bisschen Taschengeld bekam er noch von Nachbarn, denen er regelmäßig beim Holzhacken half.

Seine Freizeit verbrachte er, indem er alleine durch den Ort »stromerte«, in Nachbarorte trampte, Gaststätten und Restaurants aufsuchte oder eine Diskothek. Er trank gern Bier, rauchte viel, hin und wieder einen Joint. Oft saß er auf einer Bank, hörte Musik von seinem Walkman und grüßte die vorbeifahrenden Autofahrer. Ulvi gehörte zum Ortsbild von Lichtenberg. Jeder kannte ihn, die meisten mochten ihn, beschreiben ihn als freundlich und anständig, als jemanden, der keiner Fliege etwas zuleide tun könne und älteren Damen ungefragt schwere Einkäufe nach Hause getragen habe. Eine Nachbarin sagt über ihn: »Ein lieber Kerl, hilfsbereit und fröhlich.«

Aber: Ulvi Kulac konnte auch schon mal lästig werden, vor allem, wenn er wieder einmal kein Geld hatte und die Lichtenberger um Geld, Zigaretten oder Bier anpumpen wollte. Doch wenn man ihn dann energisch verscheuchte, habe er sich ohne Murren getrollt.

Richtige Freunde hatte er aufgrund seiner Behinderung kaum. Von den Kindern und Jugendlichen wurde der große, plumpe Kerl mit dem runden Kopf zumeist gehänselt. Manchmal hat ihn das geärgert. »Wenn die Kinder ihm in den Arsch getreten haben, da hat er halt einen Schimpf losgelassen«, erzählte der ehemalige Bürgermeister des Ortes, Herbert Heinel, Journalisten. »Aber zurückgeschlagen hat er nie.«

Für Mädchen war Ulvi nicht besonders attraktiv, er war inzwischen Mitte zwanzig und hatte noch nie eine Freundin gehabt. Nun aber erfuhr die bestürzte Mutter, dass ihr Sohn seine Sexualität anders auslebte – er war entblößt im Ort herumgelaufen und dabei ertappt worden. Fast immer war es Exhibitionismus, wenn Klagen über Ulvis Verhalten kamen. Manche Kinder erzählten, Ulvi habe sie anfassen oder angefasst werden wollen. Gemütskind Ulvi war mit seinem Männerkörper überfordert – besagen die Gutachten, die ihm »psychosexuelle Retardierung« bescheinigen. Das machte ihn zum komischen Kauz. Manche Kinder hänselten ihn und forderten ihn auf, »sein Ding« herauszuholen. Andere lachten ihn aus und liefen davon, wieder andere erzählten ihren Eltern von den Vorfällen.

Im Juni 2000 gab es deswegen zum ersten Mal Ärger. Katja Ludwig hatte Ulvis Mutter angerufen und sich über ihn beschwert. Ulvi habe ihren Sohn vor ein paar Tagen aufgefordert, ihm beim Onanieren zuzugucken. »Bis der Wichs rauskommt«, so habe es Felix ausgedrückt. Dann habe Ulvi seinen »Pipi« wieder eingepackt und dem Buben versprochen, er bekomme »morgen auch was zum Naschen«, aber nur, wenn er seiner Mutter nichts erzähle – was der aber trotzdem tat.

Ulvi musste eine Strafpredigt seiner Mutter über sich ergehen lassen, die er so schnell nicht aus dem Kopf bekam. Dieses Donnerwetter hat ihm wohl auch einen Abend in einer Diskothek in Naila verdorben. An jenem 14. Juni trampte er spät in der Nacht heim nach Lichtenberg. Die Sache mit Felix ließ ihn nicht los, und als er die Telefonzelle am Henri-Marteau-Platz sah, öffnete er die Tür, hob den Hörer ab und wählte den Notruf 110. Es war genau 1.15 Uhr, wie der Beamte notierte. Laut Protokoll sagte Ulvi: »Von meiner Mutter habe ich erfahren, dass Felix die Sache doch zu Hause erzählt hat. Da hatte ich Angst, Felix' Mutter würde mich anzeigen, und da habe ich lieber selbst bei der Polizei angerufen.« Die Zentrale schickte einen Funkwagen zur Telefonzelle. Dort angekommen, testeten die Streifenbeamten erst einmal Ulvis Alkoholpegel; sie maßen 1,12 Promille. Dann erzählte Ulvi ihnen die ganze Geschichte noch einmal, woraufhin die Polizisten ihn nach Hause schickten – und einen Ermittlungsvorgang anlegten.

Die Landgerichtsärztin und Medizinaldirektorin Astrid Janovsky wurde mit der Erstellung eines Gutachtens zur Frage der Schuldfähigkeit von Ulvi Kulac beauftragt. Hierin bescheinigte sie ihm eine »hirnorganische Beeinträchtigung«, einhergehend mit einer »erheblichen Beeinträchtigung der Steuerungsfähigkeit und deutlichen Minderbegabung« sowie »emotionaler und sozialer Unreife sowie Selbstunsicherheit und mangelnder sozialer Kompetenz«. Außerdem, so die Ärztin, sei »zum Vorfallszeitpunkt eine gewisse Alkoholbeeinflussung und ein Zustand nach dem Konsum von Cannabis vorstellbar«. Daher sei »nicht auszuschließen, dass der Beschuldigte im Zustand der Schuldunfähigkeit« gehandelt habe.

Das Verfahren wurde aufgrund dieses Gutachtens am 10. April 2001 eingestellt.

Auch wenn dieser Vorfall zunächst keine juristischen Konsequenzen hatte, scheint er Elsa Kulac aufgeschreckt zu haben. Gleich nach der Beschwerde von Felix' Mutter hatte sie sich mit der Diakonie in Verbindung gesetzt und Ulvi einige Wochen lang zu einem Therapeuten geschickt.

Danach lebte Ulvi sein gewohntes Leben als wunderlicher Kauz des Ortes, die Lichtenberger schienen sich an seinen Exhibitionismus gewöhnt zu haben, vielleicht gab es aber in der Zwischenzeit auch keine weiteren Auffälligkeiten. Das änderte sich erst im August 2001, ein Vierteljahr nach Peggys Verschwinden.

Es war der 27. August, als Anna Langnickel über den Feldweg zwischen dem Gartenviertel Hermannsruh und dem Lichtenberger Friedhof spazierte. Dort sah sie von hinten zwei Menschen auf einer Parkbank sitzen, bei einem von beiden, dem größeren, hing der Hosenboden zwischen den Beinen. Sie dachte zunächst, dass sich da zwei Jugendliche die Zeit vertrieben und vielleicht heimlich rauchten. Als sie näher kam, erkannte sie Ulvi, und als der sie sah, sei er erschrocken und habe schnell sein Hemd in die Hose gestopft. Frau Langnickel sprach die beiden an, ergriff dann die Hand des Jungen, der ihrer Aussage nach ordentlich bekleidet war, und zog ihn mit sich. Das sei, so die Zeugin, gar nicht so einfach gewesen, der Junge wäre offenbar lieber auf der Parkbank geblieben. Da sie aber schon von Ulvis Exhibitionismus gehört hatte und Schlimmeres verhindern wollte, habe sie den Buben energisch vor sich her nach Hause geschoben. Dort klingelte sie und erzählte den Eltern, was sie gesehen hatte.

Die Mutter des Jungen meldete den Vorfall zwar der Polizei, teilte aber sogleich mit, sie wolle keine Anzeige erstatten, es sei ja nichts weiter passiert. Der Beamte, der den Anruf entgegennahm, mag unaufmerksam gewesen sein, jedenfalls schrieb er fälschlicherweise ins Protokoll, es sei Ulvis Mutter gewesen, die ihn angerufen habe. Und er verwechselte auch, wer von den beiden die Hose heruntergelassen hatte, und schrieb, es sei der Junge gewesen und nicht Ulvi.

Am nächsten Tag schickte die Kripo Hof früh am Morgen zwei Beamte zu Frau Langnickel. Sie schilderte noch einmal, was sie schon den Eltern des Jungen erzählt hatte. Gleich danach fuhren die Polizisten zu Ulvi und nahmen ihn mit auf die Wache, wo er den Vorfall kleinlaut bestätigte und anschließend wieder nach Hause gebracht wurde.

Am 29. August wurde es dann doch ernst. Ulvi wurde abgeholt und zu einer Beschuldigtenvernehmung gebracht. Nach dem Gespräch wurde Staatsanwalt Zech telefonisch über den Sachverhalt unterrichtet. Er entschied, Ulvi auf freiem Fuß zu lassen, sofern dieser sich stationär in Therapie begebe. Ulvis Mutter sicherte zu, sich mit Hilfe ihrer Hausärztin umgehend um einen Therapieplatz zu kümmern. Kommissar Behrendt notierte einen Tag später: »Die Mutter will dafür sorgen, dass ihr Sohn sich einer stationären Behandlung unterzieht. Sollte dies in den nächsten Tagen nicht geschehen, müssten weitere Schritte gegen U. Kulac angedacht werden.«

Tatsächlich teilte Elsa Kulac Polizei und Staatsanwaltschaft kurz darauf mit, sie habe einen Platz gefunden. Am 10. September sollte Ulvi in der psychiatrischen Klinik des Bezirkskrankenhauses Bayreuth eine Therapie beginnen.

Doch am Ende kam alles anders. Vier Tage vorher, am 6. September, tauchten zwei Ermittlungsbeamte bei Ulvi auf und konfrontierten ihn erstmals mit dem Verdacht, er habe möglicherweise auch Peggy sexuell missbraucht. Davon war bislang nie die Rede gewesen – weder bei Ulvis erster Vernehmung am 23. Mai noch irgendwann später im Zusammenhang mit den Aussagen von Frau Langnickel. Ulvi musste sich den Vernehmern an diesem Tag gleich zwei Mal stellen. Das Verhör am Vormittag dauerte vier Stunden, das am Nachmittag sogar fünf. Ein Anwalt war nicht anwesend. Tonangebend war dabei Behrendt, der es mal mit Härte, mal mit Milde versuchte. Ulvi stieg geistig aus, saß einfach nur da, starrte ins Leere und schwieg. Nach endlosen Stunden, als alle Beteiligten längst erschöpft waren, wurde Ulvi allmählich weich. Er räumte ein, sich vor Kindern entblößt, sie angesprochen und sexuell belästigt zu haben. Auch von Peggy sprach er. Er sagte, sie sei mehrfach bei ihm gewesen, habe an seiner Playstation spielen wollen.

Danach wurden seine Äußerungen ungenau: Mal heißt es, er habe eine Vergewaltigung zugegeben, dann wieder, er habe nur den missglückten Versuch eingeräumt. Noch ein Jahr später, am 5. August 2002, sollte der spätere Chefermittler Wolfgang Geier beide Versionen in ein und denselben Bericht schreiben. Auf Seite zwei formulierte er: »Der Beschuldigte gab in seiner Vernehmung vom 6.9.2001 zu, die Peggy am 3.5.2001 in seiner Wohnung *vergewaltigt zu haben*.« Und auf Seite elf heißt es: »Am Donnerstag, 3.5.2001, beging Ulvi Kulac einen schweren sexuellen Missbrauch an Peggy in seiner Wohnung. Er sperrte vorsorglich die Wohnung ab und *versuchte, sie zu vergewaltigen.*«

Ein Problem, mit dem auch schon die Vernehmungsbeamten ihre liebe Not hatten: »Alles kann nicht stimmen. Wenn man dreimal etwas anderes erzählt, kann nur eines stimmen. Da hat es einmal eine Sendung gegeben, mit Robert Lembke. Können Sie sich an die Sendung erinnern? Der hat immer gesagt: ›Welches Schweinderl hätten'S denn gern?‹ Was wir jetzt machen, ist auch nichts anderes. Sie bieten uns immer wieder etwas Neues an, [nach dem Motto] sucht euch was aus«, heißt es in einem späteren Vernehmungsprotokoll.

Nur in einem Punkt blieb Ulvi konsequent, egal, wie hartnäckig die Beamten nachfragten, egal, wie lange die Verhöre dauerten, egal, wann sie angesetzt wurden. Auf die Frage: »Ulvi, wissen Sie, wo Peggy ist?«, schüttelte der nur den Kopf und sagte: »Mit Peggys Verschwinden habe ich nichts zu tun.« Peggy habe er nicht getötet, das beteuerte er ein ums andere Mal. Allein, Behrendt glaubte ihm nicht.

Nach dem Verhör nahmen die Beamten Ulvi für eine Nacht in der Wache in Hof in Polizeigewahrsam. Der Staatsanwalt wurde eingeschaltet und beantragte einen Haftbefehl. Am nächsten Morgen wurde Ulvi Kulac dem Haftrichter vorgeführt. Diesmal war ein eilig berufener Pflichtverteidiger dabei. Ulvi wurde in die geschlossene forensische Psychiatrie des Bezirkskrankenhauses Bayreuth eingeliefert. In der Klinik also war er, allerdings ein paar Tage früher als geplant und faktisch in U-Haft. Die Ermittler hatten eine erste Hypothese für Peggys Verschwinden: Ulvi habe Peggy missbraucht, vier Tage später ermordet und die Leiche in dem leerstehenden Haus in der Brauhausstraße versteckt. An dieser Hypothese änderte sich auch nichts, als man dort keine Leiche fand.

Kapitel 8
Der V-Mann in der Psychiatrie

In dieser Phase der Ermittlungen, also von September bis Dezember 2001, sollte es sich für die Soko als unerwarteter Glücksfall herausstellen, dass Ulvi in der forensischen Psychiatrie Bayreuth untergebracht war. Denn parallel zu dem Tipp mit der Brauhausstraße fanden sie einen Mann, der tatsächlich behauptete, Ulvi habe ihm den Mord an Peggy geschildert: Fritz Hermann. Der Kleinkriminelle war wegen Einbruchsdiebstahls verurteilt und aufgrund seiner Drogen- und Alkoholsucht in die forensische Psychiatrie im Bezirkskrankenhaus Bayreuth eingewiesen worden. Mit der Polizei hatte er seit Jahren immer wieder Kontakt – und das nicht nur als gesuchter Krimineller. Von 1996 bis 1998 hatte Hermann als verdeckter V-Mann agiert und die Ermittler mit Insider-Informationen aus der Drogen- und Zigarettenschmugglerszene versorgt. Geführt hatte ihn damals Kommissar Gerhard Förster, der soeben – welch glückliche Fügung – als Verstärkung zur Soko Peggy abgeordnet worden war.

Kurz nach Ulvi Kulacs Einweisung in die Klinik traten Hermann und Förster Ende September wieder in Kontakt. Hermann erklärte später, die Initiative sei von Förster ausgegangen. Er habe ihn in der Psychiatrie angerufen. »Bei dem Telefongespräch wurde ich gefragt, ob der Ulvi auf meiner Station liegt und ob sie mich besuchen können.« Er habe zugestimmt.

Die Polizisten schildern diese Kontaktaufnahme anders. Es sei Hermann gewesen, der sich den Beamten angedient habe. Er habe in der Zeitung über den Fall Peggy gelesen und wisse, dass Ulvi, sein neuer »Zellennachbar«, mit dem Fall zu tun habe.

Wie auch immer: Wenig später erschien Förster in Begleitung seines Kollegen Wolfram Pilz, auch er ursprünglich Drogenfahnder und inzwischen ebenfalls als Verstärkung zum Fall Peggy herangezogen. »Sie haben mir den Auftrag gegeben, Ulvi abzuleuchten und auszuquetschen«, erinnert sich Hermann. Als Lohn sollen sie ihm die Freilassung aus der geschlossenen forensischen Psychiatrie angeboten haben. »Sie sagten mir, wir helfen dir, wenn du uns hilfst. Wenn alles rum ist, gehen wir zur Staatsanwaltschaft und holen dich hier raus.«

Ein solcher Deal wäre illegal gewesen. Die Polizei bestreitet ihn. Wer die Wahrheit sagt, lässt sich heute nicht mehr eindeutig nachprüfen.

Unstrittig ist dagegen, dass ein Teil der Soko ausgesprochen neugierig auf Hermanns Aussagen war, nämlich diejenigen unter den Ermittlern, die schon früh eine Täterschaft Ulvis in Erwägung gezogen hatten. Das war zu Beginn nur eine kleine Minderheit, zu der auch Wolfram Pilz zählte. Pilz sagte im Kollegenkreis, er habe wenige Tage nach Peggys Verschwinden unter vier Augen mit Ulvi gesprochen. Der habe ihm erzählt, Peggy habe am Mittag des 7. Mai 2001 aus einem Fenster an der Rückseite ihres Wohnhauses laut um Hilfe geschrien. Ulvi habe vermutet, vielleicht werde sie drinnen von jemandem bedroht. Er habe diese Geschichte nie geglaubt, sagte Pilz, denn Ulvi will, als er Peggy hinten rufen hörte, an der Vorderseite des Hauses am Marktplatz entlangspaziert sein. Das sei aber unmöglich. Das Haus, in dem Peggy wohnte, gehört zu einem geschlossenen Gebäuderiegel aus zweigschossigen Altbauten. Sollte Ulvis Erzählung der Wahrheit entsprochen haben, hätte es auf dem Marktplatz tatsächlich sehr still sein und Peggy hätte sehr laut schreien müssen. Unmöglich ist das nicht – vor allem mittags wirkt der Lichtenberger Marktplatz regelrecht verwaist. Pilz sagte aber, er habe den Eindruck gehabt, Ulvi wolle mit dieser Geschichte etwas ganz anderes erzählen, nämlich, dass er selbst Peggy bedroht habe.

Pilz zögerte nicht lange und begleitete Förster, als der seinen alten V-Mann Hermann in der Bayreuther Psychiatrie besuchte. Hermann beschrieb sogleich, wie er Ulvi kennengelernt und erste Schritte unternommen habe, um ihm Informationen zu entlocken. »Du hast's doch mit kleinen Kindern gemacht«, sprach er ihn nach seiner Erinnerung auf dem Flur an. Ulvi habe ihn »etwas blöd angeschaut«, Hermann habe ihn aber weiter ermuntert: »Das kannst du mir schon sagen, denn ich hab's selber auch schon gemacht!« Damit endete der Kennenlern-Dialog fürs Erste.

Hermann erzählte auch, wie er vom Fall Peggy und vom Verdacht gegen Ulvi erfahren hatte, nämlich von einem Mitglied seiner Wohngruppe, einem sechzigjährigen Mann, der wegen Kindesmissbrauchs verurteilt und in die Psychiatrie eingewiesen worden war. Dieser Mann teilte sich das Zimmer mit Ulvi. Ulvi soll auch ihm erzählt haben, er habe Kinder missbraucht.

Zum Abschluss des Gesprächs erklärte Hermann den beiden Polizisten, er sehe gute Chancen, ein Vertrauensverhältnis zu Ulvi aufzubauen. Er habe ihm schon kleine Geschenke versprochen, vor allem Schokolade. Das habe »dem Ulvi gefallen«.

Zwei Wochen später meldete sich Hermann mit einer überraschenden Neuigkeit bei Förster: Ulvi Kulac habe tatsächlich über den Mord an Peggy gesprochen! Ein »gewisser

Scholz« sei in Kulacs Wohnung gewesen und habe die Peggy dort umgebracht. Mehr wisse er noch nicht, aber er bleibe dran.

Weitere zwei Tage später kam dann der nächste Anruf. Laut Polizeiakte hat Hermann bei diesem Telefonat erneut einen Handel vorgeschlagen: Sollten Kripo oder Staatsanwaltschaft ihm helfen, aus der geschlossenen Anstalt herauszukommen, würde er Näheres zum Fall Peggy in Erfahrung bringen. Laut Protokoll habe der Beamte »unmissverständlich« geantwortet, einen Deal werde es nicht geben. Er sagte aber auch, »eine Mithilfe bei der Klärung in Sachen Peggy« könne »nie [zu] sein[em] Nachteil sein«.

Gleich am nächsten Morgen telefonierte Kommissar Förster mit Hermann, der durchblicken ließ, er habe erneut mit Ulvi Kulac über den Fall Peggy gesprochen. Den Mord an Peggy habe Ulvi noch nicht gestanden, wohl aber, »dass er am Tag des Verschwindens mit Peggy Geschlechtsverkehr hatte«. Sie sei dann weggelaufen, und – nun präziser – der Scholz habe sie erwürgt. Hermann sagte, er habe Ulvi diesmal beim gemeinsamen Pizzabacken in der Großküche getroffen und ihn direkt gefragt: »Die Peggy war doch am Montag bei dir gewesen?« Ulvi habe geantwortet: »Ja, die ist gleich nach der Schule zu mir gekommen.« Darauf, so Hermann, habe er trickreich nachgehakt: »Na, da hättest du sie doch nicht gleich umbringen müssen.« Worauf Ulvi erklärt habe: »Das habe ich auch nicht gleich gemacht. Ich wollte sie auch nicht umbringen, aber sie hat so laut geschrien.« Und, wie gesagt, der Scholz habe sie dann getötet und auch weggeschafft.

Damit hatte Hermann die Soko Peggy an der Angel. Förster schärfte ihm ein, »dass es wichtig wäre, den Fundort der Leiche von Peggy in Erfahrung zu bringen«. Hermann versprach, Ulvi weiter auszuhorchen. Der Polizist kündigte an, er werde an einem der nächsten Tage persönlich in der Bayreuther Anstalt vorbeikommen.

Aber schon am nächsten Tag um 13.45 Uhr rief Hermann bei der Kripo an, um zwei echte Enthüllungen mitzuteilen: Zum einen wisse er jetzt, wo Peggys Leiche sei. Und zum anderen habe er auch gleich noch den Rest des Peggy-Falles gelöst: Nicht der Scholz habe das Mädchen getötet, sondern Ulvi selbst. Weggeschafft habe sie aber nun plötzlich der Tim. Tim ist ein junger Mann aus dem Ort, den Ulvi als seinen besten Freund bezeichnet und der später auch in seinem Geständnis bei der Polizei auftauchen sollte und zu einiger Verwirrung beitrug. Denn Tim hieß mit Nachnamen ebenfalls Scholz.

All das habe Ulvi ihm gestanden, behauptete Hermann. Die Ermittler waren begeistert. Förster und Pilz machten sich sofort auf den Weg nach Bayreuth. Um 15.30 Uhr trafen sie in der forensischen Station des Bezirkskrankenhauses ein und setzten sich mit Fritz Hermann zusammen. Der erzählte: »Heute befand ich mich gegen 12.50 Uhr mit dem Kulac in unserer Küche. Ich [...] fragte ihn zunächst nach der Telefonnummer von dem Scholz. Ich spielte ihm vor, dass ich auch Interesse an Rauschgift hätte. Kurze Zeit später nannte mir der Kulac die Telefonnummer.«

Hermann fuhr fort: »Gleichzeitig fragte ich ihn nun, ob er mit dem Tod von Peggy etwas zu tun habe und wo er gegebenenfalls deren Leiche hingeschafft habe. Ulvi wollte von mir etwas zum Rauchen, und ich sicherte ihm zu, [ihm] auch etwas zu geben. Ich gab dann Kulac einen kleinen Zettel, und er entfernte sich kurz. Als er wiederkam, übergab er mir den Zettel. Darauf stand geschrieben: Richtung Lopenstein, links ist ein Bach und eine Brücke. Diese Worte schrieb Kulac selbst auf diesen Zettel. Er gab mir zu verstehen, dass die Leiche von Peggy dort liegt.«

Mit »Lopenstein« war offensichtlich Lobenstein in Thüringen gemeint, nur wenige Kilometer von Lichtenberg entfernt.

Den beiden Polizisten erzählte Hermann nun, wie Ulvi ihm den Mord an Peggy geschildert habe. »Er sagte mir, dass die Peggy am Tag des Verschwindens gleich nach der Schule zu ihm in die Wohnung kam. In der Folgezeit hatte er mit Peggy Geschlechtsverkehr. Dabei schrie sie jedoch so laut, und Kulac sagte wörtlich: ›Ich musste sie deswegen erwürgen.‹«

Die Sache mit Lobenstein bestätigte auch der Pfleger Wolfgang Pötzsch. Er hatte mit Ulvi gesprochen, weil er eine Sozialanamnese erstellen sollte. Dabei erzählte Ulvi, er habe Peggy sechs oder sieben Mal getroffen. Einmal sei ein gewisser Scholz dabei gewesen. Die Beamten wollten bei der Befragung des Pflegers den Vornamen des ominösen Herrn Scholz wissen. »Herr Kulac hat, glaube ich, Mirko gesagt.« Damit war die Verwirrung komplett – zwei Scholzens, beide wurden in unterschiedlicher Weise beschuldigt, etwas mit Peggy zu tun zu haben.

Frage: Wann war dieser Mirko Scholz dabei?
Antwort: So, wie ich Herrn Kulac verstanden habe, soll es zu dem Zeitpunkt gewesen sein, als er versuchte, mit der Peggy Geschlechtsverkehr durchzuführen.

Was der Scholz dabei getan haben soll, das habe Ulvi nicht erzählt. Aber er habe gesagt: »Der Mirko weiß, wo sie liegt. Kulac sagte mir auch, was Scholz gesagt hat, nämlich dass sie unter einer Brücke bei Lopenstein [sic] oder Lichtenstein liegen soll.«

*

Die beiden Kommissare verließen die Klinik und fuhren schnurstracks Richtung Lobenstein, um als Erstes die offenkundigste Aussage Hermanns zu überprüfen: Gibt es an der Straße zwischen Lichtenberg und Lobenstein einen Bach, der unter einer Brücke hindurchfließt? Und kann man hier tatsächlich eine Kinderleiche verstecken?

Um 17.15 Uhr trafen die Polizisten an der beschriebenen Stelle ein. »Es handelt sich hierbei um teilweise unwegsames Wald- und Wiesengelände mit Bachlauf«, notierten sie für die Ermittlungsakte. Das Ufer des Baches ist unter der Brücke mit einer Mauer befestigt, um zum Wasser zu gelangen, muss man eine steile Böschung hinabsteigen. Für zwei erwachsene Männer sollte es dennoch kein Problem sein, die Leiche eines neunjährigen Mädchens nach unten zu tragen. Besonders gut geeignet ist der Ort allerdings nicht, um die Tote dort verschwinden zu lassen – der Bach ist höchstens einen Meter tief.

Peggys Leiche fanden die Kommissare dort nicht. Und es gab noch ein Problem bei Hermanns Aussage, das den Beamten allerdings erst später auffiel: Ulvi galt gemeinhin als Analphabet. Er konnte ein paar krakelige Buchstaben malen, aber daraus Wörter, geschweige denn ganze Sätze zusammenzufügen bereitet ihm bis heute große Schwierigkeiten. Wie sollte er da die Ortsbeschreibung auf den Zettel geschrieben haben?

Zwei Tage später fuhren die Polizisten deswegen ein weiteres Mal nach Bayreuth, um Hermann zu befragen. Im Vernehmungsprotokoll liest sich das so: »Haben Sie gesehen, wie er das geschrieben hat?«

»Ja, ich habe gesehen, wie er dies selber geschrieben hat.«

Eine glatte Lüge. Hermann konnte das gar nicht gesehen haben, da Ulvi, wie Hermann selbst gesagt hatte, die Küche einen Moment lang verlassen hatte und erst danach mit der Wegbeschreibung zurückgekommen war. Die Lüge des einstigen V-Manns flog endgültig auf, als die Beamten den Krankenpfleger Rainer Wenzel zu dieser Sache befragten. Als man ihm eine Kopie des besagten Zettels vorlegte, erklärte der Pfleger, Ulvi sei zu ihm gekommen und habe ihn gebeten, etwas für ihn zu notieren: »Den Zettel habe ich geschrieben.«

Die nächste Information, die Hermann bei der erneuten Befragung lieferte, klang ebenfalls wenig glaubwürdig: »Gestern war ich doch noch einmal mit dem Kulac zusammen. Hier erzählte er mir wieder, dass die Peggy in einem Bach [...] ist, dass man sie dort hineingeworfen hätte. Damit sie nicht mehr auftaucht, hätte man um die Füße bzw. die Beine ein Seil gebunden und alles mit einem Stein beschwert.«

Eine Leiche mit einem Stein beschweren und in einen Bach werfen, der, wenn es hochkommt, nur einen Meter tief ist? Das wäre wohl selbst einem Einfaltspinsel wie Ulvi Kulac kaum eingefallen – und wohl erst recht nicht seinem Freund Tim, dem immerhin nachgesagt wurde, dass er dank einiger Cleverness über lange Zeit seinen Drogengeschäften nachgehen konnte, ohne dabei erwischt zu werden.

*

Im November 2001 berichtete Hermann schließlich von einer gänzlich neuen Version. Jetzt soll Ulvi ihm erzählt haben, dass Peggy noch lebe. Sie werde im Ullsteinpark nördlich von Lichtenberg festgehalten und befinde sich in der Gewalt von Entführern. Das besagte Geländestück auf dem früheren Mauerstreifen zwischen der DDR und der Bundesrepublik war erst kurz zuvor vollständig geräumt und als Erholungsgebiet freigegeben worden.

Die Berichte, die Hermann unter Berufung auf Ulvi lieferte, wurden immer abenteuerlicher. Gleichzeitig schien er die Lust an seiner V-Mann-Rolle langsam zu verlieren. Er hatte sich schließlich die Entlassung aus der Psychiatrie versprochen. Aber die Polizei ließ ihn schmoren.

Am 10. Dezember knöpften sich zwei leitende Beamte der Sonderkommission den Informanten ein weiteres Mal vor. Hermann gab sich übellaunig und wortkarg. Erst auf mehrmaliges Nachfragen redete er – und kehrte plötzlich zu seiner ursprünglichen Version zurück, dass Ulvi Peggy erwürgt habe. Die Beseitigung der Leiche schilderte er indes anders als früher. Jetzt war es nicht mehr Tim, der sie weggeschafft hatte, sondern Ulvis Vater.

Wörtlich protokollierten die Vernehmer: »Sein Vater wäre dazugekommen und man hätte sie dann am Abend weggeschafft.«

Frage: Wann soll das stattgefunden haben?
Antwort: Weiß ich nicht.
Frage: Wohin soll man die Peggy gebracht haben?
Antwort: Das weiß ich nicht.

Am Ende erkundigten sich die Polizisten, welchen Eindruck Hermann von Ulvi Kulac habe. Der V-Mann antwortete, seiner Ansicht nach »blickt er schon durch«. Ulvi wisse genau, was passiert sei, versuche aber, die Tat zu verdrängen. Er, Fritz Hermann, sei die einzige Vertrauensperson, der er sich geöffnet habe. »Er erzählt das nur mir«, versicherte er den Ermittlern.

Wenig später besuchten die beiden Kripo-Beamten Förster und Pilz Ulvi Kulac. Sie konfrontierten ihn mit den Aussagen Hermanns. Ulvis Anwalt Wolfgang Schwemmer saß mit am Tisch. Ulvi willigte ein, zur Sache auszusagen. Das Verhör war allerdings nur kurz.

Die Beamten fragten: »Wir haben gehört, dass du gesagt haben sollst, dass dein Vater die Peggy verschafft haben soll, nachdem sie tot war, und du sollst der Täter sein. Was sagst du dazu?«

Ulvi antwortete: »So etwas habe ich nie gesagt.«

Damit war die Sache beendet – und, wie es schien, auch das Vorhaben, Ulvi mit Hermanns Unterstützung zu einem Geständnis zu bewegen. Intern hatten Pilz und Förster ohnehin nicht viel Rückendeckung gehabt. Vor allem Soko-Chef Manhart bezweifelte, dass Ulvi der Täter sein könnte. Eine Auffassung, zu der er noch heute steht.

Die Protokolle wurden in die Ermittlungsakte geheftet, die Spur auf Ulvi schien erledigt. Vorerst.

Kapitel 9
Ein Augenzeuge will den Mord gesehen haben

Doch einige Mitglieder der Soko wollten sich damit nicht zufriedengeben. Da die Sache mit dem Geständnis gescheitert war, versuchten sie es mit einem anderen Ansatz. Angeblich gab es nämlich einen Augenzeugen. Die Kripo war dem schon einmal nachgegangen, aber – wie bei allen bisherigen Ansätzen – ohne Resultat. Nun wurden die Unterlagen erneut hervorgeholt.

Bei dem mutmaßlichen Augenzeugen handelte es sich um den siebenjährigen Felix Ludwig. Er hatte unmittelbar nach Peggys Verschwinden ausgesagt, er habe den Mord an ihr mit eigenen Augen gesehen. Eine Aussage, die er mehrfach – wenn auch in unterschiedlichen Versionen – wiederholte und an der er bis heute festhält. Dennoch sollte er damit im Prozess gegen Ulvi Kulac nicht angehört werden. Und mehr noch: Der Staatsanwalt erwähnte ihn noch nicht einmal in der Anklageschrift. Der Grund dafür: So bestechend der Gedanke war, ein Augenzeuge könnte den Mord an Peggy gesehen haben, so rätselhaft ist das Aussageverhalten von Felix. Bis heute scheiden sich die Geister, ob er als Zeuge glaubwürdig ist oder nicht.

Zusammengefasst sagte Felix aus, er habe Peggy am Nachmittag bis in den Abend des 7. Mai 2001 mehrmals getroffen und gesehen. Aber die Details konnten die Beamten nie genau ermitteln. Ein Beispiel: Felix gab an, er habe mit Peggy an einem Brunnen gespielt. Es gibt im Lichtenberger

Ortskern aber mehrere Brunnen. Nur mit viel Mühe konnten die Beamten herausfinden, welcher davon gemeint gewesen sein könnte – nachdem sie den Brunnenwart ausfindig gemacht hatten, der ihnen erklärte, wann aus welchem Brunnen im Mai schon Wasser sprudelte und welcher folglich zu einzelnen Erinnerungsstücken von Felix gepasst haben könnte.

Wir haben daher versucht, Felix direkt zu befragen. Inzwischen ist er volljährig, macht eine Berufsausbildung und hat eine Freundin. Den Kontakt haben wir nur über seine Mutter herstellen können, in deren Wohnung wir uns dann trafen. Wir erlebten einen großgewachsenen jungen Mann, der gleich zu Beginn klarstellte, dass er damals den Mord an Peggy gesehen habe und über jeden Zweifel, der an seinen Aussagen geäußert werde, empört sei. Felix schilderte dann, was sich am 7. Mai 2001 nach seiner Erinnerung zugetragen habe. Gleich nach der Schule habe er mit Peggy mit Matchboxautos gespielt. Das sei nicht ungewöhnlich gewesen, Peggy sei ein Mädchen gewesen, das anders als ihre Geschlechtsgenossinnen lieber mit Autos als mit Puppen spielte. Danach sei er kurz nach Hause gegangen, habe weitere Autos geholt und sei zu Peggy zurückgekehrt. Nach einer Weile hätten sich die beiden getrennt. Felix erzählte, er sei dann allein im Ort unterwegs gewesen und habe Peggy später unterhalb der Burgmauer in der Gartensiedlung Hermannsruh wiedergetroffen. Dort hatten die beiden Kinder ein Versteck. Peggy sei ängstlich und aufgelöst gewesen und habe ihm gesagt, zwei Männer seien hinter ihr her. Was diese Männer von ihr gewollt hätten und um wen es sich handelte, habe sie nicht gesagt. Dann hätten sich ihre Wege ein weiteres Mal getrennt.

Zufällig habe er später aus einiger Entfernung gesehen, wie Peggy den Feldweg durch die Hermannsruh Richtung Schlossberg rannte. Ulvi habe sie verfolgt. Gefragt, ob er sich da nicht irre, immerhin sei Ulvi bekanntermaßen unsportlich, sagte Felix: »Sie glauben gar nicht, wie der rennen konnte.« Wie ein Blitz sei er hinter Peggy her gewesen. Felix habe einen Parallelweg eingeschlagen, um unbemerkt folgen zu können, sei diesen bis zum Schlossberg entlanggeeilt und weiter nach oben auf den Schlossplatz. In der Mitte des Platzes stand ein hoher Wassercontainer. Auf den sei er hinaufgeklettert, habe sich auf den Bauch gelegt und sei so nah an den Rand gerobbt, dass er sehen konnte, was unten geschah. Der Mann, den er für Ulvi hielt, habe auf der am Boden liegenden Peggy gekniet. Die habe sich irgendwann nicht mehr gerührt. Plötzlich sei ein zweiter Mann aufgetaucht, der ausgesehen habe wie Ulvis Vater. Er habe eine Plane dabeigehabt, in die die beiden die leblose Peggy einrollten. Das »Paket« hätten sie anschließend mit Klebeband verschnürt. Ulvis mutmaßlicher Vater habe das so eingepackte Mädchen dann hochgehoben und sei den Schlossberg herabgestiegen. Felix habe sehen können, das Peggys Beine »herunterbaumelten«. Ulvi habe Peggys Schulranzen aufgelesen und sei dann seinem Vater gefolgt. Direkt unterhalb des Schlossbergs hätten die Männer das Mädchen vergraben.

So ähnlich findet sich das auch in den Ermittlungsakten. Aber aufgrund der teils widersprüchlichen Details glaubten ihm die Beamten nicht. Allein Kripo-Kommissar Pilz ist bis heute davon überzeugt, dass Felix tatsächlich etwas gesehen hat. Er hält dessen Aussage sogar für so plausibel, dass er sie mehr als zehn Jahre nach Peggys Verschwinden noch einmal überprüfen wollte. Im Herbst 2012 trafen sich Felix Ludwig und der Ermittler zu einem privat anberaumten Ortstermin. Felix zeigte dem Kommissar die Orte, an denen er Peggy angeblich gesehen hat, und vor allem den Platz, an dem der vermeintliche Ulvi und sein vermeintlicher Vater ihre Leiche vergraben haben sollen. Dort endete die Suche indes fürs Erste. Ausgerechnet an dieser Stelle steht heute das Fundament der mittlerweile restaurierten Schlossmauer. Sie müsste teilweise eingerissen werden, falls tatsächlich noch einmal nach der Leiche gegraben werden sollte. Pilz befürwortet das.

*

Als wir mit ihm sprachen, hatte Felix Mühe, über längere Zeit bei der Sache zu bleiben. Immer wieder unterbrach er seine Erzählung, spielte mit dem Handy, streichelte den Hund oder lenkte sich anders ab. Er benötigte immer wieder Pausen, bevor er weitersprechen konnte. Offenbar litt er schon als Kind unter Konzentrationsstörungen. Im Mai 2001 ging Felix in die erste Klasse der Lichtenberger Grundschule. Peggy war zwei Stufen über ihm. Seine Klassenlehrerin war damals Christl Maier, die auch Peggy schon unterrichtet hatte. Sie kennt beide Kinder. Über Felix sagte sie uns: »Er konnte sich selten konzentrieren und war extrem unruhig.« Ganz schlimm sei es nach dem Verschwinden von Peggy geworden. Da sei mit ihm überhaupt nichts mehr anzufangen gewesen. Er habe im Unterricht immer aus dem Fenster geschaut, und wenn er aufgerufen wurde, antwortete er nicht oder erzählte ohne Zusammenhang, was ihm gerade im Kopf herumspukte. Nur wenn der Name Peggy fiel, sei Felix hellwach gewesen. »Er war von dem Mädchen richtig besessen«, so Frau Maier. Wenig Gutes sagte die Lehrerin auch über Felix' Mutter, die als Alleinerziehende für ihn und seinen älteren Halbbruder Markus sorgte. In ihrer Anwesenheit sei der Bub noch schwieriger gewesen als ohnehin schon. Außerdem habe sie nie verstanden, warum Katja Ludwig ständig mit Journalisten Kontakt hielt und auch Felix von Zeitungs- und Fernsehreportern befragen ließ.

Die Rolle der Mutter ist auch in Polizeikreisen bis heute umstritten. Bei den Befragungen sprach Felix selten selbst, meist ergriff seine Mutter für ihn das Wort. Das war bei unserem Gespräch mit Felix ähnlich – häufig antwortete zuerst die Mutter, und der Sohn bestätigte nur, was sie gerade gesagt hatte.

Für die Polizei war das ein echtes Problem. Die Beamten konnten selten eindeutig bestimmen, was Felix tatsächlich erlebt und gesehen hat und was er vielleicht nach Gesprächen mit seiner Mutter dazuphantasiert hatte.

*

Zwei Wochen nach Peggys Verschwinden hatte Katja Ludwig Kommissar Pilz in seinem Büro besucht. Sie klagte über Felix' Schulprobleme und erklärte, sie würde ihren Sohn gerne von einem Psychologen untersuchen lassen. Sie habe den Eindruck, Felix verberge etwas vor ihr. Ihr Sohn verhalte sich genauso wie ein Jahr zuvor, als er zuerst nicht erzählen wollte, was er mit Ulvi Kulac erlebt habe. Ulvi habe Felix gezwungen, ihm beim Onanieren zuzusehen. Felix habe einige Tage über den Vorfall geschwiegen, bis er sich endlich getraut hätte, sich seiner Mutter zu offenbaren.

Kommissar Pilz wurde hellhörig – weniger wegen Felix' psychischer Probleme, sondern weil er bis dahin noch nie gehört hatte, dass Ulvi sich auch Felix sexuell genähert haben soll. Von anderen Kindern wusste er, diese Fälle waren Stadtgespräch in Lichtenberg. Pilz hegte den Verdacht, es könnte einen ganzen Kinderschänder-Ring in Lichtenberg geben, zu dem auch Ulvi gehören könnte. Besonders misstrauisch beobachtete er das Treiben in der Gaststätte »Zur goldenen Sonne« am Marktplatz. Dort waren nicht nur ständig kleine Kinder zu Gast, Ulvi half ausgerechnet in diesem Lokal immer wieder am Tresen und in der Küche aus.

Zwar konnte Pilz nie eine wirklich heiße Spur in Sachen Kinderschänder-Ring finden, aber immerhin hatte Ulvi exhibitionistische Handlungen zugegeben. Und mehr noch: Kurz nach Peggys Verschwinden soll Ulvi Pilz gegenüber angeblich eingeräumt haben, er habe auch Peggy sexuell bedrängt. Und jetzt war das Mädchen verschwunden! Gab es da womöglich einen Zusammenhang?

Eine Woche später war Katja Ludwig erneut bei der Soko aufgetaucht. Diesmal nahmen sich gleich drei Beamte ihrer an. Sie erzählte, Felix frage sie neuerdings ständig, »welche Strafe man auf Lügen zu erwarten habe«. Warum er das wissen wollte, sagte er nicht. Außerdem sei ihr eingefallen, dass Felix am 7. Mai 2001 erst sehr spät nach Hause gekommen sei – um 18.45 Uhr. Wo er so lange gesteckt habe, wisse sie nicht, er wolle nicht damit herausrücken. Bei einer Psychologin sei sie inzwischen übrigens auch gewesen, seitdem sei der Bub noch verstörter als zuvor. Er habe Angst, ihm könne etwas passieren.

Während Pilz davon überzeugt war, dass Felix irgendetwas Wichtiges gesehen habe, wussten seine Kollegen von der Soko Peggy nicht viel mit dem Jungen anzufangen. Seine Aussagen waren einfach zu widersprüchlich, als dass sie verwertbar gewesen wären. Einmal behauptete er, er sei am Nachmittag des 7. Mai mit Peggy auf dem Parkplatz vor dem Feuerwehrhaus gewesen; dann wieder sagte er, die beiden hätten am Brunnen auf dem Marktplatz gespielt. Felix' Bruder Markus bestätigte die Parkplatz-Variante, für die andere gibt es keine Zeugen. Hinterher sei er zu seinem Freund Jürgen gegangen, sagte Felix im Verhör. Wie kann er dann aber in der Kleingartensiedlung und am Schlossberg gewesen sein? Außerdem erklärten sowohl Jürgen als auch dessen Mutter, dass Felix an diesem Nachmittag keineswegs bei ihnen gewesen sei.

Kommissar Pilz ließ sich von all dem nicht beirren. Im Gegenteil. Er begann, ein Vertrauensverhältnis zu Felix und seiner Mutter aufzubauen. Mit Katja duzte er sich bald, man tauschte die Handynummern aus. Für Felix wurde er so etwas wie ein Onkel, in der Schule gab der Junge manchmal mit ihm an. Er habe sogar mit der Pistole spielen und ein paarmal abdrücken dürfen, erzählte er seinen Klassenkameraden. Munition sei aber nicht in der Waffe gewesen.

Katja Ludwig wiederum nutzte den kurzen Draht zur Soko und ließ die Beamten über Pilz wissen, was sie von den Ermittlungen hielt. Im August 2001 beschwerte sie sich etwa darüber, dass Ulvi immer noch frei herumlaufe. Felix habe die Bemerkung fallenlassen, dass Ulvi »irgendetwas Sexuelles« mit Peggy gemacht habe.

Einen Monat später, am 10. September 2001, informierte Pilz Katja Ludwig am Telefon darüber, dass die Soko Felix noch einmal vernehmen wolle. Die Mutter erklärte sich prinzipiell einverstanden, wollte aber vorher erfahren, worum es geht. Ein Wunsch, den Pilz ihr erfüllte: Man wolle wissen, ob Felix schon einmal in der Wohnung von Ulvi Kulac gewesen sei. Spontan antwortete Katja Ludwig, das könne sie sich nicht vorstellen. Am Abend rief sie allerdings überraschend bei Pilz an. Ihr sei da noch etwas Wichtiges eingefallen: Vor ein paar Tagen sei sie auf dem Burgfest gewesen. Da habe sie Leute über Ulvi reden hören. Sie hätten geschwärmt, dass Ulvi sein Zimmer immer so schön aufräume. Das habe sie soeben ihrem Sohn erzählt – er solle sich in Sachen Ordnung ein Beispiel an Ulvi nehmen und sein Zimmer endlich einmal sauber halten. Da habe Felix plötzlich ausgerufen: »Das ist ja gar nicht wahr. Da liegen lauter Bierdosen rum!« Auf ihre Frage, woher er das wisse, habe Felix zugegeben, dass er doch schon einmal in Ulvis Wohnung gewesen sei.

Eine Woche später folgte der nächste Anruf bei Kommissar Pilz. Diesmal erzählte Felix' Mutter, ihr Sohn habe »nach der Festnahme des Ulvi Kulac über Schmerzen an seinem Penis« geklagt. Sie habe sich daran erinnert, dass Felix dieselben Schmerzen schon ein Jahr zuvor gehabt hatte. Damals sei sie mit ihm zu ihrem Hausarzt gegangen. Felix' Vorhaut sei regelrecht »zerfetzt« gewesen, sagte sie uns in einem Interview. Wir fragten bei besagtem Hausarzt nach. Tatsächlich konnte er sich an diesen Besuch erinnern. Er habe allerdings keinerlei Verletzungen am Penis des Jungen festgestellt.

Im November 2001 meldete sich Katja Ludwig schließlich mit einer weiteren Neuigkeit. Felix habe von einer eingestürzten Mauer neben einer Scheune gesprochen. Es handele sich vermutlich um den Ort, an dem Peggys Leiche versteckt sei. Pilz nahm den Hinweis wie üblich ernst und schickte einen Kollegen zu Felix' Mutter. Die beiden fuhren zu besagter Scheune, ein Hinweis auf Peggy fand sich dort allerdings nicht, auch nicht bei einer späteren Ortsbegehung. Katja Ludwig präzisierte daraufhin, Felix habe von »zwei eingestürzten Mauern« gesprochen. Nur leider habe er nicht erwähnt, wo diese zu finden seien.

Es war vorerst der letzte Versuch der Soko Peggy, herauszufinden, ob Felix tatsächlich ein Augenzeuge war oder nicht.

Kapitel 10
Die Soko ist am Ende

Ein halbes Jahr nach Peggys Verschwinden muss sich die Soko eingestehen, dass sie trotz immensen Aufwands keinen Ansatz gefunden hat, zu klären, was mit dem Mädchen geschehen sein könnte. An den technischen und personellen Mitteln, die die Polizei zur Verfügung hatte, dürfte das eher nicht gelegen haben. Das geht aus einem Zwischenbericht hervor, den Soko-Chef Manhart am 17. Oktober 2001 für seine Vorgesetzten schrieb. Seine Bilanz umfasst sechs Seiten. Das Dokument, das uns vorliegt, bietet einen seltenen Einblick in die ausweglose Lage der Ermittler, die mit diesem Papier im Grunde ihr Scheitern erklären. Die »Sachlage«, nämlich das »Verschwinden eines Kindes«, sei zwar nicht außergewöhnlich. Es gebe »gewisse Parallelen zu einigen vom Grundmuster her ähnlich gelagerten Fällen in Deutschland«. Im Gegensatz »zu anderen Ereignissen« sei aber im Fall Peggy »ein zielführender Ansatzpunkt (Leiche, Auffinden eines Gegenstandes der Vermissten, verifizierbare Zeugenaussagen etc.) bisher nicht zu verzeichnen«.

Auch an Spuren und Hinweisen hatte es nicht gefehlt. Die Ermittler hatten »bis dato 3838 Spuren« registriert. Davon waren zum Zeitpunkt des Zwischenberichts 160 noch nicht abgearbeitet. Diese Spuren hatte die Soko zu »Spurenkomplexen« zusammengefasst, die Manhart einzeln aufführt. Sie belegen, welch immensen Aufwand die Sonderkommission betrieb. So überprüften die Beamten sämtliche Kurgäste im nahe gelegenen Bad Steben, allein 400 Personen, sowie die

Besucher der Spielbank im gleichen Ort, tausend an der Zahl. Dazu noch die Einwohner von Lichtenberg, dem »Ausgangspunkt der Vermissung«, die teils mehrfach befragt wurden.

Neben dem Spurenkomplex »Familie der Vermissten im engeren und weiteren Sinne« wird in Manharts Bericht auch die Überprüfung »guter alter Bekannter« der Polizei als Extrapunkt aufgeführt. Auch hier sind die Zahlen, die der Soko-Leiter präsentiert, beeindruckend: Die Sonderkommission habe 1500 sogenannte Modus-Täter überprüft und damit sämtliche Männer unter Anfangsverdacht genommen, die in Oberfranken, im sächsischen Plauen und im thüringischen Saalfeld schon einmal im Zusammenhang mit Kindesmissbrauch oder anderen passenden Delikten aufgefallen waren.

Ebenfalls erfasst und überprüft wurden sämtliche Pendler der gesamten Umgebung. Insgesamt verarbeitete die Soko die Masse an Tipps und Hinweisen zu 4464 Arbeitsaufträgen, die am 17. Oktober 2001 »zu einem hohen Prozentsatz abgearbeitet« waren. Diese Arbeitsaufträge umfassten nicht nur den mehrfachen Einsatz von Leichenspürhunden und 16 gerichtlich angeordnete Lauschangriffe auf die Mobiltelefone von Verdächtigen und möglichen Zeugen. Für das Abhören und Protokollieren von Telefonaten wurde die Soko von sechs Spezialisten der Bundespolizei verstärkt, die rund um die Uhr im Schichtbetrieb Gespräche mithörten. Zum Zeitpunkt des Berichts waren noch drei Abhörschaltungen aktiv und drei weitere beantragt.

Zu diesen Arbeitsaufträgen gehörten auch vergleichsweise ungewöhnliche Aktionen wie die Hypnose eines Zeugen: Dirk Wimmer, jener Mann, der beim Spazierengehen eine Mädchenleiche gesehen haben wollte, sollte sich dieser Maßnahme unterziehen. »Die Hypnose [des Zeugen] sollte vor dem 21. Juni 2001 stattfinden, da dieser dann einen Termin im Krankenhaus habe«, heißt es in einer Aktennotiz. Wimmer willigte ein, und man legte den 15. Juni als Termin für die Hypnose fest. Ein Ingolstädter Gerichtsarzt sollte den Zeugen in Trance versetzen. Einen Tag vorher jedoch sagte die Staatsanwaltschaft Hof den Termin ab. Begründung: »Eine Hypnose bei Herrn W. [wäre] nicht gerichtsverwertbar gewesen.« Wie wir noch sehen werden, war die Sache damit aber nicht zu Ende.

Was die aktuellen Ermittlungen anging, nennt Manharts Bericht vier Schwerpunkte. Bei diesen handelt es sich um noch offene Verdachtsmomente, von denen indes keiner einen greifbaren Ansatz bietet:

1. Susanne Knobloch (Mutter) und Ahmet Yilmaz (Stiefvater).
Hier nennt der Bericht als Motiv mögliche »unterschiedliche Auffassungen bezüglich der Erziehung des Kindes«. Weil Yilmaz türkischer Staatsbürger und bekennender Muslim ist, holte sich die Soko zusätzlichen Sachverstand über »Brauchtum, islamische Lebensweisen und Völkerkunde« von Wissenschaftlern, darunter des Instituts für Orientforschung der Universität Erlangen. Am Ende heißt es: »Auch dies erbrachte keine relevanten Erkenntnisse.«

2. Bezug Ausland (Tschechien/Türkei).
Schon zu Beginn der Ermittlungen suchte die Soko den Kontakt zur tschechischen Polizei. Die Behörden beider Länder installierten eigens Verbindungsbeamte, um regelmäßig Informationen auszutauschen und gemeinsame Aktionen zu koordinieren. Hier findet sich auch der Hinweis auf den ominösen bulgarischen V-Mann, der Peggy in der Ortschaft Elmabagi in der Türkei geortet haben

wollte. Der Zwischenbericht schildert, dass »türkische Polizeikräfte offensichtlich auch intensive Suchmaßnahmen und Befragungen in der Ortschaft durchgeführt« hätten, jedoch ohne Erfolg. Das Angebot, einen deutschen Beamten in die Türkei zu entsenden, hätten die türkischen Behörden abgelehnt. Die Soko halte nach wie vor »engen Kontakt mit den tschechischen und türkischen Polizeibehörden«.

3. Ulvi Kulac, geb. 13.12.77 in Naila, wh. Lichtenberg.
Der Passus über Ulvi Kulac ist besonders aufschlussreich, weil er in Kurzform schon den gesamten Ermittlungsstand aufzeigt, der sich bis zum Prozess nicht wesentlich verändern wird. »K. hat gegenüber einem Mithäftling [gemeint ist Fritz Hermann] des Bezirkskrankenhauses angegeben, er sei für das Verschwinden und die anschließende Tötung von Peggy Knobloch durch Erwürgen verantwortlich«, heißt es darin. Und weiter: »Diese Aussagen widerrief er später und belastete seinen Bekannten Mirko Scholz, einen Einwohner der Ortschaft Lichtenberg.«
Die Soko bezweifelte allerdings, dass Ulvis vermeintliches Geständnis der Wahrheit entspricht. Seine Angaben ließen sich »weder durch Spuren noch durch Zeugenaussagen« erhärten. Und: »Eine kriminaltechnische Absuche seiner Wohnung [der Wohnung von Mirko Scholz] verlief negativ.« Dennoch wurde er als Verdächtiger geführt.

4. Mirko Scholz, geb. 7.5.77 in Naila, wh. Lichtenberg.
Scholz ist der Mann, den Ulvi Kulac vorübergehend beschuldigt haben soll, »Peggy geknebelt, gefesselt und mit einem Stein beschwert an einem Fluss abgelegt zu haben«. Eine Aussage, die die Polizei nicht von Ulvi selbst, schon gar nicht von Scholz, sondern lediglich über einen Vermerk in der Sozialanamnese und in Teilen von Fritz

Hermann erfahren hatte. Die Soko beantragte, Mirkos Telefongespräche abzuhören. Die Staatsanwaltschaft leitete ein Verfahren »wegen Verdachts des Totschlags zum Nachteil von Peggy Knobloch« ein. Der Verdacht gegen den anderen Scholz, Ulvis Freund Tim, hatte sich nicht erhärten lassen, er hatte ein wasserdichtes Alibi.

*

Zum Zeitpunkt von Manharts Bericht war die Personaldecke der Soko Peggy kräftig geschrumpft – von 75 auf elf Mann. Der Grund lag weniger darin, dass die Polizei um jeden Preis die Kosten drücken wollte, sondern vielmehr darin, dass kaum noch etwas zu tun war. 95 Prozent der Spuren seien abgearbeitet, ein neuer Spurenkomplex sei nicht in Sicht, resümiert der Leiter der Soko.

Der Zwischenbericht vom 17. Oktober 2001 mag ehrlich gewesen sein, der politischen Führung des Freistaats Bayern indes gefiel er nicht. Der Fall Peggy war der prominenteste Kriminalfall des Jahres. Wochenlang war Lichtenberg von Fotografen und Fernsehteams regelrecht belagert worden. Manche Teams hatten sich hier so zu Hause gefühlt, dass sie ungefragt durch fremde Gärten streiften, den Ort als reine Kulisse und die Menschen als Statisten für ihre Inszenierungen missbrauchten. In Oberfranken sollte endlich wieder Ruhe einkehren. Gleichzeitig wusste man in München auch, dass die Menschen mit dem bisherigen Verlauf der Ermittlungen unzufrieden waren. Das Schicksal von Peggy einfach unaufgeklärt zu lassen war keine Option, dafür hatte der Fall zu hohe Wellen geschlagen. Also musste eine andere Lösung her.

Kapitel 11
Der Minister greift ein

Erstaunlicherweise spielt die politische Dimension des Falles Peggy in der Berichterstattung der Medien bis heute so gut wie keine Rolle. Dabei hatte sich Bayerns Innenminister Günther Beckstein spätestens Ende 2001 persönlich eingeschaltet und die Ermittlungen in neue Bahnen gelenkt. Die Mitarbeiter der Soko Peggy bekamen erstmals im Sommer 2001 Wind davon, dass ihre Arbeit von höherer Warte aus mit Argusaugen betrachtet wurde. Über den Flurfunk wurde verbreitet, das Innenministerium sei höchst irritiert über ihre Erfolglosigkeit. Die Polizisten waren frustriert und fühlten sich unter verschärfter Beobachtung. Das Arbeitsklima litt, die ermittelnden Kommissare stritten sich immer häufiger. Eine klare Linie für das weitere Vorgehen fehlte. Ausgerechnet in dieser Phase riefen immer wieder Ministerialbeamte aus München an und erkundigten sich nach dem Stand der Dinge. Dass die politische Führung langsam ungeduldig wurde, war offensichtlich und sorgte unter den Ermittlern zusätzlich für eine nervöse und angespannte Stimmung.

»Die Ermittlungen waren sehr schwierig«, sagte uns auch der damalige bayerische Innenminister Günther Beckstein, als wir ihn zum Fall Peggy befragten. Dass gerade dieser Fall solche Probleme bereitete, sei besonders schwer hinzunehmen gewesen, denn »Kinder sind unschuldig«, so der Politiker. Die erste Sonderkommission sei nach »einiger Zeit an den Punkt gekommen, an dem sie nichts Wesentliches mehr ermittelte«, erinnert sich der damalige Innenminister. Er habe dann die Entscheidung »mitgetragen«, eine neue Kommission einzusetzen.

Ein beispielloser Vorgang – auch wenn Beckstein versucht, ihn als politische Routine zu verharmlosen: Eine erfolglose Sonderkommission abzulösen und durch eine neue zu ersetzen sei »nicht so ungewöhnlich« bei Fällen, in denen die Ermittlungen »schwierig« seien. »Es ist eigentlich ein Grundprinzip, das ich immer hatte, denn die Erfahrung zeigt, dass mancher sich in einem Circulus vitiosus befindet, und dann ist es gut, wenn völlig andere Leute noch mal drüberschauen.« Die Soko Peggy habe schlicht in der »Sackgasse gesteckt«.

Dass die Ermittler damals unter enormem Erfolgsdruck standen, räumt der Politiker freimütig ein: »Jeder erwartet, dass der Fall geklärt wird und da nicht etwa große Fragezeichen bleiben.« Dann führt er unmissverständlich aus: »Jawohl, es gibt einen Erwartungsdruck, aber das ist etwas, das in aller Professionalität ausgehalten werden muss von allen Beteiligten – von den Kriminalbeamten ganz genauso wie vom Polizeipräsidenten, der die Pressekontakte hat.« Es sind hohe Erwartungen, die Beckstein formuliert, dennoch dürfe dies »nicht dazu führen, unsorgfältig zu arbeiten«. Denn sonst könne es passieren, dass die Justiz die Arbeit der Polizei am Ende zerpflückt und »man bei Gericht auffliegt. Und das ist dann doppelt peinlich.«

Becksteins Einlassungen legen nahe, dass er sich persönlich mit dem Fall befasste und die Entscheidung für die Gründung einer neuen Sonderkommission nicht allein seinem Apparat überließ. Über die Stoßrichtung der Ermittlungsarbeit war er jedenfalls informiert. »Ich habe mitgeteilt bekommen, dass dann in der Tat ein Verdächtiger von der Polizei ins Visier genommen worden ist«, so Beckstein. »Es war Ulvi, ein junger Mann, der nicht gerade als Intelligenzbolzen verschrien war und prinzipiell auch als gutmütig [galt].« Von da an habe er den Fall nur noch »aus der Presse verfolgt« und seine Leute arbeiten lassen. Schlussendlich habe dann ohnehin die Justiz den Fall übernommen, und von diesem Punkt an habe er als Innenminister keine Möglichkeit mehr gehabt, das Verfahren zu steuern.

Ganz so einfach wollten wir Beckstein dann doch nicht davonkommen lassen. Wir konfrontierten ihn mit einem Vorwurf, der bis heute nicht entkräftet wurde. Nämlich dass die Ermittler Vorschriften missachtet und Zeugen manipuliert haben sollen. Es geht dabei unter anderem um Jakob Demel und Sebastian Röder – jene beiden Buben, die zunächst ausführlich und äußerst detailreich schilderten, wie und wo ihnen Peggy am Nachmittag des 7. Mai 2001 begegnet war, dann aber ihre Aussagen mit kurzen und oberflächlichen Erklärungen zurückzogen. Die Gründe dafür lagen lange Zeit im Dunkeln. Bei unseren Recherchen hatten wir herausgefunden, dass die Ermittler den Jungen in Einzelverhören wahrheitswidrig mitteilten, der jeweils andere habe seine Aussage zurückgezogen. Sie mögen doch bitte noch einmal ganz genau nachdenken.

Becksteins Antwort auf unsere Frage nach der gezielten Manipulation von Zeugen verblüfft: »Theoretisch ist so etwas möglich.« Allerdings passe dies nicht zu den Abläufen in einem Rechtsstaat, der auf die Sicherung eines hohen Qualitätsstandards achte. Es sei ja nie ein einzelner Beamter, der unkontrolliert agieren könne, vielmehr habe es eine große Sonderkommission gegeben. Für Kontrolle sei gesorgt – durch Vorgesetzte, die den ermittelnden Beamten auf die Finger sähen, und nicht zuletzt durch die Staatsanwaltschaft. Dann habe eine große Strafkammer aus »qualifizierten Juristen« und Laienrichtern ein Urteil gefällt, und schließlich habe auch noch der Bundesgerichtshof in einem Revisionsverfahren das Urteil gegen Ulvi als richtig erachtet. So argumentiert auch die heutige bayerische Justizministerin Beate Merk. Beide – Beckstein und Merk – verschweigen allerdings, dass das Revisionsgericht allein Rechtsfragen überprüft hat, nicht aber die Stimmigkeit der Sachbeweise. Justizministerin Merk erklärte zudem auf eine parlamentarische Anfrage des Landtagsabgeordneten Florian Streibl von den Freien Wählern, beim Ermittlungsverfahren im Fall Peggy habe es keine »formellen oder informellen Anweisungen gegenüber der Polizei oder der Staatsanwaltschaft« gegeben, und zwar weder vom Innen- noch vom Justizministerium.

Oberflächlich gesehen mag das stimmen, de facto eher nicht – wie Beckstein freimütig zugab. Und schließlich, konfrontiert mit der Manipulation der Zeugen Jakob Demel und Sebastian Röder, räumte der frühere Innenminister sogar ein: »Wo Menschen sind, gibt's Fehler.«

Kapitel 12
Der Super-Ermittler

Zum Chef der neuen Sonderkommission kürt Beckstein einen Mann, der sich schon mehrfach als vertrauenswürdig erwiesen hatte – Kriminaldirektor Wolfgang Geier. Geier ist damals Chef der Polizeidirektion Aschaffenburg und wartet schon lange auf eine neue Aufgabe. Er hatte 1972 als Bereitschaftspolizist in Nürnberg angefangen und war danach für fünf Jahre zur Kripo Bamberg gewechselt, wo er als Drogenfahnder arbeitete und immer wieder für Sonderaufgaben abgestellt wurde. Später wurde er Dienstgruppenleiter und ging zur Mordkommission. 1990 schloss er ein Studium an der Polizeiführungsakademie in Münster ab und übernahm als Kriminalrat die Leitung der Kripo Würzburg. 1992 wurde er Chef der Polizeidirektion Aschaffenburg.

Als die Soko Peggy 1 Ende des Jahres 2001 zu scheitern droht, wendet sich Beckstein an den als hartnäckig und akribisch bekannten Beamten und bittet ihn, den Fall zu übernehmen. Geier sagt zu. Eine Entscheidung, die sich später für ihn auszahlen sollte: 2003 wurde er zum Leiter der Kriminaldirektion Nürnberg ernannt, seit 2007 ist er oberster Verbrechensbekämpfer im bayerischen Regierungsbezirk Unterfranken. Außerdem leitete er ab 2005 die Soko Bosporus, die die Morde der rechtsextremistischen Terrorgruppe NSU aufzuklären versuchte. In beiden Fällen – Peggy und NSU-Morde – hatte die Politik ein starkes Interesse daran, die Handlungsfähigkeit des Staates zu beweisen, und in beiden Fällen mühte sich Geier, diese Erwartung einzulösen.

Zu beneiden war er um diese Jobs sicher nicht. Er stand von Anfang an im Blickpunkt von Presseöffentlichkeit und Politik. Beide Fälle waren ungewöhnlich kompliziert und schwierig. Beim Thema NSU war klar, dass der Staat eine Mordserie an türkischstämmigen Zuwanderern nicht einfach hinnehmen konnte. Warum sich die Soko so schwertat, auf die wirklichen Täter zu kommen, darüber wurde schon viel spekuliert. Geier klagte vor dem NSU-Untersuchungsausschuss des Bundestages darüber, dass der bayerische Verfassungsschutz ihm Informationen vorenthalten habe. Tatsächlich ist die Rolle des Verfassungsschutzes schwer zu verstehen. Einerseits haben die Ämter immer wieder darauf hingewiesen, dass sie mit Hilfe zahlreicher V-Leute Informationen aus der rechtsextremen Szene gewinnen konnten, andererseits wollen sie beispielsweise nicht mitbekommen haben, dass die Nazi-Rockband »Gigi und die braunen Stadtmusikanten« regelmäßig vor Hunderten Fans den Song »Dönerkiller« aufführte, in dem die NSU-Morde schon verherrlicht wurden, als außerhalb der Szene niemand auch nur ahnte, wer hinter den Taten steckte.

Die Verstocktheit des Verfassungsschutzes gegenüber der Polizei erklärt die Pleite der Soko Bosporus aber bestenfalls teilweise. Geier behauptete zwar später, er habe durchaus einen rechtsextremen Hintergrund für möglich gehalten, doch intern ist anderes zu hören. So hatte der Münchner Profiler Alexander Horn schon 2006 gemutmaßt, dass das Motiv für die Morde Fremdenhass sein könnte, die Täter vor dem ersten Anschlag im Jahr 2000 zur rechtsextremen Szene gehört und sich dann in den Untergrund zurückgezogen haben könnten. Geier hatte Horn dezidiert um eine Einschätzung gebeten – diese dann aber offenbar nicht ernst genommen. Stattdessen stellte er seine eigene Tathergangshypothese auf. Diese beruhte auf der Annahme, es handele sich um eine Art Bandenkrieg innerhalb der türkischen Gemeinschaft. Um diese These zu untermauern, schreckte Geier auch nicht vor ausgefallenen Mitteln zurück. So ließ er einen V-Mann eine Döner-Bude in Nürnberg eröffnen. Rechnungen von Lieferanten wurden absichtlich nicht bezahlt, um die im Hintergrund vermutete mafiöse Bande zu provozieren.

Beim Fall Peggy lief es ähnlich, wenngleich Horn und Geier hier in dieselbe Richtung dachten. Nach einer Besprechung mit Geier und anderen Mitarbeitern der Soko Peggy 2 am 30. April 2002 entwickelt Horn eine Tathergangshypothese. Intern beschwert er sich später darüber, dass er bei jener Besprechung nicht alle nötigen Informationen erhalten habe – er wäre sonst zurückhaltender gewesen. Jedenfalls nimmt der Profiler aufgrund dessen, was die Ermittler ihm mitteilen, an, dass die Tat von einem Einzelnen verübt worden sein könnte, der damit eine andere Straftat vertuschen wollte, etwa eine Vergewaltigung. Dass Geier sich da offenbar schon längst auf ebendiese Tatversion festgelegt hatte, weiß Horn nicht. Und auch nicht, dass man gemeinsam mit Ulvi Kulacs Zellennachbar in der Bayreuther Psychiatrie bereits in dieser Richtung vorgearbeitet hat. Mit seiner Hypothese gibt Horn also letztlich nur das wieder, was Geier hören will und von dem er ohnehin überzeugt ist.

Im weiteren Ermittlungsprozess sollte der Soko-Leiter konsequent daran arbeiten, diese Hypothese gerichtsfest zu machen. Interessant ist dabei vor allem, wie beharrlich er selbst deutliche und überzeugende Gegenbeweise ignoriert. Was in seine Theorie passt, fügt er in das Gerüst seiner Ermittlungen ein. Passt etwas nicht, wird es aussortiert.

Auffällig ist sowohl bei den NSU-Morden als auch im Fall Peggy, dass Geier versuchte, türkische Täter zu finden. Das kann Zufall gewesen sein, aber dennoch sei auch bei diesem speziellen Detail auf seine Hartnäckigkeit verwiesen. Bei den NSU-Morden gab es an keinem Punkt ein überzeugendes Indiz, das für türkische Täter gesprochen hätte. Dass die Soko Bosporus dennoch über Jahre unbeirrt diese These vertrat und versuchte, sie zu erhärten, fiel sogar dem türkischen Generalkonsulat in Nürnberg unangenehm auf. Als im Jahr 2007 dann auch noch der Fall Marco Weiss für Schlagzeilen sorgte, reagierte die Regierung in Ankara verärgert. Dem deutschen Jugendlichen wurde vorgeworfen, während eines Urlaubs in der Türkei ein britisches Mädchen vergewaltigt zu haben. Deutsche Politiker verlangten, die türkische Regierung möge für Marcos Freilassung aus der Untersuchungshaft sorgen. Ausgerechnet die Deutschen, die sonst so gerne auf die Unabhängigkeit ihrer Gerichte verwiesen, forderten eine Einmischung der Politik in die Angelegenheiten der Justiz.

Im Fall Peggy ist es zunächst Susanne Knoblochs Lebensgefährte Ahmet Yilmaz, dessen Schuld Geier zu beweisen versucht. Als das ins Leere zu laufen droht, nimmt er sich den Halbtürken Ulvi Kulac vor. Es sind die einzigen Spuren, die auf türkische Verdächtige weisen – und die einzigen, die die Soko Peggy 2 bis zum Ende ausermittelt.

Die Empfindlichkeit der Türkei angesichts dieser beiden Kriminalfälle ist noch heute spürbar. Im Frühjahr 2012 berichtete Antenne Bayern erneut über den Fall Peggy und die wachsenden Zweifel an der Täterschaft von Ulvi Kulac. Noch am selben Tag machte sich der Vizekonsul der türkischen Republik in Nürnberg auf den Weg nach Lichtenberg und besuchte nacheinander alle Zeugen, deren Namen er im Radio gehört hatte. Darunter waren auch Sebastian Röder und Jakob Demel. Was die beiden dem Diplomaten erzählten, ließ in ihm den Verdacht keimen, dass die Polizei die Ermittlungen damals manipuliert haben könnte. Zum Schluss machte er der Familie Kulac seine Aufwartung und entschuldigte sich dafür, dass der türkische Staat die Familie damals alleingelassen hatte.

Kapitel 13
Die Jagd auf »den Türken« geht weiter

Die erste Spur, die der frischgekürte Soko-2-Chef Geier wieder aufnimmt, ist die auf Ahmet Yilmaz. Der Verdacht: Yilmaz habe Peggy in die Türkei verschleppt und in einem kleinen anatolischen Bergdorf in einem Haus versteckt, das seiner weitläufigen Verwandtschaft gehöre. Geier ignoriert die Misserfolge, die seine Vorgänger bereits hinnehmen mussten, vor allem die Nachricht vom zweiten Weihnachtsfeiertag 2001 aus dem türkischen Innenministerium: Man sei sämtlichen Hinweisen darauf, dass Peggy sich in der Türkei aufhalte, nachgegangen. Aber an keiner Stelle habe sich ein Nachweis gefunden, dass das Mädchen je in der Türkei gewesen war, hatte es in dem Schreiben geheißen.

Es war Susanne Knobloch, die ihren einstigen Lebensgefährten wieder ins Visier der Soko gebracht hatte – mit Hilfe des Ermittlers Wolfram Pilz. Am späten Abend des Neujahrstages 2002 hatte sie ihn auf seinem Handy angerufen. Yilmaz belästige sie, und zwar telefonisch und per SMS. Folgende Kurznachrichten sandte Susanne auf das Handy des Ermittlers: »Ich werde handeln. Wenn das zum Laufen kommt, gibts kein Zurück mehr von mir. [...] Mit 50 000 DM kann man viel machen auf dieser Scheißwelt.«

Ob die SMS tatsächlich von Yilmaz stammte, konnte naturgemäß nicht geklärt werden. Auf dem Handy des Beamten war als Absender nur das Mobilgerät von Susanne Knobloch zu erkennen. Ahmet Yilmaz sagt heute, mehr als zehn Jahre später, er könne sich an diese SMS nicht erinnern, wisse aber noch, dass das Verhältnis zu Susanne damals von Wut und Aggressivität geprägt war. Vermutlich habe er als Türke und Stiefvater die gängigen Klischees bedient und sich deshalb als perfekter Verdächtiger angeboten.

Nicht nur Verschwörungstheoretiker, auch die Polizei zieht nun folgende Möglichkeit in Betracht: Ahmet könne die Belohnung gemeint haben, die für Hinweise auf Peggy ausgesetzt war. Die hatte sich ursprünglich auf 50 000 DM belaufen, die *Frankenpost* hatte sie später um 5000 DM aufgestockt. Ein Verdacht, den Susanne Knobloch kurz nach dem Telefonat mit Pilz bewusst oder unbewusst zusätzlich verschärft. Denn am 17. Januar 2002 übergibt sie der Polizei zwei bizarre Beweisstücke: zwei T-Shirts von Peggy, auf denen sich angeblich Urinspuren von Ahmet Yilmaz befinden sollen. Wo sie die Hemden gefunden hat, ist unklar. Immerhin ist Peggy da schon ein Dreivierteljahr verschwunden. Susanne hat die Wohnung in Lichtenberg längst aufgegeben, ist nach Heinersberg gezogen und hat im Zuge dessen Peggys persönliche Dinge entsorgt. Der Polizei erklärt sie, Ahmet, von dem sie sich endgültig getrennt hatte, habe Peggy möglicherweise missbraucht, und die T-Shirts könnten einen Beweis dafür liefern. Die Soko schickt die T-Shirts zum Labor des bayerischen Landeskriminalamtes nach München, um sie untersuchen zu lassen. Ungeduldig warten die Ermittler auf das Ergebnis und erkundigen sich noch während der Auswertung telefonisch nach dem Zwischenstand. »Es wurden auf beiden Kleidungsstücken massiv Urinspuren vorgefunden«, notiert Soko-Kommissar Behrendt. Am Telefon habe der LKA-Biologe vorab mitgeteilt, »dass die Urinspuren von Ahmet Yilmaz sind«.

Das wäre jetzt tatsächlich eine interessante Wendung. Am Ende sollte sich jedoch herausstellen, dass der LKA-Biologe vorschnell entweder ein falsches Ergebnis weitergegeben oder Behrendt etwas falsch verstanden hatte. Im Gutachten, das erst am 17. Juni 2002 fertiggestellt wird, ist nämlich nur die Rede von »Epithelzellen« Ahmet Yilmaz', die sich auf den Shirts gefunden hätten – gewöhnliche Hautzellen. Urinspuren seien zwar ebenfalls gefunden worden, deren Herkunft habe aber nicht abschließend geklärt werden können, möglicherweise stammten sie von einem Tier. Kripo-Ermittler Behrendt sprach später einmal von »Meerschweinchenurin«, was plausibel wäre, denn Peggy hatte Meerschweinchen.

*

Knapp vier Wochen nachdem Susanne die Leibchen der Polizei übergeben hatte, klingelt kurz nach Mitternacht das Handy von Kommissar Pilz. Es ist der 26. Februar 2002, am Apparat ist Peggys Mutter. Im Protokoll des Ermittlers heißt es über den Anruf: »Heinersberg bei Nordhalben. Um 0.38 Uhr: Die Mutter der Peggy hat mich gerade angerufen, dass ihr ehemaliger Lebensgefährte, der Türke, vor der Tür steht und sie sich nicht heimtraut! Yilmaz fährt einen Audi, HO-XX XX, und könnte bewaffnet sein!«

Bewaffnet? Das klang dramatisch. Einzige Quelle dafür, dass Ahmet eine Waffe besitzen könnte, war eine Reporterin der *Bild*-Zeitung. Sie hatte ein Interview mit Yilmaz geführt, bei dem er ihr von der Waffe erzählt habe. Sie sei »chromblitzend« und habe eine »Lasereinrichtung«. Außerdem habe er ihr gegenüber geäußert: »Wenn ich in Rage bin, weiß ich nicht, was ich tu.« Diese Informationen hatte die Reporterin Kommissar Pilz gemeldet, der daraufhin Yilmaz' Wohnung durchsuchen ließ, allerdings ohne etwas zu finden. Dennoch warnte Pilz nun vor einem bewaffneten Ahmet Yilmaz.

Die Einsatzzentrale reagiert sofort. Über Funk wird eine

Streife aus dem nahe gelegenen Naila zu Susanne Knoblochs Wohnung in Heinersberg beordert. Als die Polizisten dort eintreffen, ist von Ahmet nichts zu sehen. Die Beamten klingeln bei der Nachbarin Cordula Dürr, die ihnen erzählt, sie habe durchs Fenster den roten Audi von Yilmaz vorbeifahren sehen. Wenig später sei Yilmaz zurückgekehrt, habe vor dem Haus gehalten, sei nach ein paar Minuten ausgestiegen und ins Haus gegangen. Dann, so behauptet Dürr, habe Ahmet sich Zugang zu Susannes Wohnung verschafft, woraufhin sie Susanne angerufen habe. Wo diese sich zum Zeitpunkt des Telefonats aufhielt, will Cordula Dürr nicht preisgeben. Die Wohnung habe er erst verlassen, als draußen der Streifenwagen vorfuhr. Womöglich sei er über den Hof verschwunden, das habe sie nicht so genau sehen können.

Die Beamten nehmen daraufhin Susannes Wohnungstür in Augenschein. Sie ist völlig unversehrt, ohne jede Spur eines gewaltsamen Eindringens. Dann durchsuchen sie den Keller. Das Ergebnis: »Es wurde kein Hinweis für den Aufenthalt von Ahmet Y. gefunden«, halten die Beamten in ihrem Bericht fest. Die Polizei patrouilliert noch bis halb drei durch den Ort – ohne dass den Beamten etwas aufgefallen wäre. Einer der Streifenpolizisten meldet sich schließlich bei Soko-Kommissar Pilz und berichtet über den vergeblichen Einsatz. Pilz fertigt dazu eine Aktennotiz an, die mit den Fakten wenig zu tun hat: »Um 1.21 Uhr in der Nacht: Kollege W. teilt mit, dass Yilmaz sich aus dem Staub gemacht hat, als er die Polizei sah; er fuhr in Richtung Bad Steben davon.«

Tatsächlich hat niemand außer Cordula Dürr Yilmaz an jenem Abend in Heinersberg gesehen. Aber nicht einmal sie hatte erwähnt, dass der Audi in Richtung Bad Steben davongebraust sei.

*

Es mag Zufall sein, dass am selben Morgen vier Soko-Ermittler zu einem streng geheimen Treffen aufbrechen. Es geht um eine andere Spur auf Ahmet Yilmaz.

Um 10 Uhr sind Wolfgang Geier, Herbert Manhart, Ralf Behrendt und ein ranghoher Polizei-Oberrat vom Dezernat für Organisierte Kriminalität in Bayreuth mit tschechischen Kollegen am Grenzübergang Waidhaus verabredet, quasi auf neutraler Mitte zwischen den beiden Ländern. Das Protokoll soll eine Dolmetscherin führen, die die deutschen Beamten begleitet. Die Tschechen bieten einen Polizei-Oberleutnant und den V-Mann-Führer Vesely aus Prag auf.

Die Laune der deutschen Beamten ist mittelprächtig. Dazu trägt nicht nur die Rivalität zwischen dem alten und dem neuen Soko-Chef bei, sondern auch die Tagesordnung, derentwegen das Treffen verabredet worden war. Geier war offenbar der Kragen geplatzt, weil von der tschechischen Polizei seit Monaten keine konkreten Informationen mehr über Peggys Verbleib in der Türkei zu erfahren waren. Der bulgarische V-Mann und sein Kontaktbeamter Vesely aus Prag hatten, anders als versprochen, keine neuen Details geliefert. Vor allem aber hatte sich Vesely bislang allen Versuchen widersetzt, die Deutschen endlich direkt mit dem Bulgaren reden zu lassen.

Nach einer etwas zähen Begrüßungszeremonie wird Vesely gefragt, woher er eigentlich wisse, dass Peggy in Elmabagi festgehalten werde. Die türkische Polizei habe schließlich unmissverständlich mitgeteilt, dass sie das Mädchen nirgendwo gefunden habe.

Vesely antwortet zunächst: »Zu den Informationen bin ich zufällig gelangt, ich habe damals im OK-Bereich [Bereich Organisierte Kriminalität] gearbeitet.« Dann kontert er mit einer rhetorischen Gegenfrage: »Wer ist glaubhafter, die türkische Polizei oder mein Informant?«

Geier lässt sich nicht beeindrucken: »Wie lange arbeiten Sie mit V-Personen zusammen?«, will er von Vesely wissen.
»Fünf Jahre.«
Geier: »Wie war der Wahrheitsgehalt Ihres Informanten?«
Vesely: »Positiv, zu 80 bis 90 Prozent stimmten seine Informationen.«
Als Nächstes wiederholt Geier seine Forderung, die Identität des V-Mannes endlich preiszugeben. Vesely weigert sich mit der Begründung, dessen Leben sei dann gefährdet.
Geier versucht es anders: Er könne sich auch ein Treffen mit dem V-Mann vorstellen, bei dem dieser seinen Namen nicht nennen müsse. Der Tscheche weist auch das zurück und antwortet: »Was bringt Ihnen ein Gespräch mit dem Informanten? Ich habe Ihnen all das berichtet, was der Informant sagte.«
Es ist ein sinnloses Unterfangen. Offensichtlich ist Vesely nicht bereit, den deutschen Polizisten seinen Gewährsmann zu präsentieren – falls der überhaupt existiert. Vesely bietet lediglich an, den V-Mann zu fragen, ob er von sich aus mit der deutschen Polizei Kontakt aufnehmen wolle.
Geier bohrt weiter: »Was ist die Motivation des V-Mannes, mit Ihnen, Herr Vesely, zusammenzuarbeiten?«
»Er macht es aus Überzeugung. Mein Informant ist zurzeit in Moskau, kommt aber in circa zwei Wochen zurück. Es geht dort um einen Herointransport über 300 Kilogramm.«
Nun schaltet sich Behrendt in das Gespräch ein. Er erkundigt sich, ob der V-Mann Neuigkeiten zu Peggys Aufenthalt habe. Vesely antwortet: »Peggy befindet sich noch dort, wo sie in der Türkei zum Schluss hingebracht wurde. Ich habe auch gehört, dass die Türken Peggy verkaufen wollen; möglicherweise in die Sklaverei.«
Der Beamte hakt nach: Ob das vor Monaten zugesagte Bild von Peggy schon angefertigt wurde? Nein, entgegnet Vesely, er werde sich aber weiter darum bemühen.

An dieser Stelle meldet sich der Chef der Soko 1, Manhart, mit einem rührenden Statement zu Wort. Es sei das Wichtigste, dass Peggy gefunden werde – »das ist unser ganzes Bestreben«.

Behrendt müht sich, zum Thema zurückzufinden, und fragt, ob es etwas Neues darüber gebe, wer hinter der mutmaßlichen Entführung stecke. Vesely darauf: »Es ist richtig, dass ich von meinem Informanten erfahren habe, dass Ahmet Yilmaz etwas mit der Entführung zu tun hat. Ganz am Anfang habe ich erfahren, dass die ganze Familie Yilmaz etwas damit zu tun haben soll.«

Woraufhin Manhart ein weiteres Mal abschweift und betont, wie wichtig doch die Zusammenarbeit zwischen der deutschen und tschechischen Polizei sei. Und wenn Peggy gefunden werde, dann sei das ja ein gemeinsamer Erfolg.

Damit ist der Termin beendet.

*

In der Zeit danach sorgt Soko-2-Chef Geier persönlich dafür, dass die Spur auf Ahmet Yilmaz nicht wieder aus dem Blickfeld gerät. Er holt die Dolmetscherin, die bei dem Treffen in Waidhaus dabei gewesen war, fest ins Soko-Team. Ihr Job besteht darin, regelmäßig in Prag anzurufen und den V-Mann-Führer ans Telefon zu bekommen. Das sollte volle fünf Wochen lang misslingen. Erst am 28. März 2002 ist Herr Vesely endlich zu sprechen. Allerdings hat er nichts Neues mitzuteilen. Unglücklicherweise habe sich sein V-Mann noch nicht aus Moskau zurückgemeldet. Doch er habe ja noch mehr Gewährsleute, die er auf den Fall Peggy ansetzen und die er vor allem um das versprochene Foto bitten könne.

Das ist nicht gerade das, was Kriminaldirektor Geier hören wollte. Er notiert für die Akte: »Es entsteht der Eindruck, dass Herr Vesely keinen persönlichen Kontakt mit seiner VP [Vertrauensperson] zustande kommen lassen will. In seinem Verhalten und seinen Aussagen schwingt eine gewisse Überheblichkeit mit. Trotzdem ist die Information seiner VP von Interesse und könnte einen Suchansatz bieten.«

Geier plante zu diesem Zeitpunkt bereits, die Ermittlungen gegen Yilmaz parallel zu der tschechisch-bulgarischen V-Mann-Spur vor Ort voranzutreiben, in der Türkei. Er hatte bei seinen Vorgesetzten schon das entsprechende Gesuch um Bewilligung einer Reise eingereicht. Begleiten sollte ihn dabei Ralf Behrendt. Bis die Genehmigung durch war, hielt er seine Ermittler an, alles in Erfahrung zu bringen, was sich von Deutschland aus bewerkstelligen ließ. Immer wieder telefonierten die Beamten deswegen vor allem mit ihren tschechischen Kollegen, aber in Prag wie in Sokolov wurden sie ein ums andere Mal an den unergiebigen V-Mann-Führer Vesely und dessen ominösen bulgarischen Informanten verwiesen.

Hier kam man also nicht weiter. Geier war offenbar so entnervt und misstrauisch, dass er seine Männer anwies, die bevorstehende Türkeireise vor den tschechischen Beamten geheim zu halten. Gleichzeitig ließ er seine Beziehungen innerhalb der bayerischen Polizei spielen und bat alle Kollegen um Unterstützung, die über vertrauliche Kontakte in die Türkei verfügten.

Tatsächlich meldet sich am 12. April ein Ermittler der Kripo Würzburg mit einer brisanten Nachricht. Er verfüge über eine Vertrauensperson, die einen Lehrer kenne, der früher in Deribagi unterrichtet habe, einer Ortschaft in der Nähe von Elmabagi. Dieser Mann sei kürzlich mehrere Tage an seiner damaligen Wirkungsstätte gewesen und habe ehemalige Schüler nach einem deutschen Mädchen befragt. »Laut Aussage des Lehrers erzählt man sich in Deribagi tatsächlich, dass dort ein deutsches Mädchen festgehalten würde«, hält Geier in einem Aktenvermerk fest. »Niemand hat jedoch dieses Mädchen bisher gesehen.«

Aber immerhin gibt es nun endlich Einzelheiten über deren vermeintlichen Aufenthaltsort, von dem bisher kaum mehr als der Name bekannt gewesen ist. In Elmabagi würden nur während des Sommers Menschen leben. Im Winter harrten dort nur »Wächter« aus. Der Würzburger Kripo-Kollege habe außerdem erfahren, »dass diese Gegend für Fremde sehr gefährlich sei, vor allem, wenn unliebsame Fragen gestellt werden«.

Eine Woche später liefert die Kripo Würzburg weitere Details – die Soko-Chef Geier aus unbekannten Gründen vor der Justiz verheimlicht. Und das, obwohl die Neuigkeiten die deutschen Ermittler in Hochstimmung versetzt hatten. Der Aktenvermerk, den Geier dazu anlegen lässt, trägt den Hinweis: »VS – NICHT FÜR DIE GERICHTSAKTE BESTIMMT!«

Die türkische Vertrauensperson des Würzburger Beamten hatte handfeste Informationen geliefert, etwa den Namen des Lehrers. Er heiße Zeki Özer und wohne heute in der Stadt Kayseri. Außerdem hätten mehrere Leute unabhängig voneinander versichert, »dass die gesuchte Peggy dort [also in Elmabagi] aufhältlich sei«, allerdings in einem Versteck. Elmabagi, die »Sommerresidenz der wohlhabenderen Familien von Deribagi«, sei derzeit bis auf einen einzelnen Wächter unbewohnt, heißt es in dem Vermerk. Der Lehrer Özer habe darüber hinaus mitgeteilt, dass Peggy »in unregelmäßigen Abständen zur Nachtzeit mit einem Pkw nach Pozanti gefahren wird«.

Ausgerechnet Pozanti! Die Stadt, in der Ahmet Yilmaz geboren wurde und in der bis heute ein Zweig seiner Familie lebt. Dort dürfe Peggy mit anderen Kindern spielen und sich ein paar Stunden im Freien bewegen. Ebenfalls nur nachts werde sie dann wieder in ihr Versteck an der Kirche in Elmabagi zurückgebracht.

Als wäre das allein nicht schon sensationell genug – es wurde noch besser. Herr Özer habe sich bereit erklärt, vertraulich mit der Soko Peggy 2 zusammenzuarbeiten. Den Kontakt könnten Geier und seine Leute direkt vor Ort knüpfen.

Der Verdacht gegen Ahmet Yilmaz scheint sich endlich doch zu bewahrheiten. Womöglich steht gar ein Erfolg erster Güte bevor. Ein Jahr nachdem Peggy spurlos verschwunden ist, wähnt sich die Sonderkommission vor einem Triumph. Kriminaldirektor Geier sieht die Chance, das verschwundene Mädchen in der Türkei zu befreien und sie unter den Augen von Medien und Öffentlichkeit in die Heimat zurückzubringen.

*

Zwei Tage später fliegen Geier und Behrendt in die Türkei. Sie haben an alles gedacht. Sogar einen Kinderausweis für Peggy haben sie dabei, um problemlos mit ihr aus der Türkei ausreisen zu können, falls man sie lebend finden sollte.

Das bayerische Innenministerium und der Präsident des Wiesbadener Bundeskriminalamtes, Ulrich Kersten, hatten den Besuch bei den türkischen Behörden vorbereitet und ein erstes Treffen in der Kreisstadt Yahyali arrangiert. Dort sollten Geier und Behrendt von Kriminalfahndern, Beamten der Gendarmerie, Interpol-Agenten und einem Staatsanwalt empfangen werden.

Aber schon bei diesem ersten Treffen werden alle Hoffnungen der beiden bayerischen Polizisten zunichtegemacht. Die türkischen Kollegen wiederholen Detail für Detail, dass sie schon seit langem sämtlichen Hinweisen und Gerüchten nachgegangen seien und allesamt als haltlos entlarvt hätten. Die angebliche Kirche in Elmabagi – und damit Peggys Versteck gleich nebenan – existiere überhaupt nicht. Niemals habe dort ein christliches Gotteshaus gestanden. Im gesamten Dorf gebe es überhaupt nur einen einzigen Seitenflügel an einem Gebäude, und der sei vor langer Zeit zusammengefallen und kaum mehr als ein Steinhaufen. Außerdem sei Elmabagi keineswegs die Sommerfrische wohlhabender Leute aus Deribagi, sondern ein ärmliches, verwahrlostes Nest am Ende eines einsamen Tales. Insgesamt, so erklären die türkischen Ermittler, stünden dort etwa dreißig Gebäude, die aber eher Hütten als Häuser seien. Dort hätten sie zwar tatsächlich einen Mann namens Yilmaz gefunden – Bülent Yilmaz –, bei einer Hausdurchsuchung jedoch keinerlei Hinweis auf Peggy gefunden. Bülent habe außerdem glaubwürdig versichert, dass seine Familie nichts mit den Yilmaz' aus Pozanti zu tun habe. Und was den Lehrer Özer angeht, den gebe es zwar, der Mann habe allerdings nie in Elmabagi unterrichtet, noch nie von Peggy gehört und folglich auch nie mit ehemaligen Schülern über sie gesprochen.

Der V-Mann der Würzburger Kripo, ein Neffe des besagten Lehrers, habe sich all das schlicht ausgedacht. Und nachdem die türkischen Beamten ihn mit seiner Phantasie-Story konfrontierten, habe er dies auch kleinlaut zugegeben.

*

»Die Spur nach Elmabagi kann nach dem jetzigen Erkenntnisstand als abgeklärt betrachtet werden«, schreibt ein frustrierter Kriminaldirektor Geier am 6. Mai 2002 nach seiner Rückkehr an seine Vorgesetzten beim Polizeipräsidium Oberfranken in Bayreuth.

Als sei das Maß damit noch nicht voll, kontaktiert am selben Tag ein Ermittler der tschechischen Kripo den Leiter der Soko. Der bulgarische V-Mann habe sich endlich gemeldet, teilt er mit. Es sei ihm Ende 2001 beinahe gelungen, »weitere Informationen zu Peggy und zu den möglichen Tätern zu erwerben«. Nur leider habe er bestimmte Personen nicht zu einer Aussage bewegen können. Die 2000 bis 3000 DM, die dafür nötig gewesen seien, habe ihm die deutsche Polizei seinerzeit nicht zur Verfügung stellen können oder wollen.

Ums Abzocken ging es also, nicht darum, Peggy wiederzufinden oder ihr Schicksal aufzuklären. Hätte die Soko nur auf die türkischen Behörden gehört, die schon am zweiten Weihnachtsfeiertag 2001 mitgeteilt hatten, dass »trotz aller Ermittlungen [...] in der gesamten Türkei« keine Spur von Peggy gefunden worden war. Hätte Geier doch nur die richtige Antwort gefunden, als der tschechische V-Mann-Führer die dreiste Frage in den Raum gestellt hatte, wer glaubhafter sei – die türkische Polizei oder der ominöse Informant.

Die Spur auf Ahmet Yilmaz ist damit endgültig erledigt. Daran ändert auch eine letzte Merkwürdigkeit nichts. Wahrscheinlich ist es nur ein Zufall, dass sich ausgerechnet im Mai 2002 Susanne Knobloch und Ahmet Yilmaz wieder einmal versöhnten und gemeinsam mit Tochter Jessica in einen Ferienort in der Nähe von Adana an der türkischen Südküste reisen. Als die Soko-Ermittler Geier und Behrendt in der Kreisstadt Yahyali von ihrer Riesenpleite erfahren, liegen Yilmaz und Knobloch nicht weit entfernt am Mittelmeerstrand.

Kapitel 14
Hat der Augenzeuge doch etwas gesehen?

Wie schon die erste Sonderkommission war auch die Soko Peggy 2 von der Vorstellung fasziniert, dass es für die Tat einen Augenzeugen geben könnte. Die Beweisnot, an der das erste Ermittlerteam gescheitert war, wäre auf einen Schlag beseitigt, wenn dieser Zeuge »gerichtsfest« aussagen würde. Und tatsächlich sah es so aus, als könne die Mutter von Felix Ludwig aktiv an der Lösung des Falles mitarbeiten.

Am 13. Januar 2002 hatte Katja Ludwig wieder einmal mit Kommissar Pilz telefoniert. Der Ermittler war von Geier in die neue Soko übernommen worden und auch hier wieder der Kontaktmann zu Felix und seiner Mutter. Der Junge rede plötzlich dauernd davon, dass er schon einmal eine Leiche gesehen habe, berichtete sie. Diese Leiche liege hinter einem Stein, den man einfach verschieben könne. Felix habe das getan und dahinter die Tote gesehen. Er habe aber bislang nicht erzählt, wo genau das gewesen sei.

Pilz ermunterte die Mutter, weiter mit ihrem Sohn über dieses Thema zu sprechen und mehr Einzelheiten in Erfahrung zu bringen. Danach hörte er monatelang nichts mehr von ihr.

Erst am 6. Dezember 2002 – inzwischen war Peggy seit eineinhalb Jahren verschwunden – folgt eine neue Schilderung von Felix. Überraschenderweise ist es diesmal jedoch nicht dessen Mutter, die auf dem Handy von Kommissar

Pilz anruft, sondern Susanne Knobloch. Die beiden Frauen hatten sich inzwischen angefreundet. Beide hatten sich seit langem in Lichtenberg isoliert gefühlt, sie waren überzeugt davon, die Einwohner der Stadt würden sie meiden und über sie tratschen. Deshalb hatten sie ihre Wohnungen in Lichtenberg aufgegeben und waren in andere Orte in der Umgebung gezogen.

Am Telefon schildert Knobloch dem Polizeibeamten Pilz aufgeregt, dass sie die Ludwigs zu Hause besucht und mit Katja über den Fall Peggy gesprochen habe. In diesem Zusammenhang hätten die beiden Frauen Felix erklärt, wenn er sich entschließe, jetzt doch einfach alles zu erzählen, was er wisse, dann habe »der Spuk ein Ende«. Felix habe geantwortet, wenn das so sei, wolle er jetzt zeigen, »was er beobachtet hat«. Gleich darauf hätten sie sich ins Auto gesetzt und seien Richtung Lichtenberg gefahren. Auf Höhe eines Waldstücks am nördlichen Stadtrand von Lichtenberg habe Felix unvermittelt zu weinen begonnen. Sie habe sofort angehalten. Felix weigere sich, aus dem Auto zu steigen, der Junge sei vollkommen aufgelöst. Vermutlich, weil Peggys Leiche sich in diesem Waldstück befinde. Ob Pilz bitte gleich vorbeikommen könne?

Kurze Zeit nach dem Anruf trifft Pilz bei besagtem Waldstück ein. Dort lässt er sich von den beiden Frauen erzählen, was Felix erlebt haben wollte: Er habe mit Peggy gespielt. Dann sei sie von Ulvi Kulac und dessen Vater abgeholt worden. »Im Fahrzeug lag eine durchsichtige Plastikplane«, heißt es in der Polizeiakte. »Peggy wurde in den Kofferraum eines roten Autos verbracht.« Dieses Auto sei dann Richtung Lobenstein weggefahren.

Wo genau sich das zugetragen habe, will Pilz wissen. »Beim Sachsenhäuschen« [einem Unterstand an einer Bushaltestelle], antwortet Katja Ludwig stellvertretend für ihren Sohn. Von dort aus habe Felix gesehen, wie sich der Pkw mit

Peggy entfernt habe. Der Wagen sei dann eine Anhöhe hochgefahren und auf halber Strecke stehengeblieben. Felix habe zwischen zwei Bäumen hindurch sehen können, wie Peggys regloser Körper wieder ausgeladen wurde. Auch ihren Schulranzen habe er erkennen können.

Pilz fragt den immer noch schweigenden Felix, ob sich alles so zugetragen habe. Der Junge antwortet: »Ja, das stimmt so.«

Einen Tag später erfolgt der nächste Anruf, diesmal von Felix' Mutter. Ihr Sohn habe ihr gerade noch einmal gesagt, »dass die Peggy im Sachsenhäuschen zu Tode gekommen ist. Der Ulvi hat ihr die Hände um den Hals gelegt und zugedrückt.«

Pilz informiert seine Soko-Kollegen, die umgehend dafür sorgen, dass die Gegend um das Wartehäuschen durchkämmt wird. Auch einen Leichenspürhund setzen die Beamten ein, gefunden wurde, wie üblich: nichts.

*

Dieser neuerliche Fehlschlag sorgt für einigen Ärger bei der Soko. Der vermeintliche Augenzeuge Felix, in den die Ermittler so viele Hoffnungen setzen, hatte bisher keine verwertbare Aussage geliefert – auch nach eineinhalb Jahren nicht. Kommissar Pilz wird aufgefordert, sich vorläufig von Familie Ludwig fernzuhalten und anderen Beamten den Kontakt zu überlassen. Soko-Chef Geier fürchtet offenbar, sein Ermittler agiere nicht mehr mit genügend professioneller Distanz.

Drei Tage später schickt er einen neuen Beamten zu Katja Ludwig, um weitere Details zu der neuesten Schilderung des Jungen zu erfragen. Der trifft in der Wohnung in Carlsgrün zu seiner Überraschung nicht nur auf Mutter und Sohn

Ludwig, sondern auch auf Susanne Knobloch. Die beiden Frauen, so notiert der Polizist, hätten ihn mit Vorwürfen überzogen. Irritierenderweise hätten sie dabei vor allem kritisiert, dass die Polizei die Gegend um das Sachsenhäuschen mit so großem Aufwand untersucht habe. Das sei keineswegs angemessen oder gar lobenswert, sondern ja wohl einzig und allein als Misstrauensbekundung gegen Felix zu verstehen.

Außerdem notiert der Beamte in seinem Gedächtnisprotokoll: »Gemeinsam machten sie [Katja Ludwig und Susanne Knobloch] Stimmung gegen die Familie Kulac und gegen alle Lichtenberger.« Susanne Knobloch habe außerdem betont, sie sei »ganz fest von der Aussage des Felix überzeugt«. Ulvi habe ihre Tochter im Sachsenhäuschen erwürgt, daran könne es keinen Zweifel geben.

*

Obwohl es dafür keinerlei Beweise gab, obwohl der Junge sich wiederholt in Widersprüche verstrickt hatte, setzt Geier im Folgenden alle Hebel in Bewegung, um Felix' Aussagen für einen späteren Prozess verwertbar zu machen. Das heißt: Entweder musste der Junge seine Beobachtung während der späteren Gerichtsverhandlung oder aber bereits im Vorfeld vor einem Ermittlungsrichter wiederholen. Geier will sichergehen und entscheidet sich für die zweite Variante. Er setzt einen Vernehmungstermin vor dem Ermittlungsrichter fest. Der aber platzt – weil Katja Ludwig ihn absagt. »Felix ist derzeit in einer solchen psychischen Verfassung, dass er keinerlei Angaben machen wird«, lässt sie ihre Anwältin mitteilen. »Des Weiteren möchten wir anmerken, dass wir erstaunt sind darüber, dass der Polizeibeamte [Pilz], der Felix als Vertrauensperson zugeordnet wurde, nicht mehr mit Felix sprechen darf und dass ohne Wissen der

Mutter [...] eine Glaubwürdigkeitsprüfung der Aussage von Felix vorgenommen wurde.«

Eine solche Überprüfung hat es tatsächlich gegeben. Angefertigt hat sie eine Psychologin aus Nürnberg im Auftrag des Ermittlungsrichters. Anhand der stark voneinander abweichenden Aussageprotokolle bescheinigt sie Felix eine »mangelnde Aussageverlässlichkeit«. So habe er in seinen ersten Aussagen niemals von Peggy gesprochen, sondern nur angedeutet, er selbst sei von Ulvi missbraucht worden, und zwar schon lange vor Peggys Verschwinden. Katja Ludwig habe aber immer wieder gesagt, ihr Sohn verhalte sich erst seit Peggys Verschwinden eigenartig. »Warum nicht schon vorher?«, fragt die Psychologin. Und weiter heißt es in ihrem Gutachten: »Was kann Felix eigentlich zum Tatablauf des 7. Mai 2001 noch aussagen, was verwertbar ist? Kann er sich plötzlich erinnern, wer Peggy mitgenommen hat? Kann er sich erinnern, wer Peggy umgebracht hat, möglicherweise? Kann er das Tatgeschehen schildern?«

Rhetorische Fragen, die die Psychologin kurz und bündig so beantwortet: »Mit Sicherheit nicht.«

Wieder einmal sind die Ermittlungen aus dem Ruder gelaufen. Wieder einmal steht die Kripo vor dem Nichts, daran kann auch der profilierte Kriminaldirektor Wolfgang Geier nichts ändern. Die Soko steckt einmal mehr in einer Krise. Die Soko 2 leidet plötzlich unter denselben Symptomen wie zuvor schon die erste Sonderkommission. Zwischen den Ermittlern brechen Konflikte auf. Hauptkommissar Behrendt, der Vizechef, macht vor allem Ermittler Pilz für die Misere verantwortlich und kanzelt ihn in einem Bericht mit den Worten ab: »Die polizeilichen Ermittlungen richten sich nach Fakten und nicht nach Wünschen.«

*

Die Hoffnung, den Fall Peggy mit Hilfe eines Augenzeugen lösen zu können, zerschlägt sich endgültig am 27. Februar 2003. An diesem Tag teilt der ermittelnde Staatsanwalt mit, dass er seine Pläne in Sachen Felix revidiere. »Ich nehme den Antrag auf richterliche Vernehmung des Zeugen zurück«, schreibt Gerhard Heindl. »Die Anklage muss nunmehr aus Beschleunigungsgründen unverzüglich erfolgen«, fügt er hinzu. »Eine Verzögerung durch oben genannte Zeugenvernehmung kann nicht hingenommen werden.«

Peggy ist zu diesem Zeitpunkt schon fast zwei Jahre verschwunden – nach wie vor spurlos. Die Ermittler haben die beiden vermeintlich aussichtsreichsten Ansätze neu aufgerollt und sind ebenfalls gescheitert, nur mit mehr Aplomb. Sie beschäftigen sich sogar noch einmal mit dem Zeugen Dirk Wimmer, jenem Mann, der eine Leiche im Wald gesehen zu haben glaubte. Anders als beim letzten Versuch legt die Staatsanwaltschaft diesmal keinen Einspruch dagegen ein, Wimmer hypnotisieren zu lassen. Die Hypnose-Sitzung verläuft erfolgreich – in gewisser Weise jedenfalls. Ausgewertet hat sie ein Psychologe der hessischen Polizei. Er schreibt über Wimmer und dessen Leichenfund: »Aus seiner [Wimmers] Gesamtreaktion heraus ist die Schlussfolgerung mit sehr hoher Wahrscheinlichkeit zulässig, dass es sich um die authentische Wahrnehmung einer Leiche gehandelt hat.« Ferner merkt der Psychologe an, der Zeuge sei bereitwillig und sehr auskunftsmotiviert gewesen. Die Persönlichkeit des Mannes habe sich ihm als äußerst gefestigt, urteilsfähig und glaubwürdig dargestellt. Eine Neigung zu übersteigender Phantasietätigkeit oder selbstdarstellungsbedingten Realitätsabweichungen seien in keiner Weise feststellbar gewesen.

Möglicherweise hat Dirk Wimmer tatsächlich eine Leiche im Wald gesehen. Einen Beleg dafür, dass es sich dabei um die vermisste Peggy gehandelt hat, gibt es nicht. Die ganze

Geschichte zeigt indes, wie frustriert die Soko darüber war, dass sie letztlich immer noch mit leeren Händen dastand. Behrendt, Manhart, Geier – egal, wer sich mit diesem Fall beschäftigte, das Ergebnis war immer das gleiche. Keine verwertbare Spur, keine Leiche, nichts.

Kapitel 15
Der V-Mann legt nach

Wolfgang Geier, wohl wissend um den zunehmenden Druck durch Öffentlichkeit und Politik, erweist sich in dieser Situation als kühl und pragmatisch. Er verzichtet darauf, neue Spuren zu sammeln, sondern durchleuchtet erneut die vorhandenen. Die Soko Peggy 1 hatte mit hoher Wahrscheinlichkeit alle Hinweise, die es im Fall Peggy überhaupt geben konnte, schon erhalten. Und wahrscheinlich waren auch die richtigen darunter gewesen. Die Ermittler hatten sie bisher wohl nur nicht bemerkt.

Also entscheidet Geier, keine neuen Ermittlungsansätze mehr zu entwerfen, sondern die alten Szenarien neu durchzuspielen. Irgendetwas musste die Soko 1 übersehen haben. Die Spur auf Yilmaz hatte in die Irre geführt, der Augenzeuge Felix Ludwig bekam keine klare Aussage zustande. Was blieb, war der Spurenkomplex Ulvi Kulac, vor allem das angebliche Geständnis, das dieser in der Psychiatrie gegenüber seinem Mitinsassen abgelegt haben soll. Vielleicht war er es ja doch gewesen, und die früheren Ermittler hatten es nur nicht geschafft, ihn auch in einem offiziellen Verhör zum Reden zu bringen. Die Soko Peggy 2 hatte die Vernehmungsprotokolle von Fritz Hermann gründlich studiert. Genau genommen stand da schon alles drin, was den Fall lösen konnte. Das Geständnis – es existierte im Grunde längst, auch wenn es bis jetzt noch nicht verwertbar war.

Genau da setzt Geier nun den Hebel an. Im Februar 2002

schickt er zwei seiner Beamten nach Bayreuth, um Ulvi Kulac ein weiteres Mal vernehmen zu lassen.

Als die beiden Polizisten das Verhörzimmer betreten, wartet Ulvi bereits mit seinem Anwalt. Die Beamten kommen gleich zur Sache: »Ulvi, wir haben gehört von einem Insassen des Bezirkskrankenhauses, dass du Peggy vergewaltigt haben sollst. Sie soll geschrien haben. Damit sie ruhig ist, hättest du sie am Hals gepackt und gewürgt.«

Ulvi antwortet darauf erst mal nicht, sondern wird von seinem Anwalt in ein Nebenzimmer gebracht. Dort beraten sich die beiden. Als sie zurückkommen, sagt Ulvi: »Ich habe das zum Fritz Hermann nicht gesagt.«

Darauf die Ermittler: »Wie kommst du darauf, dass der Fritz Hermann uns das gesagt hat?«

An dieser Stelle ergreift Ulvis Anwalt das Wort. Er habe Ulvi im Nebenzimmer gefragt, welchen Insassen die Polizisten wohl gemeint haben könnten und mit wem er über Peggy gesprochen habe. Ulvi habe geantwortet, das könne nur der Hermann sein.

Kulac ergänzt: »Der Fritz Hermann hat mich ausgequetscht. Ich glaub, dass der Fritz Hermann das gesagt hat, weil er mich eben ausgequetscht hat, und wenn ich so etwas sag, dass ich die Peggy umgebracht hätte, dann ruft er die Polizei an.«

Frage: Lügt uns da der Fritz Hermann an?
Antwort: Das mit dem Würgen habe ich nicht gesagt.
Frage: Was hast du gesagt?
Antwort: Ich habe zu ihm nur gesagt, dass ich mit ihr geschlafen habe. Ich habe mit ihr Geschlechtsverkehr gehabt.

Die Ermittler lassen nicht locker und bohren weiter: Wer Peggy getötet habe? Mirko Scholz? Oder womöglich er selbst? Wer dabei geholfen habe, die Leiche zu beseitigen? Tim, oder eher Ulvis Vater? Er müsse dazu doch Angaben machen können, schließlich habe er all dies bereits dem Hermann erzählt.

Ulvi bleibt hatrnäckig und wiederholt: »Das habe ich nicht gesagt.«

Frage: Hast du irgendjemandem erzählt, »hoffentlich finden sie die Leiche nicht«?
Antwort: Das habe ich nicht gesagt.

Das Verhör läuft damit letztlich kaum anders als frühere durch die erste Sonderkommission. Ulvi Kulac bestreitet vehement, etwas mit dem Verschwinden von Peggy zu tun zu haben. Das Geständnis, von dem V-Mann-Zeuge Fritz Hermann immer wieder gesprochen hatte, lässt sich so fürs Erste nicht rekonstruieren.

Aber Kriminaldirektor Wolfgang Geier ist entschlossen, diese Spur nicht so schnell aufzugeben. Offenbar hat er sich selbst unter Druck gesetzt, indem er amtsintern schon ein schnelles Ende der Ermittlungen mitsamt geständigem Täter angekündigt hatte. Das belegt auch unser Interview mit Günther Beckstein, der sich mehr als zehn Jahre später an die Information erinnerte, ein Verdächtiger sei ins Visier genommen worden. Ulvi, jener, wie er sich ausdrückte, »nicht gerade als Intelligenzbolzen verschriene Mann«. Endlich, mag Beckstein damals gedacht haben, endlich endet dieser Fall mit seinen endlosen Ermittlungen, der schlechten Presse und der Unruhe in Oberfranken.

*

Am 29. April 2002, zwei Monate nach der unergiebigen Befragung von Ulvi Kulac, besuchen die Ermittler der Soko 2 den Mann, auf dessen Aussage sich der Verdacht gegen Ulvi maßgeblich stützte – Fritz Hermann. Es ist ein offenes Gespräch, das die Männer in einem Zimmer der forensischen Psychiatriestation VI führen. Interessanterweise geht es diesmal nicht mehr nur um die Frage, *was* Ulvi angeblich gestanden haben soll, sondern konkret darum, *wie* er diese Taten benannt, welche Worte er dafür angeblich benutzt hat. Hat er von Vergewaltigung gesprochen? Von Erdrosseln?

Hermanns Antwort: »Sinngemäß ja, aber nicht, wie es halt niedergeschrieben worden ist. Der Ulvi hat z.B. nie gesagt ›vergewaltigt‹, er hat immer gesagt ›ficken‹ oder was weiß ich alles, und ›gewürgt‹ und ›gedrosselt‹ auch nicht, sondern: ›Ich hab sie halt am Hals gepackt.‹«

Dann erzählt der V-Mann die ganze Geschichte noch einmal von vorn, nur, dass er wieder ein paar Details verändert. Weil er sich an seine ursprünglichen Fassungen nicht mehr erinnert? Die Leiche landet jetzt statt in einem Bach in einem Teich. Der Teich befindet sich nicht an der Straße Richtung Lobenstein, sondern irgendwo an der Autobahn Richtung Chemnitz. Statt mit Süßigkeiten soll Ulvi jetzt versucht haben, Peggy mit Geld und Spielsachen zum Schweigen zu bringen.

Als den Beamten auffällt, dass er das eine oder andere Detail auch schon einmal anders präsentiert hatte, antwortet Hermann clever: »Oh, der Mann hat so viel erzählt.« Immer wieder sei er mit neuen Versionen dahergekommen. Trotzdem habe er sich schwer bemüht, das Geständnis aus Ulvi herauszubekommen, rühmt sich der V-Mann vor den Polizisten. »Ich hab halt nicht lockergelassen, weil ich immer davon überzeugt war, dass er diese Peggy umgebracht hat und irgendwie auch verschwinden lassen hat.« Sogar mit

Fangfragen habe er ihn gelockt, wie zum Beispiel: »›Du hättest sie doch nicht gleich umbringen müssen.‹ Dann hat er gesagt, er wollte es ja nicht, aber sie hat geschrien.« Und das habe er eben nur ihm, dem Hermann, gesagt, obwohl er es vermutlich hatte geheim halten wollen. Ja, sogar hätte geheim halten müssen, weil: »Meine Mutti hat zu mir gesagt, ich darf nichts sagen«, zitierte Hermann Ulvi.

»Hat er wörtlich gesagt, dass seine Mutter gesagt hat, er darf nichts sagen?«, erkundigt sich einer der Vernehmer.

»Ganz genau«, antwortet Hermann. Trotz dieses »Versprechens« habe er Ulvi ermuntert, der Polizei dennoch zu sagen, wo die Peggy versteckt ist. »Die sind ja jetzt alle traurig. Sag halt der Polizei, wo das Mädchen ist, damit es endlich mal ordnungsgemäß beerdigt wird«, habe er Ulvi beschworen. Aber diesem sei dann noch ein Grund eingefallen, aus dem er lieber schweige: »Der weiß halt, dass er dann nie mehr rauskommt von seiner Zelle«, so Hermann.

»Was ist denn Ihr persönlicher Eindruck über das, was er erzählt hat?«, will einer der Beamten wissen.

»Also, mein persönlicher Eindruck, ich meine, ich hab ja viele Gespräche gehabt mit ihm. Also, mein persönlicher Eindruck ist, dass er sie also praktisch, ich sag halt einmal umgebracht hat.«

Ein Eindruck, dem sich die Polizisten bereitwillig anschließen. Sie glauben dem V-Mann so sehr, dass sie sich von ihm auch noch die übrigen Details des angeblichen Tathergangs schildern lassen, die das Gericht später genau so ins Urteil schreiben wird. Etwa den Zeitpunkt, zu dem Ulvi Peggy getötet haben soll. Tim Scholz, der vermeintliche Helfer bei der Beseitigung der Leiche, sei kurz nach 14 Uhr gekommen. »Zu diesem Zeitpunkt war sie schon tot gewesen«, so Hermann gegenüber den Ermittlern.

Wie wichtig der einstige V-Mann für die weiteren Ermittlungen inzwischen war, zeigen auch die folgenden Fragen, die bis in den Prozess hinein ihre Wirkung entfalten sollten. Die Ermittler hatten sich in der Zwischenzeit etwa mit Ulvis Alibi beschäftigt. Hermann sollte ihnen helfen, es zu widerlegen: »Hat der Ulvi was erzählt, ob er an dem Tag beim Holzmachen war bei irgendjemand?«, wollen die Beamten wissen.

»Nein.«

Ob da vielleicht schon in den Tagen zuvor etwas zwischen Ulvi und Peggy vorgefallen war? Hermann weiß auch das: »An dem Donnerstag eine Woche zuvor war sie bei ihm, genau.«

Frage: Und was war da, was hat er darüber erzählt?
Antwort: Nun ja, da hat sie halt das Übliche gemacht.
Frage: Was denn?
Antwort: Na, sie hat ihn halt befriedigt, so hat er es zwar nicht gesagt, er hat gesagt, »die hat mir einen runtergeholt«.

Überhaupt habe Ulvi mehrfach erzählt, er habe die Peggy »schon öfter gefickt. Also, na ja, er hat halt, je nachdem, er hat sie mal gefickt, und dann hat sie ihm wieder einen geblasen.«

Frage: Weiß der Ulvi, was ficken ist?
Antwort: Nein, weiß er nicht, aber das sind halt seine Worte.

Die Beamten wollen ganz sichergehen. Wie sei das noch mal mit dem Zettel und der Wegbeschreibung gewesen? »Kannst du uns das kurz erklären?«, fragen sie, Hermann nun vertraulich duzend. Der antwortet weitschweifig, räumt ein, dass Ulvi ihm den Zettel im Vorbeigehen zugesteckt habe, er also eigentlich nicht direkt gesehen habe, wie diese Notiz zustande gekommen sei. Dann, entwaffnend ehrlich: »Ich hab ja dann später erfahren, dass das ein Pfleger aufgeschrieben hat.«

Zum Schluss dann die Frage: »Warum willst du der Polizei helfen?«

»Ja, Mann, schließlich geht's auch um ein Verbrechen, und ich will es auch zu der Tataufklärung führen.« Hermann lässt noch ein Bekenntnis folgen: »Solche Straftaten sind also meiner Meinung nach abscheulich und abschreckend, und solche Menschen, die gehören eigentlich ihr Leben lang verwahrt.«

Teil 2
Der Fall wird abgeschlossen

Kapitel 16
Das Geständnis

Die folgenden zwei Monate verbringt die Soko Peggy damit, das entscheidende Verhör mit Ulvi Kulac vorzubereiten. Das Ziel: ihn dazu zu bringen, endlich auch gegenüber der Polizei den Mord an Peggy zuzugeben und nicht nur im vertraulichen Plausch mit dem Mitgefangenen Hermann.

Dabei überlassen die Ermittler nichts dem Zufall. Bei einer Dienstbesprechung am 30. April – einen Tag, nachdem das letzte Gespräch mit Hermann stattgefunden hat – legen die Beamten das Szenario des Verhörs sorgfältig fest. Zum Vernehmungsteam sollen ausschließlich männliche Beamte gehören. Einer soll die »Vaterfigur« spielen, ein jüngerer Kollege Ulvi mit der »Situationsdarstellung« konfrontieren. Der Lichtenberger Polizist Wolfgang Hamann, der Ulvi schon lange persönlich kennt, wird für die Rolle der »Vertrauensperson« ausgewählt. Ulvi nennt den Beamten »Hamannvadder«. Hamann, so das entworfene Szenario, soll auch dabei sein, wenn Ulvi zum Verhör gebracht wird, »und dabei verdeutlichen, dass er für die Zeit der Vernehmung greifbar ist«. Das Verhör selbst soll auf keinen Fall in den Räumen der Soko in Hof stattfinden, weil die für Ulvi »bereits negativ belegt« seien. Die psychiatrische Klinik, in der Ulvi untergebracht ist, scheidet als Vernehmungsort aus, weil der mutmaßliche Täter dort einen »Heimvorteil« haben würde.

Die Beamten legen sogar fest, *was* sie von Ulvi Kulac hören wollen. Sie gleichen in ihrer Besprechung Horns Tathergangshypothese mit den letzten Aussagen von Fritz Hermann ab: Ulvi habe Peggy vergewaltigt, und um dies zu vertuschen, habe er das Mädchen erwürgt. Vielleicht habe er nicht vorgehabt, sie zu töten, aber das Geschehen sei womöglich eskaliert, so dass er keinen anderen Ausweg gesehen habe.

Abschließend diskutieren die Ermittler, wie sie das Verhör dokumentieren wollen. Eine Videoaufzeichnung verwerfen sie, weil sie fürchten, eine sichtbar aufgestellte Kamera könne Ulvi ablenken. Am Ende entscheiden sie, das gesamte Verhör, das schließlich am 2. Juli 2002 stattfinden sollte, auf Tonband aufzuzeichnen – »um den Fluss der Vernehmung nicht zu stören«.

*

Am frühen Morgen des 2. Juli 2002 holen die Beamten Ulvi aus der psychiatrischen Klinik ab und fahren mit ihm in die Bayreuther Direktion. Sein Anwalt Wolfgang Schwemmer ist bei dem Verhör dabei, das so ganz anders abläuft, als die Beamten gehofft haben. Ulvi leugnet hartnäckig, Peggy ermordet zu haben. Bei dieser Haltung bleibt er auch, als seine Vernehmer Michler und Grieshammer ihn damit konfrontieren, dass auf einem seiner Overalls angeblich Blutflecken gefunden worden seien. Die Kripo hatte Elsa Kulac schon im Juni gebeten, einige Kleidungsstücke ihres Sohnes zur Verfügung zu stellen. Dass man auf dem Overall keineswegs Blutflecken gefunden hatte, weiß Ulvi zu diesem Zeitpunkt nicht. Die Beamten selbst mögen mit dieser Information nach bestem Wissen gehandelt haben – ihr Chef Geier offenbar nicht. Doch dazu später mehr.

In Wahrheit jedenfalls war der Vorhalt mit den Blutflecken nur ein Bluff. Genützt hat er nichts, ebenso wenig wie das ganze ausgeklügelte Setup der Vernehmung. Ulvi hatte seine Unschuld beteuert, wie üblich.

Gegen 10.40 Uhr ist das Verhör beendet. Anwalt Schwemmer setzt sich noch kurz mit Soko-Chef Geier in einem anderen Zimmer außer Hörweite zusammen und verlässt dann das Gebäude. So jedenfalls gibt es Geier später in einem Schreiben an die Staatsanwaltschaft wieder.

Ulvi wird in der Zwischenzeit von Beamten in den Hof des Polizeigebäudes geführt, wo das Auto wartet, das ihn in die Psychiatrie zurückbringen soll. Dort habe es dann eine Überraschung gegeben, erklärt Ermittler Grieshammer später: »Hamann hat mit Ulvi geredet. Ulvi muss ihm gesagt haben, er habe doch noch nicht alles gesagt. Daraufhin sind wir wieder hoch ins Vernehmungszimmer.«

Über das, was der Beschuldigte nun gesagt haben soll, gibt es – anders als geplant – keinen wörtlichen Mitschnitt. Das Tonbandgerät sei ausgerechnet jetzt kaputtgegangen, erklärt die Polizei später. Ulvis Betreuer hingegen erheben heute einen schlimmen Vorwurf: Es habe einen Mitschnitt gegeben, aber der sei unter dubiosen Umständen verschwunden. Fakt ist: Ausgerechnet vom wichtigsten Verhör der Peggy-Ermittlungen existiert nur ein Gedächtnisprotokoll. Unterschrieben ist es von drei Polizisten: Polizeihauptmeister Hamann aus Lichtenberg, Kriminalhauptkommissar Michler vom bayerischen Landeskriminalamt und Kriminaloberkommissar Grieshammer von der Münchner Mordkommission.

In diesem Geständnis soll Ulvi detailliert geschildert haben, wie er Peggy ermordete und was hinterher mit der Leiche passierte. Der Tathergang entspricht im Wesentlichen dem, was V-Mann Hermann ausgesagt hatte – und den das Gericht später für wahr erkennen sollte. Ulvi habe Peggy nach der Schule am Henri-Marteau-Platz abgepasst, um sich bei ihr für die angebliche Vergewaltigung vom 3. Mai zu entschuldigen. Sie sei vor ihm weggelaufen, um den Schlossberg herum zur Hermannsruh. Er habe sie verfolgt und mehrfach aufgefordert, stehen zu bleiben. Am Ende des Weges sei Peggy über einen spitzen Stein gestolpert und gefallen, da habe er sie eingeholt. Sie habe am Knie geblutet, er habe ihr aufgeholfen, aber sie habe nur wie wild geschrien. Ulvi habe ihr Schokolade versprochen, wenn sie über die vorangegangene Vergewaltigung schweige. Dann habe sie sich losgerissen, sei davongelaufen, am Fuß der Treppe hinauf zum Schlossberg aber erneut gefallen. Wieder habe sie sehr laut geschrien, Ulvi habe befürchtet, jemand könne sie hören. Darum habe er sie mit der einen Hand am Nacken gepackt und die andere Hand in ihr Gesicht gedrückt: »Dann hat sie die Augen zugemacht. Wie ich gesehen habe, dass sie sich nicht mehr rührt, habe ich aufgehört«, heißt es im Protokoll. Dann habe er erst mal eine Zigarette geraucht und den leblosen Körper anschließend an die Schlossmauer geschleift und mit Zweigen abgedeckt. Als Nächstes habe er seinen Freund Tim angerufen. Der sei dann zusammen mit seiner Freundin Ulrike etwa zwanzig Minuten später mit dem Auto eingetroffen. Tim und er hätten Peggys Leiche in den Kofferraum gehoben und nach Schwarzenstein gefahren. Dort hätten sie die Tote unter einem Baum abgelegt, daneben ihren Schulranzen und alles mit einer blau-weißen Plane abgedeckt.

Das waren nun wirklich konkrete und nachprüfbare Aussagen! Dieses überraschende Nachverhör dauerte von 11 bis 11.40 Uhr. Erst fünf Minuten nachdem es beendet war, will Soko-Chef Geier erfahren haben, was seine Leute da gerade zustande gebracht hatten. Bis dahin habe er angeblich nicht gewusst, dass Ulvi nach dem offiziellen Verhör noch einmal ohne Anwalt im Vernehmungszimmer gewesen war. Ulvi erinnert sich anders und behauptet, Geier habe die gesamte

Zeit im Türrahmen gestanden, mal eine Zeitlang nur zugehört, sich dann wieder aktiv eingemischt.

Wie auch immer – erst hinterher rief Geier Ulvis Anwalt auf dem Handy an und teilte ihm mit, sein Mandant habe gerade einen Mord gestanden. Schwemmer kehrte sofort in die Polizeidirektion zurück und verlangte, umgehend allein mit Ulvi zu sprechen.

In einem Nebenzimmer bestätigt Ulvi in Kurzform, dass er tatsächlich gerade ein Geständnis abgelegt hat. Der Anwalt lässt sich von Ulvi so viele Details wie möglich schildern und fertigt anhand dieser Angaben eine Karte an, auf der Schwarzenstein und das angebliche Versteck von Peggys Leiche eingezeichnet sind. Anschließend läuft er damit zu Soko-Chef Geier und zeigt ihm die Karte. Ein indirektes Eingeständnis, dass er diese Geschichte glaubt? Geier ordnet an, dass das gesamte Soko-Team sofort nach Schwarzenstein aufbrechen soll. Die Beamten besteigen ihre Autos und nehmen Ulvi gleich mit. Anwalt Schwemmer lässt es geschehen und entschuldigt sich: Wegen dringender Termine könne er leider nicht mitfahren.

Ulvi ist das zweite Mal an diesem für ihn so schicksalhaften Tag auf sich allein gestellt.

*

In Schwarzenstein wollen sich die Polizisten von Ulvi zeigen lassen, wo die Leiche zu finden sei. Ulvi müht sich, die Beamten an den richtigen Platz zu lotsen, findet ihn aber nicht. Eine Weile suchen die Polizisten das Gelände ab, ohne Erfolg, nirgends eine Leiche, keine Plane, kein Rucksack. Die Ermittler brechen die Ortsbegehung ab und fahren mit Ulvi weiter nach Lichtenberg. Dort wollen sie sich sozusagen am Tatort vorführen lassen, wie Ulvi Peggy getötet haben will.

Geier ordnet an, die Begehung mit Hilfe einer Videokamera festzuhalten. In Lichtenberg ist nun auch der federführende Staatsanwalt Gerhard Heindl vor Ort. Dass Ulvi mit dieser Aktion überrumpelt wurde, muss den Ermittlern klar gewesen sein. Das geht nicht zuletzt aus einem Schreiben hervor, das Geier später an den Staatsanwalt in Hof – namentlich Heindl – sendet und das sich streckenweise so liest, als sei es nur deshalb formuliert worden, um ein womöglich nicht ganz koscheres Vorgehen im Nachhinein rechtlich abzusichern. So schreibt Geier dem Staatsanwalt nur das, was dieser aus eigener Anschauung längst weiß: »Bei dieser ersten Tatortbegehung, an der neben den Soko-Angehörigen auch der sachbearbeitende StAaGrL Heindl teilnahm, ordnete ich die Videographierung zu Beweiszwecken an.« Aus dem Schreiben geht darüber hinaus hervor, dass weder Ulvi noch sein Anwalt gefragt wurden, ob sie damit einverstanden waren. Das Einverständnis des Beschuldigten setzte Geier stillschweigend voraus. Es sei »anhand seines [Ulvis] Verhaltens auf dem Video zu erkennen«, dass er nichts dagegen gehabt habe. Das Einverständnis des Anwalts erklärte Geier kurzerhand für überflüssig, denn es läge »kein gegenteilig erklärter Wille des Herrn Rechtsanwaltes vor« – wie auch? Schwemmer wusste nichts von der Videorekonstruktion mit Ulvi als Hauptdarsteller in eigener Sache, er hatte sich ja aus Termingründen verabschiedet. Staatsanwalt Heindl wiederum habe sein Einverständnis ebenfalls signalisiert, da auch er nichts Gegenteiliges erklärt hätte.

Die Ermittler jedenfalls scheinen an jenem Tag überzeugt davon gewesen zu sein, dass sie den Durchbruch geschafft und den Fall Peggy endlich gelöst hatten.

Kapitel 17
Das Gutachten

Nach dem 2. Juli 2002 wird Ulvi Kulac mehrfach weiter verhört. Scheinbar mit Erfolg, wie Geier notiert: »Der Beschuldigte wiederholte mehrmals sein Geständnis als Ganzes oder auch nur phasenweise.« Das klingt etwas diffus und bedeutet allgemeinverständlich: Ulvi gestand zwar in zwei weiteren Verhören erneut den Mord an Peggy, aber er schilderte den Tatablauf und vor allem den Verbleib der Leiche jedes Mal anders. War es am 2. Juli noch sein Freund Tim gewesen, der die tote Peggy weggeschafft haben soll, sagte er jetzt: »Der Vati hat sie weg.« Unmittelbar vor dieser Aussage hatte ihn ein Beamter darauf hingewiesen, dass der Abtransport der Leiche mit Hilfe von Tim und dessen Freundin Ulrike sich so nicht zugetragen haben könne. Die beiden hatten ein wasserdichtes Alibi, die Polizei hatte es überprüft: Tim und Ulrike waren zur fraglichen Zeit in der Arbeit. Wie es scheint, hat Ulvi auf diese Information mit einer neuen Variante reagiert.

Neben Widersprüchen wie diesem gibt es aber noch ein prozessrechtliches Problem: Ulvi hat den Mord an Peggy nur im Polizeiverhör gestanden, nicht aber vor einem Vernehmungsrichter. Im Prozess darf ein Geständnis nur dann verlesen und ins Verfahren eingeführt werden, wenn es vor einem Richter abgelegt wurde. Wie so vieles im Fall Peggy sollte aber auch diese Vorschrift auf nicht ganz übliche Weise umschifft werden.

Zu Hilfe sollte Ermittlern und Staatsanwaltschaft dabei

ein Glaubwürdigkeitsgutachten kommen, das Ulvi bescheinigte, er habe bei seinem Geständnis die Wahrheit gesagt. Erstellt hat es der Berliner Gutachter Hans-Ludwig Kröber. Kröber, der das Institut für Forensische Psychiatrie der Freien Universität Berlin leitet, gilt als Koryphäe mit internationaler Reputation. Für Schlagzeilen sorgte er, als er im sogenannten Stephanie-Prozess in Dresden tiefe Einblicke in die Seele des Sexualstraftäters Mario M. gewährte. M. hatte das 14-jährige Mädchen als Sex-Sklavin in seiner Wohnung gehalten. Er habe sich wie in einem Science-Fiction-Film eine Partnerin nach seinen Wünschen formen wollen, analysierte Kröber. Im Kachelmann-Prozess beurteilte er die Aussagefähigkeit jener Frau, die den früheren »Wetterfrosch« wegen Vergewaltigung angezeigt hatte und als Nebenklägerin auftrat. Kröber weckte Zweifel an der These, die Erinnerungslücken der Frau seien Folgeerscheinungen des durch die vorgeworfene Vergewaltigung erlittenen Traumas. Für den Vatikan untersuchte Kröber die Frage, ob das Zölibat bei Priestern zu einer verstärkten Neigung zum Missbrauch von Kindern führe, und verneinte diese Frage mit einer einprägsamen Aussage: »Man wird eher vom Küssen schwanger als vom Zölibat pädophil.«

Im Peggy-Prozess war Kröber eine Schlüsselfigur. Ohne sein Gutachten hätte Ulvis Geständnis nicht verwertet, der Angeklagte nicht verurteilt werden können.

*

Die Quellen, auf deren Basis Kröber damals sein Gutachten erstellte, listet er detailliert auf. Erwähnt sind zwei Videobänder, auf denen Ulvi bei Nachstellungen der vermeintlichen Tat zu sehen ist, aufgezeichnet am 30. Juli und am 1. August 2002. Das erste Video vom 2. Juli indes fehlt in seiner Liste; der Verdacht liegt nahe, dass ihm die Polizei dieses

Band gar nicht erst zur Verfügung gestellt hat. Darüber hinaus erwähnt Kröber die »dreibändigen Ermittlungsakten des Verfahrens«. Auch hier hatte er offenbar nur auf einen Teil des Materials zurückgreifen können. Wir haben die Quellenlage mit Ulvis heutigem Anwalt, Michael Euler, abgeglichen. Euler sagte uns, zu dem Aktenzeichen, das Kröber nennt, gebe es mindestens sieben Bände, nicht nur drei.

Geier fertigte für Kröber außerdem eine Zusammenfassung des Ermittlungsstandes an, die uns ebenfalls vorliegt. »Beiliegende Handakten«, so wird zu Beginn des Berichts angemerkt, »**dienen nur zur Erstellung des bezeichneten Gutachtens**« [im Original gefettet] und werden »für das weitere Verfahren nicht mehr benötigt. [...] Der vorliegende Zwischenbericht wurde ebenfalls lediglich zu Gutachtenerstellung gefertigt und findet als solches keinen Eingang in die Hauptakte.«

In diesem Zwischenbericht schildert Geier den Tatablauf so:

> *Ulvi Kulac [wartete] am 7. Mai 2001 gezielt auf sein späteres Opfer, die 9-jährige Peggy Knobloch. Er hielt sich hierzu am Henri-Marteau-Platz in Lichtenberg auf, dem zentralen Punkt auf dem Heimweg des Mädchens von der Schule.*

Zeugen hätten ihn dort zwischen 12.55 und 13.10 Uhr gesehen. Peggy sei an diesem Tag bis 12.50 Uhr in der Schule gewesen, und aufgrund dessen, dass der Beschuldigte bereits um 12.55 Uhr am Henri-Marteau-Platz gesehen wurde, »muss davon ausgegangen werden, dass er die Schülerin ›abpassen‹ wollte«.

Weiter schreibt Geier, die Zeugin Claudia Ritter habe das Mädchen gegen 13.14 Uhr »auf Höhe des Friedhofs« gesehen. »Etwa eine Minute später« habe »eine Schülerin« Peggy dort aus dem Schulbus heraus gesehen.

Unmittelbar danach muss sie [Peggy] auf Ulvi Kulac getroffen sein. Er hatte Gleiches in seinen Vernehmungen angegeben. [...] Zwar wollen einige Personen das Mädchen noch am Nachmittag gesehen haben, diese Beobachtungen wurden jedoch weitgehendst negativ beschieden.

Die einfache Begründung für diesen »negativen Bescheid« lautet, einige dieser Zeugen hätten Peggy ohne Schulranzen gesehen – aber das stehe dem »hiesigen Ermittlungsstand entgegen«. Denn:

Nach derzeitiger Kenntnis war Peggy auf dem Heimweg von der Schule, als ihr der Beschuldigte gegenübertrat. Sie hatte somit keine Möglichkeit mehr, die Büchertasche irgendwo zu deponieren. **Somit ist als sicher anzunehmen, dass Peggy Knobloch nach dem Zusammentreffen mit dem Beschuldigten nicht mehr lebend gesehen wurde** *[im Zwischenbericht gefettet].*

Abgesehen davon, dass dieser Bericht einige interessante Schlussfolgerungen enthält, die späteren Nachforschungen nicht standhalten sollten, wirft Geiers Vermerk gleich zu Anfang einige Fragen auf. Warum wurden die Akten, die er für Kröber zusammenstellte, für das Verfahren nicht benötigt? Warum sollten sie keinen Eingang in die Hauptakte finden? Und warum wurde Kröber mit unvollständigen Materialien versorgt?

*

Trotz Geiers »Vorarbeit« beginnt Kröbers Arbeit mit Ulvi nicht unbedingt vielversprechend, jedenfalls nicht im Sinne der Ermittler und der Staatsanwaltschaft, die aufgrund des Geständnisses Anklage erheben wollte.

Am 22. August 2002 besucht der Gutachter zum ersten Mal das Bezirkskrankenhaus Bayreuth, um ein sogenanntes Explorationsgespräch mit Ulvi zu führen. Für den ist es die erste Befragung nach den drei Polizeiverhören, in denen er sich des Mordes an Peggy bezichtigt hatte. Als Ulvi nun erstmals Kröber gegenübersitzt, behauptet er gleich zu Beginn das Gegenteil – nämlich, dass er kein Mörder sei und Peggy nicht getötet habe. Dabei bleibt er auch bei den folgenden drei Gesprächen, die Kröber mit ihm führt.

Der Gutachter kommt nach der Lektüre der Aktenauswahl, die ihm die Polizei zur Verfügung gestellt hatte, und nach den persönlichen Explorationsgesprächen zu dem Schluss, Ulvi habe das, was er in seinen Geständnissen sagte, vermutlich weder erfunden, noch sei es ihm von anderen, z.B. Polizeibeamten, nahegelegt worden. Letzteres sei schlicht nicht möglich gewesen, weil die Ermittler bis zum 2. Juli gar kein Tatszenario gehabt hätten, so Kröber: »In Ermangelung eines der Polizei bekannten Tatortes und eines aus der Untersuchung des Opfers ableitbaren Tatgeschehens« habe kein Beamter dem Beschuldigten etwas suggerieren können. Das, so Kröber, ergebe sich aus den Vernehmungsprotokollen.

Eine Feststellung, die verblüfft und erneut die Frage aufwirft, ob der Gutachter korrekt gebrieft wurde. Denn tatsächlich besaß die Soko nachweislich eine schriftlich fixierte Tathergangshypothese. Auf ihrer Basis war auch das entscheidende Verhör vom 2. Juli 2002 vorbereitet worden. Kröber wusste offenbar weder davon, dass der Profiler Alexander Horn ein Tatgeschehen entworfen hatte, noch von der Rolle, die Fritz Hermann, Ulvis Mitinsasse in der Psychiatrie, bei der Entstehung des ersten Geständnisses gespielt hatte.

Kröber schreibt, seine Untersuchung spreche »für die Annahme, dass diese Angaben [die Ulvi in seinem Geständnis gemacht hat] in tatsächlichem Erleben begründet sind«. Das »tatsächliche Erleben«, argumentiert Kröber, könne man daraus ableiten, dass Ulvi sein Geständnis ausgesprochen detailreich erzählt habe. Inzwischen bestreite er zwar, Peggy ermordet zu haben, doch als er, Kröber, Ulvi gebeten habe, noch einmal nachzuerzählen, was genau er den Polizisten gesagt habe, habe dieser alles exakt wiedergeben können. Ulvis Schilderung »entspricht in allen wesentlichen Punkten dem [im Juli gemachten] Geständnis«, schreibt der Psychiater in der Kurzfassung seines Gutachtens. »Gerade angesichts der niedrigen Intelligenz des Untersuchten ist diese hohe zeitliche Konstanz seiner Angaben ein weiterer Hinweis darauf, dass die Angaben einen realen Erlebnishintergrund haben und keine Erfindung des Ulvi Kulac sind.«

Um sich weiter abzusichern, habe Kröber Ulvi gebeten, ihm auch frühere Versionen des Tathergangs zu erzählen, etwa jene, derzufolge nicht er, sondern sein Bekannter Mirko Scholz das Mädchen umgebracht habe. Zweck der Übung: Der Gutachter wollte herausfinden, ob Ulvi diese Version ebenso detailliert nacherzählen konnte wie die vermeintlich wirklich erlebte. Das Resultat: Er konnte es nicht. »Die diesbezüglichen Aussagen waren jetzt stark verarmt«, schreibt Kröber. An viele Details habe sich Ulvi nicht mehr erinnern können. Das spreche dafür, dass er sie im Gegensatz zu der detailreichen Geständnisgeschichte nicht wirklich erlebt, sondern sich ausgedacht habe. »Als Gegenprobe zeigt dies also, dass von ihm erfundene Geschichten in der Zwischenzeit dem Vergessen anheimgefallen sind.«

Und noch eine Karte spielt Kröber aus, um die Glaubhaftigkeit von Ulvis Geständnis zu untermauern. Ulvi habe darin eine Begebenheit geschildert, die zwar zur bildhaften Vorstellung des Geschehens beitrage, aber für die Tat selbst ohne Bedeutung sei. Bei diesem Punkt geht es um den Sturz von Peggy während ihrer Flucht vor Ulvi. Sie sei über einen Stein gestolpert und bäuchlings hingeschlagen. Am linken Knie habe sie geblutet, was an einem Blutfleck am Hosenbein zu sehen gewesen sei. Auch am Kopf habe sie eine Wunde gehabt. Während ihres Laufs durch die Schrebergärten habe sie ihren Schulranzen in der Hand gehalten. Nach dem Sturz habe der Ranzen »in Laufrichtung vor ihrem Kopf« gelegen. Das, so Kröber, habe Ulvi in einer der Videorekonstruktionen sehr anschaulich gezeigt und in angedeuteter Form auch im ersten Geständnis am 2. Juli erzählt. »Solche Geschehnisse ohne Funktion sind in erfundenen Geschichten, gerade bei intellektuell schwach begabten Menschen, nicht zu erwarten«, schreibt der Gutachter.

Zudem gebe es noch ein Detail, das Kröber in brillanter Argumentation schildert: Ulvi habe erzählt, dass der Ranzen »weiter geflogen sei als das hinstürzende Kind« – und zwar »kraft physikalischer Gesetzmäßigkeit«. Diese Beobachtung könne der »schwachbegabte Proband schwerlich erfunden haben«. Und zu guter Letzt, notiert Kröber, habe ihm Ulvi beim Nacherzählen des Geständnisses »sehr nachdrücklich« erklärt, er könne ihm noch heute »genau den Stein zeigen, über den Peggy gestolpert sei«. Diesen Stein habe er bereits auf dem Video der Tatrekonstruktion gezeigt. Dass er sich noch heute an die exakte Lage des Steins erinnere, sei angesichts der inzwischen vergangenen Zeit bemerkenswert.

Auch hier könnte Kröber aber falsch informiert worden sein. Denn der Stein, über den Peggy angeblich gestolpert sein soll, hatte sich eben nicht eindeutig finden lassen. In der Videorekonstruktion des Tathergangs zeigt Ulvi vage Richtung Wegesrand; dort fand sich tatsächlich ein Stein, allerdings dick mit Moos überzogen, keinesfalls spitz und derart weit neben dem Pfad, dass Peggy schon vom Weg hätte abkommen müssen, um darüber zu stolpern. Dass es sich dabei nicht um den ausschlaggebenden Stein gehandelt haben kann, war bereits kurz nach der Videorekonstruktion deutlich gewesen. Bei einer gemeinsamen Ortsbegehung mit Journalisten hatte sich Soko-Ermittler Behrendt höchst verärgert gezeigt, dass er den Reportern den ominösen Stein nicht zeigen konnte. Jemand müsse ihn weggenommen haben, den spitzen, weißen Stein, der mitten auf dem Weg gelegen haben soll.

Kröber hält in seinem Gutachten darüber hinaus fest, dass Ulvi keinen Grund gehabt habe, möglicherweise ein falsches Geständnis abzulegen. Ein solcher Grund hätte darin bestehen können, im Fall einer Verurteilung um eine Gefängnisstrafe herumzukommen. Auch hier kann man sich die Frage stellen, ob Kröber ganz im Bilde war. Denn genau diesen Grund könnte Ulvi sehr wohl gehabt haben. Das räumte später sogar das Gericht in seiner Urteilsbegründung ein und legte damit offen, dass die Beamten Ulvi bei einer ihrer Vernehmungen exakt dieses Versprechen gemacht hatten. Die Ermittler hatten Kulac in Aussicht gestellt, er werde wegen seiner niedrigen Intelligenz voraussichtlich als schuldunfähig eingestuft. »Sag halt, dass du's gewesen bist, es passiert dir ja weiter nix«, soll Wolfgang Hamann zu Ulvi gesagt haben.

Und noch ein weiteres mögliches Motiv für eine Falschaussage erwähnt Kröber nicht. Nämlich dass Ulvi endlich »seine Ruhe« haben wollte. In seinen Gesprächen mit dem Gutachter äußerte Kulac mehrfach, er habe den Kriminalbeamten nur erzählt, was diese offenbar hatten hören wollen. Er habe ja gemerkt, dass die Ermittler nicht lockerließen, sie hätten ihn immer wieder mit Fragen gequält. Er habe die Peggy nicht entführt und nicht umgebracht und die Leiche auch nicht verräumt. Sondern all das nur gesagt, weil sie ihm alles andere nicht geglaubt hätten. Auch, dass

Oben: Peggy Knobloch.
Am 7. Mai 2001 verschwand das Mädchen spurlos.
Rechts: Peggys Mutter Susanne Knobloch wird am 2. Februar 2004 vor dem Gerichtssaal im Hofer Landgericht von Journalisten befragt.

Das »blaue Haus«: Hier wohnte Peggy.

Der Marktplatz im historischen Ortskern von Lichtenberg.

Hunderte Polizisten suchten nach der verschwundenen Peggy.

Häufig war das Mädchen in diesem Lokal. Es hatte damals keinen guten Ruf.

Frage:
Wo warst du am Montag, 07.05.2001 (nachmittags)?

Antwort: Ich bin nach den Hausaufgaben ca. 16:00 - 16:30 zu meiner Oma gelaufen. Beim Bäcker habe ich Peggy ~~beim Bäcker~~ im Geschäft gesehen. Dann war ich bis 18:30 bei Oma und bin dann schwimmen

Frage:
Hast du einen City-Roller? gegangen.
Warst du mit diesem am 07.05.2001 unterwegs, gegebenenfalls wo?

Antwort: ██ hat einen City roller, war aber Montag Nachmittag damit nicht unterwegs.

In der Ermittlungsakte finden sich viele Hinweise, dass Peggy am Nachmittag des 7. Mai 2001 noch lebte.

KAYIP

Peggy Knobloch

50.000 DM   Mükafat!

Ayrıca Hof Frankenpost Gazeteside 5.000 DM vaat ediyor!

Lichtenberg.- Hof Kriminal Polisi bu kayıp olayının aydınlatılması için halktan yardım etmesini rica ediyor. Pazartesi günü 07.05.2001 denberi halen Lichtenberg ten 9 yaşındaki Peggy Knobloch kayıp. Kız Okuldan çıkmış sınıf arkadaşlarıylan birlikte evine gidiyordu. Lichtenberg şehrinin tam orta yerinde kızlar birbirlerinden ayrılarak yollarını değiştirdiler. O günden beri hala Peggy den hiç bir iz yok.

Peggy nin eşkal tarifi:

Kız düz saçlı, saçları omuzuna kadar uzun, kumral, boyu 135 cm kadar uzunlukta, zayıf vücutlu, kıyafet olarak Üzerinde, üstünde TSV Lichtenberg yazılı siyah renkte rüzgar Ceketi, birde portakal renkte bir Kazak ve zeytinyeşili Pantolon vardı. Beraberinde koyu pembe ve sarı renkten sırta takılan markası McNeil olan bir Okul çantası vardı, bu çanta hala bulunamamıştır.

Kızın nerde olabileceğine dair bildiriler Hof Kriminalpolisine bu Telefon Numarasına 09281/704-170 veyahutta E-Mail Adresi, kpi.hof@baypol.bayern.de bildirilsin

BLKA Almanya Eyalet Kriminal Polis dairesi, bu olayın aydınlanmasına veyahutta Suçluların yakalanmasına götürecek bildirileri yapana 50.000 DM Mükafat vaat etmektedir. Yargı yolu caiz değildir. Bu Mükafat sade özel kişilere verilir, görevi icabı cezayı gerektirici koğuşturma işlerinde çalışan Memurlara verilmez.

Basın Kunununca sorumlu Polizeidirektion Hof, Kulmbacher Straße 101, 95030 Hof

Suchplakate gab es auch in türkischer Sprache.

An diesem Bachlauf wollte der verurteilte Ulvi Kulac Peggys Leiche versteckt haben – aber es fand sich keine Spur.

Über diesen Weg soll er Peggy verfolgt und dann getötet haben.

Herr Kulac:
Ich will nicht, dass mich jemand anschreit.

KHK
Und wenn Sie jemand anschreit, sagen Sie dann mehr die Wahrheit oder weniger die Wahrheit?

Herr Kulac:
Weniger.

KHK
Weniger. Jetzt haben wir Sie also nicht angeschrieen? Ich bin der Meinung, wir sind bisher ordentlich miteinander verkehrt, umgegangen. Oder haben Sie eine andere Meinung?

Herr Kulac:
Nein.

KHK
Jetzt müssten Sie doch uns, wenn wir Sie nicht anschreien, müssten Sie uns doch die volle Wahrheit, die ganze Wahrheit sagen? Ja oder nein?

Herr Kulac:
Das was ich gesagt hab, nein. Dass die Blutspuren nicht von der Peggy stammen, das ist die Wahrheit.

KHK
Welche Blutspuren, die auf der Jacke?

KHK
Und was ist die Unwahrheit?

Herr Kulac:
Das Blut kann nicht von der Peggy stammen.

Ausriss aus der Beschuldigtenvernehmung von Ulvi Kulac.

Jlvi Kulac bei der Urteilsverkündung im Landgericht Hof.

Anten Den Tak Wo tas
War Miet Tem Blut War
ich Fertik Mit Den Nerfen
Unt Als ter SCHWEMMER
Wek War ht ter ▉
Besakt tas ich ZU Geben
Sol ts ich tie Peky um Gebracht
hab Sonst ist er Nicht Mer Mien
Fruint Da habeich S ZU Geben

Handschrift von Ulvi Kulac: Bis heute kann er nicht richtig schreiben.

2005 ließ Susanne Knobloch dieses Grab für Peggy anlegen.

Peggys Leiche wurde nie gefunden. Das Grab ist leer.

die Beamten »überhaupt nicht nett« waren, hatte Ulvi zu Kröber gesagt. Es gibt Pfleger aus dem Bezirkskrankenhaus Bayreuth, die das bestätigen. Ulvi sei jedes Mal völlig fertig gewesen, wenn er vom Verhör zurückgekommen sei, er habe gezittert und geheult und musste im Krankenhaus erst einmal in den Ruheraum gebracht werden. Bei einem der Verhöre soll ihn einer der Ermittler am Kragen gepackt und gesagt haben, er solle endlich zugeben, dass er die Peggy umgebracht habe.

Im Gutachten von Kröber spielen diese möglicherweise fragwürdigen Umstände des Zustandekommens von Ulvis Geständnis keine Rolle. Hätte er festgestellt, dass das Geständnis tatsächlich auf Druck zustande gekommen war, hätte es vor Gericht nicht verwertet werden können.

Ob Kröber zu einem anderen Ergebnis gekommen wäre, hätte er alle Unterlagen zur Einsicht und alle Informationen zum tatsächlichen Stand der Ermittlungen erhalten, lässt sich nicht beantworten. Kröber lehnte unsere Bitte um eine Stellungnahme zum Fall Peggy ab. Leichtfertig hat er sein Gutachten gewiss nicht abgegeben. Die Folgen waren gleichwohl gravierend. Kröbers Gutachten war für die Strafkammer der letzte Baustein, um das Geständnis als Beweis werten, Ulvi wegen Mordes anklagen und schließlich auch verurteilen zu können. Trotz Ulvis hartnäckigem Leugnen selbst vor Gericht wurde die »Glaubwürdigkeit [des Geständnisses] durch das Gutachten des Sachverständigen Professor Dr. Kröber untermauert«, heißt es später im Urteil.

Als wirklichen Beweis hatte es freilich auch sein Urheber nicht gesehen – seine Untersuchung, so Kröber, spreche lediglich »für die Annahme«, dass die Aussagen im Geständnis »in tatsächlichem Erleben begründet sind«.

Kapitel 18
»Drang nach Aufmerksamkeit«

Als Professor Kröber mit der Erstellung seines Gutachtens begann, wandte sich die Soko Peggy 2 noch an einen zweiten Psychiater, von dem sie sich Aufschluss über den Wahrheitsgehalt von Ulvis Geständnis erhoffte. Es handelte sich um Dr. Rudolf Pappenberger, einen Arzt und Psychiater aus dem Bezirkskrankenhaus Bayreuth, der seit dem Frühjahr Ulvis Therapeut war. Die Vorwürfe, die inzwischen gegen seinen Patienten erhoben wurden, kannte Pappenberger bis dahin im Wesentlichen vom Hörensagen und in kleinen Portionen aus richterlichen Schreiben.

Im August 2002 suchten die Ermittler Pappenberger in der Bayreuther Klinik auf. Der Zeitpunkt dürfte kein Zufall gewesen sein. Ulvi leugnete inzwischen konsequent, auch Kröber gegenüber, Peggy umgebracht zu haben. Die Beamten suchten nach Hinweisen, ob sich Ulvi möglicherweise bei früheren therapeutischen Sitzungen des Mordes an dem Mädchen bezichtigt haben könnte.

Als Erstes fragten sie Pappenberger, ob Ulvi einen übersteigerten Sexualtrieb habe. Nicht unbedingt, antwortete der Psychiater. Ulvi habe früher sehr häufig onaniert, aber in der Klinik sei er in dieser Hinsicht nicht auffällig gewesen. Ebenso wenig hätten sich pädophile Neigungen oder andere Abnormitäten gezeigt. Im Gegenteil, er habe im Laufe der Zeit festgestellt, dass sein Patient Fortschritte mache. Seine sexuellen Belästigungen oder Missbräuche schätze Ulvi inzwischen kritischer ein. Dabei habe es sich ja zumeist um Exhibitionismus gehandelt, nur in wenigen Fällen sei es auch darum gegangen, dass er Jungen aufgefordert habe, ihn anzufassen oder sich anfassen zu lassen. »Aus den vielen Gesprächen war zu ersehen, dass das soziale Umfeld des Patienten die Täterschaft [bezüglich Exhibitionismus und Onanierens] anscheinend teilweise mitgetragen hat und er deshalb kein Unrechtsbewusstsein hatte«, sagte Pappenberger den Beamten. Diese Sichtweise habe sich während der Therapie geändert. Mittlerweile habe Ulvi »durchaus Reue gezeigt und auch inzwischen ein Unrechtsbewusstsein entwickelt«. Gänzlich wirkungslos seien indes die Versuche gewesen, seinen Intellekt weiterzuentwickeln. »Bezüglich seiner Minderbegabung wird wenig Änderung zu erreichen sein«, so die trockene Einschätzung des Psychiaters.

Bei späteren therapeutischen Sitzungen, so Pappenberger, habe er mit seinem Patienten auch über die laufenden Ermittlungen gesprochen und dabei die Reaktionen und Stimmungen Kulacs genau beobachtet. Pappenberger gab an, dass Ulvi vor Verhörterminen immer sehr aufgeregt war und nicht schlafen konnte. In diesen Fällen habe er ihm ein leichtes Beruhigungsmittel (»z.B. Atosil«) verabreicht.

Derzeit allerdings wirke der Patient »entlastet, insofern also, da er erklärt hat, er habe diese Tat nicht vollbracht«. Ganz anders habe er sich verhalten, als das Mordgeständnis noch im Raum gestanden habe. »Nach dem Geständnis und den Begehungen der Tatorte war Herr Kulac doch sehr zurückgezogen, deprimiert und musste auch medikamentös behandelt werden.« Erst jetzt, nachdem er »die wahre Wahrheit« gesagt – also den Mord an Peggy widerrufen – habe, gehe es ihm wieder besser. Das war nicht gerade das, was die Beamten hören wollten.

Pappenberger führte weiter aus, dass Ulvi ihm gegenüber nie über den Mord und den in Rede stehenden Tatverlauf gesprochen habe. Alles, was er als Therapeut darüber wisse, habe er aus zweiter Hand erfahren. Aus erster Hand könne er nur berichten, dass Ulvi über »die Tat zu Hause« gesprochen habe. Er habe »mit der Peggy anscheinend Geschlechtsverkehr vollzogen«.

Wie das abgelaufen sei, habe Ulvi immer ungefähr gleichlautend geschildert: Die beiden seien in seinem Zimmer im Haus seiner Eltern gewesen. Als er auf die Toilette musste, sei Peggy ihm gefolgt und habe ihm beim Urinieren zugesehen. Anschließend sei er mit ihr in sein Zimmer zurückgegangen, habe sie ausgezogen und auf seinen Schoß gezogen. Dort hätten sie den Geschlechtsakt vollzogen, »wobei die Peggy zuerst gelacht, dann geweint habe«. Sie sei dann nackt die Treppe heruntergelaufen und habe gedroht, unbekleidet das Haus zu verlassen. Ulvi habe sie wieder eingefangen und »dafür gesorgt, dass sie wieder bekleidet war, und ließ sie dann nach Hause gehen«. Das jedenfalls habe Ulvi ihm, Pappenberger, erzählt.

Der Therapeut interpretierte diese Aussage auf ähnliche Weise wie Kröber: Weil Ulvi das »Kerngeschehen« immer gleich schildert und auch die gleichen Details nennt, sei es wahrscheinlich, dass der Vorfall »weniger erfunden und schon tatsächlich erlebt ist«. Ein Beweis, dass sich das alles auch so zugetragen hat, ist das allerdings nicht.

Pappenberger stellte im Verlauf seiner Arbeit mit Ulvi aber noch etwas anderes fest – nämlich einen auffälligen Drang nach Aufmerksamkeit. Dieser Drang motiviere Ulvi, immer wieder Geschichten »frei zu erfinden«. Als die Beamten Pappenberger fragten, was er von Ulvis Geständnis halte, das ja auch sehr detailreich gewesen war, antwortete der Psychiater zunächst: »Diese Aussage ist auch wieder sehr farbig und detailgetreu, so dass der erste Eindruck ist, dass hier die Wahrheit gesprochen wurde.« Dann aber schränkte er ein, dass Ulvi »sehr viele Sachen sehr detailgetreu erzählt, die aber der Wahrheit nicht entsprechen. Herr Kulac setzt sehr phantasievoll auch Lügengeschichten in Szene.« Daher sei er persönlich nicht in der Lage zu entscheiden, ob das Geständnis stimme oder nicht, so Pappenberger. Das Motiv für Ulvis Geschichtenerzählerei sei ein ums andere Mal, dass »er sehr wichtig genommen werden will und im Mittelpunkt stehen kann«.

So weit, den Mord an Peggy zu gestehen, scheint Ulvis Drang nach Aufmerksamkeit dann aber wohl doch nicht gegangen zu sein. Pappenberger sagte aus, weder ihm gegenüber noch anderen Mitarbeitern oder Patienten habe Ulvi davon etwas erzählt – mit einer Ausnahme: »Lediglich bekannt ist, dass er Fritz Hermann geschildert habe, dass er Peggy mit eigenen Händen umgebracht habe«, so der Therapeut, aber auch das wisse er nur vom Hörensagen.

*

Fassen wir noch einmal zusammen: Ausgangspunkt für Ulvis spätere Geständnisse waren zunächst die Tathergangshypothese und später die Aussagen des V-Manns Fritz Hermann. Die Soko Peggy 1 hatte ihm seine Story nicht geglaubt und sie zu den Akten gelegt. Die Soko Peggy 2 dagegen hatte ihm seine Geschichte nicht nur abgenommen, sondern alles dafür getan, um Ulvi Kulac auf der Basis dieser Informationen zu einem Geständnis zu bewegen. Auf den ersten Blick mit Erfolg. Ulvi gestand den Mord an Peggy, wenn auch jedes Mal mit anderen Details. Die Verwertbarkeit dieser widersprüchlichen Geständnisse sollte durch Kröbers Gutachten abgesichert werden. Die Handakten, die Kröber dafür von Geier erhielt, waren unvollständig, wichtige Informationen fehlten. Pappenberger, der Kulac einen erhöhten Drang nach Aufmerksamkeit und eine blühende Phantasie attestierte und insofern die Einschätzung Kröbers hätte aufweichen können, wurde vor Gericht später zwar gehört, er habe aber »nichts Wesentliches beitragen können«, heißt es in der Urteilsbegründung.

Kröbers Gutachten wurde außerdem dafür herangezogen, Ulvis Widerruf als unglaubwürdig zu entlarven. In der späteren Urteilsbegründung heißt es dazu: »Zwar hat der Angeklagte bekundet, er habe, was seine Geständnisse zum 7. Mai 2001 anbelange, die Kripo angelogen.« Dennoch sei die Jugendkammer »zweifelsfrei davon überzeugt«, dass dieser Widerruf nichts an der grundsätzlichen Glaubwürdigkeit des Geständnisses ändert.

Die Begründung für diese Sichtweise lautet so: Selbst auf mehrfaches Nachfragen habe Ulvi Kulac »keinen plausiblen Grund« dafür nennen können, warum er sein Geständnis widerrufen habe. »Auch im Explorationsgespräch vom 10. September 2002 und bei den Beschuldigtenvernehmungen vom 10. Januar bzw. 3. Februar 2003 hat der Angeklagte nachvollziehbare Gründe im oben dargestellten Sinn nach den Erläuterungen von Prof. Kröber und der Aussage des Zeugen KHK Behrendt in der Hauptverhandlung nicht genannt.«

Die Möglichkeit, dass der Angeklagte ein Mordgeständnis widerrufen haben könnte, weil er a) keinen Mord begangen hat, oder b) das Geständnis möglicherweise nur abgelegt hat, weil er sich physisch und psychisch bedrängt fühlte, wird erst gar nicht in Erwägung gezogen. Fakt ist: Ulvi Kulacs Widerruf wurde von vornherein als unglaubwürdig eingestuft. Denn: »Gegen eine Trugerinnerung beim Angeklagten spräche auch der Umstand, dass der Angeklagte, ohne anzugeben, er habe sich geirrt oder getäuscht, sein Geständnis widerrief.«

*

Die Öffentlichkeit sollte übrigens erst im November 2003 durch eine Notiz in der *Frankenpost* davon erfahren, dass Ulvi Kulac sein Geständnis widerrufen hat – mit über einem Jahr Verspätung. Da hatte der Prozess gegen ihn bereits begonnen.

Kapitel 19
Großer Auftritt für die Ermittler

Mochten auch weder Ulvis Widerruf noch Pappenbergers Aussagen so recht ins Bild passen – Kripo und Staatsanwaltschaft ließen sich ihre Argumentationskette nicht mehr nehmen. Sie hatten eineinhalb Jahre Ermittlungsarbeit hinter sich und die Details der Ulvi-Spur zu einer Anklage geschmiedet. Sie hatten aus dem ersten Verdacht einen Tathergang entwickelt, den auch mit Ulvis Geständnis bestätigt bekommen und schließlich mit dem Glaubhaftigkeitsgutachen des Berliner Psychiaters Kröber wasserdicht gemacht. Den Feinschliff mussten dann nur noch die Juristen der Hofer Staatsanwaltschaft übernehmen, allen voran deren Chef Ernst Tschanett. Tschanett trat nur selten in der Öffentlichkeit auf, aber jetzt, wo er den Fall für abgeschlossen hielt, tat er es – mit großer Überzeugungskraft.

Am 22. Oktober 2002 sitzt er neben Wolfgang Geier auf dem Podium einer Pressekonferenz in Hof. Die beiden Chefermittler Tschanett und Geier, der eine für die Justiz, der andere für die Polizei, geben den entscheidenden Durchbruch im Ermittlungsverfahren bekannt. Tschanett wagt sich dabei mit einer optimistischen Erklärung vor: »Es gibt keine vernünftigen Zweifel daran, dass der Beschuldigte [Ulvi Kulac] der Täter ist.« Dieser Satz klingt derart selbstbewusst, als habe Tschanett zumindest schon geahnt, dass er den Fall nicht verlieren könne. Hätte das Gericht Ulvi Kulac später freigesprochen, hätte er sich in eine unmögliche Situation gebracht.

Sein Polizeikollege Geier ist deutlich zurückhaltender und äußert sich differenzierter: »Wir haben eine Reihe von Indizien, aber keine Sachbeweise.« Dieser Satz wurde später nur von wenigen Journalisten, die damals die Pressekonferenz besuchten, wiedergegeben. Tschanetts Entschiedenheit scheint da deutlich besser angekommen zu sein. Offenbar war das Bedürfnis groß, Lesern, Hörern und Zuschauern endlich den Abschluss dieses spektakulären Kriminalfalles zu bieten.

Allein, die Fakten, die Tschanett bei dieser Pressekonferenz präsentiert, sind dürr, da hatte Geier recht. Seine beiden stärksten Aussagen lauten:

1. Ulvi Kulacs Alibi sei widerlegt worden.
2. Ein psychologischer Gutachter habe die Glaubwürdigkeit von Kulacs Geständnis bestätigt.

Weder das eine noch das andere ist ein Beweis für die Schuld von Ulvi Kulac. Dennoch schildert Geier den Journalisten anschließend den Tathergang so, als sei jedes Detail hieb- und stichfest geklärt. Ulvi habe Peggy am 7. Mai 2001 umgebracht, weil er sie vier Tage vorher vergewaltigt habe und fürchtete, der sexuelle Missbrauch könne herauskommen. Ganz so, wie der Kriminal-Profiler Alexander Horn das schon vermutet hatte: Mord, um eine andere Straftat zu vertuschen. Ein klassisches Motiv.

So selbstsicher, wie er sich gab, mag sich Tschanett allerdings nicht gefühlt haben. Seine Anklageschrift hatte er noch längst nicht fertig. Und hinter den Kulissen dürfte es Debatten darüber gegeben haben, ob das, was er da vorlegte, wirklich für eine Verurteilung reichte. Denn im Oktober 2002 mühte sich sein Team immer noch verzweifelt damit ab, den mutmaßlichen Augenzeugen Felix Ludwig zu einer stimmigen Aussage zu bewegen. V-Mann Hermann, dessen Aussagen am Anfang der Argumentationskette standen, schien vor Gericht angreifbar. Ein Augenzeuge würde nicht nur diese Schwäche ausgleichen, sondern wäre ein brillanter Beweis, der für sich stünde. Aber den sollte es nicht geben. Wie wir wissen, fügte sich die Staatsanwaltshaft im Februar 2003 schließlich der Erkenntnis, dass Felix als Zeuge nicht taugte. Erst ein halbes Jahr nach der Pressekonferenz, bei der bereits vollmundig das Ende der Ermittlungen verkündet worden war, folgte schließlich die Anklageschrift.

Als sie bekannt wird, zeigt sich schnell, dass sich Politik und Ermittlungsbehörden an einem wichtigen Punkt geirrt haben. Zwar berichten einige Medien in großer Aufmachung über den Durchbruch im Fall Peggy, aber das Volk, jedenfalls in Lichtenberg, reagiert nicht so wie erhofft. Dem Rechtsfrieden, den ein Strafverfahren herstellen soll, kommt die Justiz mit der Anklage nicht näher. »Die haben doch nur einen Sündenbock gesucht, damit sie den Fall abschließen können«, beschreiben Lichtenberger ihre damalige Einschätzung. Wenn wir nachfragten, wer denn »die« seien, lautete die Antwort wahlweise: »die Polizei«, »das Gericht«, »die Politiker«, »die Medien« oder auch alle zusammen – also alle, die direkt oder indirekt mit dem Fall Peggy zu tun hatten. Die dafür verantwortlich waren, wie dieser Fall gelöst und wie darüber berichtet worden war. Natürlich gibt es auch in Lichtenberg Menschen, die an Ulvi Kulacs Schuld glauben. Aber es sind wenige.

Kapitel 20
Der Prozess

Ulvi Kulac wird wegen achtfachen Kindesmissbrauchs, eines sexuellen Übergriffs auf Peggy Knobloch sowie deren anschließender Ermordung angeklagt. Ermittler und Staatsanwaltschaft sind davon überzeugt, den Richtigen gefunden zu haben. Der Rest scheint Formsache.

Doch der Prozess beginnt gleich mit einem Fehlstart. Nach nur sechs Verhandlungstagen platzt das Verfahren am 6. Oktober 2003 wegen eines Formfehlers. Das Gericht hatte einer Hilfsschöffin eine Einladung geschickt, die für eine Hauptschöffin gedacht war – offenbar nur eine Büropanne, aber eine, die später als Revisionsgrund getaugt hätte.

Die Kammer geht auf Nummer sicher, beendet sofort das Verfahren und setzt einen Termin für den Neustart fest. Peggys Mutter bemerkt gegenüber den Reportern auf dem Gerichtsflur, sie habe lange genug gewartet, da komme es auf die paar Wochen auch nicht mehr an.

Den zweiten Anlauf am 11. November 2003 läutet ein heftiges Wortgefecht zwischen Ulvis Anwälten und der Staatsanwaltschaft ein. Auf der Anklagebank – im Verhandlungssaal in Hof tatsächlich nur eine grob geschreinerte Holzbank – hockt Kulac und verfolgt stumm und mit ratlosem Blick das Spektakel. Ankläger und Verteidiger liefern sich ein juristisches Scharmützel über den zentralen Beweis, das Geständnis.

Die Frage, um die es geht, lautet: Darf es in der Gerichtsverhandlung verwendet werden oder nicht? Ein Punkt, den wir bereits erläutert haben: Ein Geständnis ist normalerweise nur dann als Beweis zulässig, wenn es im Prozess oder vor einem Ermittlungsrichter abgelegt wurde. Das ist der Staatsanwaltschaft natürlich klar, die daher zwei Dinge beantragt: Zum einen sollen die Polizisten als Zeugen gehört werden, die Ulvi damals vernommen hatten. Sie sollen vor Gericht bestätigen, was Ulvi in seinem Geständnis gesagt hatte – denn: Polizisten sagen per se die Wahrheit. Zum anderen verlangt die Staatsanwaltschaft, das Glaubwürdigkeitsgutachten des Berliner Psychiaters Kröber als Beweis zuzulassen.

Dagegen legt Ulvis Anwalt Wolfgang Schwemmer lautstark Protest ein. Ulvi habe sein Geständnis längst widerrufen und beteuere seitdem vehement seine Unschuld. Sein Mandant habe es ohnehin nur unter Zwang abgelegt und danach nie mehr wiederholt, schon gar nicht vor einem Richter. Darum sei es als Beweismittel sowieso nicht zulässig. Schwemmer beantragt außerdem, weder die Polizisten als Zeugen zuzulassen noch Kröbers Gutachten in den Prozess einzuführen.

Das Gericht lehnt seinen Antrag nach wenigen Minuten Bedenkzeit ab. Die Polizisten dürfen aussagen, Kröbers Gutachten wird zum zulässigen Beweismittel erklärt – und damit wird auch Ulvis Polizei-Geständnis in den Prozess eingeführt. Mit diesem Schritt nimmt das Gericht bereits eine wichtige Weichenstellung vor: Ohne dieses über Umwege eingeführte Geständnis hätte sich der einzige vermeintliche Beweis gegen Ulvi Kulac nicht halten lassen, die spätere Verurteilung hätte jeder Grundlage entbehrt.

Ulvis Anwälte schäumen vor Wut und werfen den Richtern vor, einen Kotau vor der öffentlichen Meinung zu machen. In den Zeitungen wird Ulvi Kulac zu dieser Zeit längst als »Killer« und »Wieder so ein Schwein« geschmäht. Vorverurteilung, schimpft sein Verteidiger Schwemmer. Die

Medien hätten sich auf Ulvi eingeschossen, da er mit seiner ganzen Erscheinung perfekt das Klischee des »Kinderschänders und Mörders« erfülle. »Das Verfahren leidet unter dieser Berichterstattung.«

*

In den nächsten Prozesstagen legt sich die Aufregung fürs Erste. Erörtert werden nun die Vorwürfe des sexuellen Missbrauchs in mehreren Fällen. Ulvis zweiter Verteidiger, Wolfgang Bagnoli, räumt zu diesem Komplex ein: »Im Großen und Ganzen ist die Anklageschrift richtig.«

Hinsichtlich des Vorwurfs, Ulvi habe den damals zwölf Jahre alten Sebastian Tröger missbraucht, interessiert sich das Gericht besonders für zwei Begebenheiten. Einmal – wann, ließ sich nicht mehr feststellen – soll Ulvi den Jungen in seine Wohnung gelockt, ihm die Hose heruntergezogen und an ihm herumgespielt haben. Das wäre eine aktive Handlung, möglicherweise sogar verbunden mit Gewalt [Hose runterziehen] gewesen. Ganz anders also als die sonstigen Geschichten über Ulvis sexuelle »Eskapaden«, die man sich so im Ort erzählte. Etwa, dass ihn Kinder immer wieder gehänselt und durch Lichtenberg getrieben hätten mit der Aufforderung, »das Ding doch endlich rauszuholen«.

Ein anderes Mal habe Ulvi den Jungen im Gartengelände der Hermannsruh unterhalb des Lichtenberger Schlossbergs getroffen, sich vor dem Buben entblößt und Sebastian aufgefordert, seinen Penis in den Mund zu nehmen. Der Junge sei aber davongelaufen; Ulvi, übergewichtig und starker Raucher, habe keine Chance gehabt, Sebastian einzuholen, so das Gericht.

Eine interessante Schlussfolgerung – denn hier wird dezidiert auf Ulvis schlechte körperliche Kondition verwiesen, die das Gericht später beim Mordvorwurf nicht erörtern, ja sogar das Gegenteil behaupten sollte: Ulvi soll die fliehende Peggy fast einen Kilometer weit rennend über Stock und Stein verfolgt und dann doch noch erwischt haben.

*

Bis zum Jahresende beschäftigt sich der Prozess überwiegend mit Ulvis vermeintlichen sexuellen Übergriffen. Für die Medienvertreter verliert das Verfahren in dieser Zeit an Attraktivität. Es ist nicht das, worüber sie berichten wollen. Es geht nicht um Peggy, sondern um andere Kinder, deren Namen niemand kennt und über die noch nie berichtet worden war. Es gibt nur wenig Spektakuläres zu erzählen, stattdessen kann man Erhellendes über Ulvis geistige Aufnahmefähigkeit erfahren. So erzählt eine Zeugin vor Gericht, dass Ulvi Kinder angeblich mit Süßigkeiten dazu brachte, sich zu entblößen. Die Zeugin sagt wörtlich: »Es darf sich jeder ein Plätzchen nehmen, der wo sich auszieht.« Wie üblich schaut Ulvi dabei still und etwas dumpf in den Saal. Am nächsten Tag berichtet sein Anwalt dem Gericht, Ulvi habe ihn spät am Abend aus der psychiatrischen Klinik angerufen. Er habe die Sache mit den Plätzchen nicht verstanden. Schwemmer erinnert das Gericht an die Begriffsstutzigkeit seines Mandanten. Die Richter versprechen, die Verhandlungen noch langsamer und leichter verständlich zu gestalten.

Nach dem Jahreswechsel gewinnt das Verfahren wieder an Brisanz. Am 14. Januar 2004 – es ist der elfte Verhandlungstag – steht erstmals der Mordvorwurf auf der Tagesordnung.

Zunächst geht es um Ulvis Alibi. Die Richter fragen den Angeklagten, was er am 7. Mai 2001 gegen Mittag getan habe. Ulvi soll sich an Einzelheiten erinnern, die exakt zwei

Jahre, acht Monate und sieben Tage zurückliegen. Er antwortet: »Meine Eltern haben sauber gemacht, zwischen eins und halb zwei haben wir zu Mittag gegessen.« Peggy habe er an diesem Tag gar nicht gesehen. Wohl aber habe er gleich nach dem Essen seinem Bekannten Herbert Krüger im Auftrag seiner Mutter eine Terrine mit Suppe gebracht. Krüger bestätigt das im Prozess. »Er [Ulvi] hat rübergeschrien, ich soll anhalten, er hat von seiner Mutter was zum Essen an die Tür gehängt.«

Anschließend, so Ulvi, sei er zu einem anderen Bekannten gegangen, Bernd Nützel, dem er beim Holzhacken geholfen habe. Das habe bis etwa halb vier gedauert, danach sei er mit seinen Eltern zum Kaffeetrinken zu seiner Schwester nach Issigau gefahren. Dann habe er bis kurz vor sechs gebadet und sei anschließend nach Naila getrampt. So weit Ulvis Alibi für den 7. Mai 2001.

Der nächste Verhandlungstermin am 26. Januar bringt den Peggy-Prozess endgültig zurück in die Schlagzeilen. Zum einen wohl deshalb, weil das Gericht Öffentlichkeit und Reporter aussperrt und damit das Interesse erst recht anheizt. Und zum anderen, weil im Gerichtssaal zwei Videofilme gezeigt werden, die alle Anwesenden schockieren, wie sie hinterher auf dem Flur Reportern erzählen. Es sind zusammengeschnittene Szenen der Videos, die die Soko nach Ulvis Geständnissen im Juli und August 2002 gedreht hat und in denen der Angeklagte die Tat vermeintlich nachstellt.

Im Bild ist Ulvi zu sehen, mit fast kahlgeschorenem Schädel, militärisch anmutender Outdoor-Weste, umringt von einem Heer uniformierter Beamter. Im Film beantwortet Ulvi Fragen der Polizisten. Manche Fragen und Antworten werfen Widersprüche auf, die nach der Videovorführung offenbar nicht hinterfragt wurden. Ein Polizist fragt im Video: »Welche Kleidung trug Peggy?« Ulvi antwortet: »Ein Pokemon-T-Shirt.« Kurz zuvor hatte dagegen der im Gerichtssaal leibhaftig anwesende Ulvi noch gesagt, er habe Peggy an diesem Tag gar nicht gesehen. Dass Peggy tatsächlich gar kein Pokemon-T-Shirt getragen hatte, sondern eines mit der Aufschrift »Glöckner von Notre-Dame«, bemerkt die Kammer zwar, misst dem aber keine Bedeutung zu.

Dann führt Ulvi im Film in allen Einzelheiten vor, wie er Peggy angeblich verfolgt haben will. Er lotst die Ermittler auf den Feldweg durch die Hermannsruh, in langem Bogen unterhalb der Stadt zwischen den Gärten vorbei bis an den Schlossberg. Es folgt die Szene mit dem ominösen Stein, über den Peggy gestolpert und gefallen sein soll. Die Schilderung ihrer Verletzungen und dass Ulvi versucht habe, ihr aufzuhelfen. Dass sie dies keineswegs besänftigt habe, ganz im Gegenteil: Sie habe ihm so heftig »in die Eier getreten, dass ich Sterne sah«, erzählt der gefilmte Ulvi, während der Ulvi auf der Anklagebank stumm seinen Videoauftritt verfolgt. Er hört sich sagen, dass Peggy »Verpiss dich« gerufen und mit dem Fuß auf den Boden gestampft habe. Und dass sie ihn verraten und allen erzählen werde, dass er sie vergewaltigt habe.

Als nächstes zeigt Ulvi, was er nach dem Wortwechsel angeblich mit Peggy getan hat. Man sieht, wie er eine lebensgroße Puppe mit einer Hand am Genick packt. Mit der anderen hält er ihr Mund und Nase zu. Das dauert richtig lange, so, wie er es da vormacht. Peggy habe gezappelt und gestrampelt, er habe weiter gedrückt, bis sie endlich still gewesen sei. Dann, klingt Ulvis Stimme aus dem Lautsprecher, habe er »erst mal eine geraucht«. Nachdem er den Stummel ausgetreten habe, sei er die Stufen zum Schlossplatz hinaufgestiegen und in das Lokal seiner Eltern gegangen. Der Vater habe auf dem Sofa gelegen und geschlafen. Er habe ihn geweckt und gesagt: »Vati, komm, ich hab die Peggy umgebracht.« Der Vater sei aufgestanden und habe eine grüne

Decke mitgenommen. Am Tatort habe er die Leiche in die Decke gewickelt, ins Auto gepackt und sei damit weggefahren. Wohin, das wisse er nicht, hören die Teilnehmer der Gerichtsverhandlung Ulvis Stimme aus dem Lautsprecher.

Als die Videovorführung zu Ende war, sei es ganz still im Gerichtssaal gewesen, erzählen später die, die dabei waren. Hier und da sei leises Schluchzen zu hören gewesen. Auch Peggys Mutter war unter den Zuschauern.

Nach der Filmvorführung ruft das Gericht Polizisten als Zeugen auf, die schwere Vorwürfe gegen Ulvis Familie erheben. Vater und Mutter Kulac hätten dem Angeklagten eingetrichtert, was er über sein Alibi sagen solle, erklärt ein Beamter. Vor allem Ulvis Mutter Elsa habe die Aussagen ihres Sohnes »frisiert«. Konkret geht es um die Aussage von Herbert Krüger. Er hatte behauptet, Ulvi mit dem Essen in der Hand zwischen 13.15 und 13.30 Uhr gesehen zu haben. Eine Uhrzeit, die ihm das Gericht nicht glaubt. Denn die Ermittler hatten ein Telefongespräch zwischen Elsa Kulac und deren Tochter abgehört. Darin sei es um den »Alibi-Zeugen« Herbert Krüger gegangen. Der habe von Elsa wissen wollen, um welche Uhrzeit er Ulvi getroffen habe, er müsse am nächsten Tag zur Polizei. Dieses Telefonat fand fast zwei Jahre nach Peggys Verschwinden statt. Bei seiner ersten Vernehmung im Mai 2001 hatte Krüger keinerlei Zweifel am Zeitpunkt des Treffens erkennen lassen.

Das Gesprächsprotokoll wird im Gericht verlesen. Der Eindruck, den es erweckt, ist für Ulvi verheerend. Strafbar wäre eine solche Absprache, die das Gericht Elsa Kulac und Herbert Krüger unterstellt, nicht – laut Gesetz können zumindest Angehörige nicht belangt werden, wenn sie Beschuldigten helfen, den Kopf aus der Schlinge zu ziehen. Ulvis Glaubwürdigkeit aber wird damit empfindlich getroffen.

Ähnlich zerpflückt wird später die Aussage von Bernd Nützel. Vor Gericht sagt er aus, Ulvi sei um 13.40 Uhr bei ihm erschienen. Das wisse er deshalb so genau, weil er um 13 Uhr mit der Arbeit begonnen habe. Er habe vier Fuhren Holz fertig gehabt, als Ulvi eintraf. Pro Fuhre brauche er zehn Minuten. Das Gericht überzeugt er damit nicht. Nützel habe die zeitliche Abfolge »nur geschlussfolgert«.

»Kripo-Beamte und ein Videogeständnis belasten den Angeklagten«, schreiben Nachrichtenagenturen und Zeitungen über diesen Prozesstag.

*

In den Wochen danach verblassen die Eindrücke des Videos allmählich. Dazu trägt bei, dass der Prozess in eine merkwürdig unbeschwerte und beinahe unterhaltsame Phase eintritt. Im Gerichtssaal ist ein Reigen bunter Geschichten zu hören, die mehrere Zeugen im Februar und März des Jahres 2004 schildern. Die meisten dieser Geschichten handeln vom »wilden Kurdistan«, wie einer der Beisitzer spöttisch bemerkt. Aber der Fall ist ja auch zu verführerisch. Ein kleines, hübsches Mädchen ist seit Jahren spurlos verschwunden. Niemand hat einen Anhaltspunkt, was mit ihm passiert sein könnte. Noch dazu lockt eine hohe Belohnung. Alle möglichen Leute hatten berichtet, Peggy in Bordellen, auf Ausflugsdampfern und beim Spazieren durch alle möglichen Städte zwischen Pforzheim und Antalya gesichtet zu haben. Einige Urheber dieser Geschichten werden von der Jugendkammer Hof als Zeugen gehört. Das ist insofern erwähnenswert, als Zeugen, die zum Fall Peggy tatsächlich etwas Glaubwürdiges beizutragen gehabt hätten, nicht geladen waren – wie die beiden damaligen Schulkameraden Sebastian Röder und Jakob Demel. Aber so gering der Informationsgehalt der Verschwörungs-Zeugen ist, so hoch ist immerhin ihr Unterhaltungswert. Einige dieser Zeugen hat die Staatsanwaltschaft geladen, andere die Verteidigung.

Zu den Zeugen der Verteidigung gehört Josef Seibert, ein Kraftfahrer aus dem Saarland. Ulvis Anwälte hatten ihn Anfang des Jahres 2002 ausfindig gemacht. Er erzählt vor Gericht, er habe zweieinhalb Jahre nach Peggys Verschwinden seinen Urlaub in der Türkei verbracht, und zwar im Küstenort Manavgat zwischen Antalya und Alanya. Am 24. November 2003 habe er dort auf dem Bauernmarkt eine Türkin mit zwei Mädchen gesehen. Eines davon sei blond gewesen und habe die Haare zu einem Pferdeschwanz gebunden getragen. Er sei nur wenige Meter entfernt gewesen, habe sogar Blickkontakt gehabt. Nach seiner Rückkehr nach Deutschland habe er im Fernsehen einen Bericht über die verschwundene Peggy gesehen. Seitdem hege er keinen Zweifel daran, dass sie das Mädchen vom Markt gewesen sei.

Die Richter legen dem Kraftfahrer mehrere Fotos von Peggy vor; er bleibt bei seiner Aussage: Ja, das Mädchen vom Markt sei eindeutig Peggy gewesen.

Anwalt Schwemmer attackiert die Staatsanwaltschaft daraufhin mit der Forderung, angesichts dieser Aussage seien neue Ermittlungen nötig. Staatsanwalt Heindl antwortet pflichtschuldig, seine Behörde werde Kontakt mit den türkischen Ermittlern aufnehmen. Ob er das je getan hat, sollte später niemanden mehr interessieren. Das Gericht jedenfalls erklärt: »Die Jugendkammer ist davon überzeugt, dass das vom Zeugen S. in der Türkei gesehene, als Peggy Knobloch identifizierte Mädchen nicht mit Peggy Knobloch identisch war.« Die Richter begründen ihre Schlussfolgerung etwas spitzfindig. Einerseits habe der Zeuge gesagt, er sei sich sicher, dass das Mädchen vom Markt mit dem aus dem Fernsehen *identisch* sei, an anderer Stelle habe er dagegen nur von einer Ähnlichkeit gesprochen. »Schon dies zeigt, dass sich der Zeuge seiner Sache durchaus nicht sicher war.« Zudem habe er sich womöglich durch das im Fernsehen eingeblendete Foto unbewusst in die Irre führen lassen und das Mädchen vom Markt im Geiste nach Merkmalen abgesucht, die passten. Als die Richter ihn aber gefragt hätten, ob ihm damals irgendwelche besonderen Kennzeichen an dem Kind aufgefallen seien, habe er dies verneint. Hätte er Peggy tatsächlich gesehen, so das Gericht, hätten ihm aber ihre etwas abstehenden Ohren auffallen müssen, zumal das blonde Mädchen in der Türkei einen Pferdeschwanz getragen habe und die Ohren folglich frei zu sehen gewesen sein müssten.

Ulvis Anwälte nahmen dem Verfahren mit solchen Zeugen streckenweise die Ernsthaftigkeit. Genutzt haben sie ihrem Mandanten damit nicht. Aber auch die Staatsanwaltschaft ließ sich in dieser Hinsicht nicht lumpen und führte mehrere Zeugen ins Verfahren ein, deren Aussagen wenig Erkenntnisgewinn brachten – wie Berta Fröber und Liselotte Albers. Die beiden Damen hatten sich während der Ferien im türkischen Alanya einer Gruppe von 35 Urlaubern angeschlossen, um mit dem Ausflugsdampfer »Alibaba« einen Törn übers Mittelmeer zu unternehmen. Auf dem Boot sei ihnen ein Mann mit einem blonden Mädchen aufgefallen. Zurück an Land, sei er mit der Kleinen auf einem Motorroller davongebraust, während sich die beiden Damen zurück in ihr Hotel begaben. Dort sei ihnen der *Alanya-Bote* in die Hände gefallen, die lokale Zeitung für deutsche Touristen. Auf der ersten Seite prangten zwei Fotos von Peggy. Eines zeigte sie von vorn, das andere von der Seite. Daneben stand in großen Lettern: »Lebt Peggy noch?«

Als sie während des Prozesses in Hof aussagen, legen die beiden Damen besagte Ausgabe des Blattes den Richtern vor. Sie hätten sich nach der Lektüre angeregt über die Fotos unterhalten, sagen sie. Dabei sei in ihnen die Gewissheit gewachsen, dass sie auf dem Boot tatsächlich der verschwundenen Peggy begegnet waren. Die Richter erkundigen sich, ob den Damen irgendwelche Besonderheiten bei dem Mädchen aufgefallen seien. Berta Fröber antwortet, sie habe himmelblaue Augen gehabt. Liselotte Albers hatte ihre Beobachtungen schon bei der Polizei zu Protokoll gegeben. Demnach habe sie die vermeintliche Peggy an ihrem »wunderschönen Mund, wunderschönen großen Füßen, schönen Händen wie auf den Fahndungsfotos, ihrer wunderschönen weißen Haut und ihren wunderschönen weißen Zähnen« erkannt. Freilich müssen beide Zeuginnen einräumen, dass sie das Mädchen auf dem Schiff nur kurz gesehen hätten. Der Eindruck des »wunderschönen Kindes«, dazu die Überschrift »Lebt Peggy noch?« mitsamt den Fotos – da sei wohl der Wunsch entstanden, bei der Suche nach Peggy behilflich sein zu können, folgern die Richter denn auch, was Berta Fröber als Möglichkeit einräumt.

Dennoch macht sich das Gericht die Mühe, weiter nachzuzeichnen, wie die Aussagen der beiden Damen seinerzeit überprüft worden waren: Kriminalhauptkommissar Behrendt habe sich des Hinweises angenommen und sei in Kontakt mit der Polizei in der Türkei getreten – also derselbe Soko-Beamte, der schon versucht hatte, Peggys Stiefvater wegen des Verdachts zu überführen, er habe Peggy in die Türkei entführt. Die türkische Polizei habe es tatsächlich geschafft, Namen, Ausweiskopien und Fotos sowohl des Mannes als auch des Mädchens vom Dampfer »Alibaba« aufzutreiben. Die Überprüfung durch die deutsche Polizei habe zweifelsfrei ergeben, dass das gesichtete Mädchen im niedersächsischen Rinteln geboren wurde.

Als der Vorsitzende Richter anschließend ein Bild hervorzieht, das ein Mädchen mit blauen Sandalen, einem T-Shirt mit dem Label-Aufdruck s.Oliver und einem Armband zeigt, daneben ein Mann in schwarzen Hosen und einem gestreiften Hemd, gerät Berta Fröber in helle Aufregung. Im

Verhandlungsprotokoll heißt es: »Diese rief erstaunt und entsetzt aus: ›Das sind die beiden, die ich auf dem Boot gesehen habe!‹«

Im schriftlichen Urteil widmet das Gericht der Bootsfahrt, den hilfsbereiten älteren Damen und dem Mädchen aus Rinteln fast sechs Seiten. Nur: Mit Peggy hatte das alles nichts zu tun.

Auch in Pforzheim war Peggy angeblich gesichtet worden. Elvan Keser, die ebenfalls als Zeugin im Prozess auftritt, ist der Meinung, sie habe Peggy wenige Tage nach ihrem Verschwinden aus fünf Metern Entfernung vor ihrem Blumengeschäft gesehen. Das Mädchen sei in Begleitung einer Frau gewesen. Behrendt hatte seinerzeit sogar ein Phantombild anfertigen lassen, das eine verblüffende Ähnlichkeit mit Ahmet Yilmaz' Schwägerin aufwies. Möglicherweise schaffte es die Mädchen-Sichtung in Pforzheim auch deshalb in den Gerichtssaal, weil Ahmet Yilmaz im Internet eine neue Freundin gesucht und gefunden hatte – eine Frau, die in Pforzheim lebte.

Elvan Keser gibt vor Gericht an, sie habe am Abend vor der ersten Sichtung in einer Zeitung ein Bild von Peggy gesehen. Erkannt habe sie das Mädchen damals an Gesicht und Haaren. Aber dann, im Dezember, sei sie Peggy noch ein weiteres Mal begegnet. Da sei sie sich sicher, sagt sie den Richtern – und fügt hinzu, »jedenfalls zu fünfzig Prozent«. Dennoch setzt sich das Gericht der Mühe aus, die Aussage gründlich zu bewerten. So habe die Zeugin Keser »ihre Unsicherheit hinsichtlich der Identifizierung selbst eingeräumt«, schreiben die Richter. »Sie hatte in der Zeitung nur ein einzelnes Bild von Peggy Knobloch gesehen und erfahren, dass diese vermisst wird.« Aufgrund dieses Wissens habe sie unbewusst nach Ähnlichkeiten geforscht, wo möglicherweise keine existieren, zumal auch diese Zeugin »bekundete, sie habe helfen wollen«. Einzelne Merkmale oder Auffälligkeiten habe sie nicht schildern können. »In ihrer Gesamtschau ist die Kammer davon überzeugt, dass die Zeugin Peggy Knobloch nicht identifiziert hat.«

Die Presse macht das Beste daraus und titelt: »Türkei-Spur kocht wieder hoch.«

Als vollständig wirr erweist sich die Aussage des Obdachlosen Peter Nickel, der vorträgt, er sei an Silvester 2003 zum Feiern in der tschechischen Stadt Cheb gewesen. Sie war dennoch gut genug, um beim Prozess ebenfalls ausführlich erörtert zu werden – ebenfalls ohne jeglichen Erkenntnisgewinn über Peggys Schicksal. Er habe in Cheb in einer Diskothek auf das neue Jahr angestoßen und danach in einem Hotel gleich gegenüber übernachtet. In der Disko seien ihm mehrere deutsche Mädchen, alle zwischen zwölf und fünfzehn Jahre alt, zum Sex angeboten worden. Eines dieser Mädchen sei Peggy gewesen. Er sei sich deshalb so sicher, weil er ihr Foto einmal in der *Bild*-Zeitung gesehen habe. Über seinen Alkoholpegel in jener Nacht ist nichts zu erfahren, wohl aber darüber, dass sich die Polizei Hof wegen jenes Abends schon einmal mit ihm beschäftigt hatte. Damals hatte er angezeigt, man habe ihm in der tschechischen Disko seinen Geldbeutel gestohlen. Von Kinderprostitution erwähnte er kein Wort – und auch an den Namen oder die Adresse der Disko konnte er sich nicht erinnern.

Man kann Peter Nickel wohl nur mit einem gewissen Sinn für Sarkasmus als »Zeugen« bezeichnen. Doch das Gericht ist gründlich. Außer ihm werden noch zwei Kripo-Beamte gehört, die die Anzeige des Diebstahls aufgenommen hatten. Nickel sei stark betrunken gewesen und habe auch ansonsten schlecht gerochen. Die beiden Kommissare sagen aus, tschechische Kollegen hätten nachgeforscht, aber keine Diskothek gefunden, die auf Nickels vage Beschreibungen passte.

Das Gericht bezeichnet die Aussagen der Polizisten als glaubhaft und folgert, »dass es der Zeuge Peter N. frei erfunden hat, zum Jahreswechsel 2003/2004 in einer Diskothek in Cheb Peggy Knobloch gesehen zu haben«.

*

Wenn man das Prozessgeschehen mit Abstand betrachtet, mutet es unverständlich an, dass solchen Zeugen so viel Raum gewährt wurde – und andere, die tatsächlich etwas zum Fall Peggy hätten sagen können, nur kurz oder überhaupt nicht gehört wurden. Einer der wenigen glaubwürdigen Zeugen, die vor Gericht Zweifel an der Tathypothese der Anklage äußerten, war ein Polizist, der von Ulvis Anwälten zu einem der letzten Prozesstage geladen wurde. Der Hauptkommissar sagte aus, er habe kurz nach Peggys Verschwinden einen Jungen vernommen, der das Mädchen am 7. Mai 2001 angeblich zwischen 16.15 und 16.30 Uhr auf dem Lichtenberger Marktplatz gesehen hatte. Laut Anklage hätte Peggy da schon tot sein müssen. Sie sei aber »lebendig« aus der Bäckerei gekommen, habe dem Jungen zugewunken und »Hallo« gerufen. Der Beamte sagte außerdem: »Er [der Junge] machte auf mich einen sehr glaubhaften Eindruck.«

Die Aussage dieses Jungen [gemeint ist Jürgen Kohl] deckt sich mit weiteren Zeugenaussagen – die Szene mit der Bäckerei wurde unter anderem von Axel Köster und Jens Schmitt geschildert, allesamt Jugendliche, die das Mädchen kannten, teils sogar mit ihr in die gleiche Klasse gingen. Eine Aussage, die sich darüber hinaus mit Behrendts Äußerungen in der TV-Sendung »Kripo live« deckt, aber nun keine Rolle mehr spielte. Das Gericht indes glaubte diesen Zeugen nicht und begründete seine Zweifel mit der Aussage der Bäckereiverkäuferin Sigrid Burger. Die sagte, sie habe Peggy am 7. Mai nicht im Verkaufsraum gesehen. Ob Burger durchgehend hinter der Auslage stand oder zwischendurch im Hinterzimmer oder auf der Toilette war, wurde nicht erörtert. Die Aussagen einiger Kinder hatten ebendies nahegelegt.

*

Abgesehen von der Zeugenvernehmung und der Überprüfung des angenommenen Tathergangs hat das Gericht während des Prozesses zwei grundsätzliche Fragen zu klären: die nach der Schuldfähigkeit des Angeklagten und die nach seiner Glaubwürdigkeit.

Die Frage nach der Schuldfähigkeit beantwortet die Kammer so: Von den Vorwürfen des mehrfachen Kindesmissbrauchs spricht sie Ulvi wegen Schuldunfähigkeit frei. Auch die vorgeworfene Vergewaltigung Peggys bestraft sie nicht. Den Mordvorwurf indes hält das Gericht für angebracht und attestiert Ulvi volle Schuldfähigkeit.

Das klingt kurios, folgt aber den Gutachten und Beurteilungen der Psychiater und Therapeuten, die ihre übereinstimmenden Einschätzungen mit Ulvis Umfeld begründeten.

Ulvi galt im Ort als Sonderling, aber ungefährlich. Sein Hang, immer wieder die Hosen herunterzulassen oder Kinder zu sexuellen Spielen aufzufordern, war ein offenes Geheimnis. Seine Familie, Nachbarn und Freunde mögen ihn dafür gelegentlich gescholten haben, hätten aber offenbar kein ernstes Problem damit gehabt, zitiert das Gericht die Fachleute. Folglich habe Ulvi auch nie ein Unrechts- oder Schuldbewusstsein entwickeln können. Pädophil im klassischen Sinne sei er im Übrigen nicht, sondern vielmehr in seiner sexuellen und charakterlichen Entwicklung zurückgeblieben. Im Grunde sei er innerlich ein Kind, das im Körper eines Erwachsenen steckt. Anders sehe die Sache aus, wenn es um die Tötung eines Menschen gehe. Dass das verboten sei, wisse und verstehe Ulvi, so die einhellige Meinung. Deshalb sei er in Sachen Missbrauch als schuldunfähig anzusehen, für den Mord indes trage er die volle Verantwortung.

Allerdings steckt in dieser Analyse ein schwerer Widerspruch – der bis heute noch nie thematisiert wurde und offenbar im Gerichtssaal nicht weiter auffiel. Die Anklage erklärte den Mord an Peggy als »Verdeckungsmord«: Ulvi habe Peggy vergewaltigt und mit der Ermordung verhindern wollen, dass das herauskommt. Nur, um sie zum Schweigen zu bringen, habe er sie abgepasst. Er habe es zuerst im Guten versucht, aber als Peggy ihn abwies, habe er »ernst gemacht«. Man hätte das auch als Totschlag werten können. Aber: Ulvi, so die Anklage, habe um jeden Preis die angebliche Vergewaltigung vertuschen wollen. Weil er aufgrund von Peggys ablehnender Reaktion keine andere Möglichkeit mehr gesehen hätte, habe er sie *vorsätzlich* und *aus niederen Beweggründen* ermordet. Damit war eine Bewertung der angeblichen Tat als Totschlag vom Tisch.

Hier nun aber der Widerspruch: Warum sollte Ulvi mittels eines Mordes eine Tat vertuschen wollen, für die er nicht als schuldfähig galt? Hier hätten sich Anklage und Gericht entscheiden müssen: Entweder weiß Ulvi nicht, dass seine sexuellen Belästigungen verboten sind – dann hätte er keinen Grund gehabt zu morden, um sie zu vertuschen. Oder er wusste es – dann hätte er dafür auch als schuldfähig angesehen werden müssen.

Ganz abgesehen von diesem Widerspruch – den Mord an Peggy konnte man ihm nicht beweisen, jedenfalls nicht, wenn man Sachbeweise gegen Ulvi anführen wollte. Umso entscheidender war die Beantwortung der zweiten Frage. Die nach der Glaubwürdigkeit von Geständnis und Widerruf. Hans-Ludwig Kröber hielt Ulvis Geständnis für glaubwürdig und seinen Widerruf für unwahr. Kröber argumentierte mit der Vielzahl an Fakten, die Ulvi Kulac vor allem während der Videoaufzeichnungen geschildert oder gezeigt hatte. Ulvis Therapeut aus der Bayreuther Klinik sagte indes aus, sein Patient habe die auffällige Neigung, auch frei erfundene Geschichten mit ungewöhnlichem Detailreichtum zu erzählen.

Während das Gericht sich ausführlich mit der Unglaubwürdigkeit des Widerrufs befasst, fällt das Unterkapitel »Umstände, die gegen die Glaubhaftigkeit des Geständnisses des Angeklagten sprechen könnten« eher mager aus. Um es gleich vorwegzunehmen – die »Glaubhaftigkeit« wurde weder durch entlastende Zeugenaussagen noch durch Ungereimtheiten beim vermeintlichen Tathergang erschüttert. Und auch nicht durch Widersprüche wie die folgenden: So hatte der Angeklagte bei einer Tatrekonstruktion vom 30. Juli 2002 angegeben, am 7. Mai sei es sommerlich warm gewesen, genau so wie am Tag der Videoaufzeichnung. KHK Grieshammer hatte notiert, dass an jenem Tag im Juli »Temperaturen von 30 Grad Celsius« herrschten. Der 7. Mai aber war ein ungewöhnlich nebliger und kühler Tag gewesen. Ebenso wenig irritierte, dass Zeuginnen wie Claudia Ritter und Hilke Schümann selbst aus einiger Entfernung Peggys Schulranzen hatten beschreiben können – pink, mit einigen Stofftieren dran. Ulvi aber, der den Ranzen nach Peggys Sturz aufgehoben, mit Zweigen bedeckt und unter dem Baum in Schwarzenstein niedergelegt haben will, konnte keinerlei Angaben dazu machen. Und das, obwohl er doch laut Kröbers Gutachten sogar die Flugrichtung des Ranzens hatte angeben können.

Eine weitere Ungereimtheit: Bei einem seiner drei Geständnisse hatte Ulvi gesagt, er habe Wiederbelebungsversuche gemacht, nachdem sich das Mädchen nicht mehr gerührt hatte. Ganze zehn Minuten lang, er habe extra auf die Uhr gesehen, heißt es im Protokoll. Ulvi trägt aber keine Uhr, er kann sie gar nicht lesen.

*

Staatsanwalt Heindl hält am Ende ein mehrstündiges Plädoyer, in dem er jeden Zweifel vom Tisch wischt. »Es ist davon auszugehen, dass Peggy leider tot ist. Alle anderen Annahmen wären schön, haben aber keinen realen Hintergrund.« Die Lichtenberger, die Ulvis Alibi stützten, nennt er »unglaubwürdig« und wirft ihnen vor, sie hätten sich abgesprochen. Das Motiv für den Mord an Peggy sei die vorangegangene Vergewaltigung gewesen. »Der Ulvi hatte Angst, dass seine Delikte öffentlich werden, weil er dann Hausarrest bekommen hätte.«

Es hätte genügend Ansatzpunkte gegeben, dem Grundsatz »im Zweifel für den Angeklagten« zu folgen. Dennoch merken die Richter an: »Die Überzeugung der Kammer von der Täterschaft des Angeklagten« werde dadurch »nicht erschüttert«.

Am 30. April 2004, fast drei Jahre nach Peggys Verschwinden, fällt das Urteil gegen Ulvi Kulac. Von dem Vorwurf, Ulvi habe acht Kinder sexuell missbraucht, spricht das Gericht ihn frei – wegen Schuldunfähigkeit. Wegen Mordes an Peggy Knobloch befindet es ihn für schuldig und verurteilt den Angeklagten zu einer lebenslangen Freiheitsstrafe. Zugleich ordnet es die Einweisung in eine psychiatrische Klinik an.

Einziges Beweismittel war das Geständnis, das das Gericht im Prozess zugelassen hatte, obwohl es nur in einem Polizeiverhör abgelegt worden war. Diese Hürde wurde zum einen mit Hilfe von Kröbers Gutachten genommen, zum anderen seien die damaligen Vernehmer als Zeugen aufgetreten und hätten ebenfalls glaubwürdig erklärt, dass Ulvi aus freien Stücken und ohne Druck den Mord gestanden habe. Die Polizei habe keine verbotenen Methoden angewandt, meinen die Richter, das gelte auch für besonders kritische Details – etwa, als die Vernehmer den Beschuldigten unmittelbar vor seinem ersten Geständnis mit der Behauptung konfrontierten, auf seinem Arbeitsoverall seien Blutflecken gefunden worden. Das sei »allenfalls eine unbeabsichtigte Irreführung gewesen«, schreiben die Richter in die Urteilsbegründung, »nicht jedoch eine Täuschung im Sinne des § 136 a Abs. 1 StPO«. Auch das Versprechen, Ulvi müsse nicht ins Gefängnis, wenn er jetzt gestehe, sei kein unzulässiges Lockmittel gewesen. Zwar sei das Vorgehen bedenklich gewesen: »Diese Äußerung des Polizeibeamten gegenüber dem Angeklagten war bei objektiver […] ex ante Betrachtung […] unzutreffend.« Aber dem habe keine Absicht zugrunde gelegen. Der Polizist habe zu Recht geglaubt, Ulvi sei für den Mord an Peggy nicht schuldfähig und könne darum nicht ins Gefängnis kommen.

Den Tötungsvorsatz – Voraussetzung für eine Verurteilung wegen Mordes – begründet das Gericht mit einer rhetorischen Kehrtwende. Denn es lässt zuerst Zeugen zu Wort kommen, deren Aussagen eine Tötungsabsicht eigentlich bestreiten. Wie etwa Ulvis Mitinsasse Fritz Hermann, der sagte, Ulvi habe den Tod von Peggy »nicht gewollt«. Hier zitiert das Gericht auch die beiden Polizisten Hamann und Grieshammer, die unter Berufung auf Ulvis Geständnis erklärten, der Angeklagte habe sogar versucht, Peggy wiederzubeleben. Übergangslos folgt dann aber in der Urteilsbegründung der Satz: »Die Kammer ist jedoch zweifelsfrei davon überzeugt, dass der Angeklagte, als er Peggy Knobloch Nase und Mund zuhielt, bis sie sich nicht mehr rührte, wusste und wollte, dass Peggy Knobloch hierdurch getötet wurde.« Ein paar Sätze weiter unten zitiert das Gericht erneut den Polizisten Hamann mit der ebenfalls auf dem Geständnis basierenden Aussage, Ulvi sei erleichtert gewesen, »dass sich Peggy nach dem Zuhalten von Mund und Nase nicht mehr rührte«. Warum sollte er sie dann aber wiederbelebt haben wollen?

*

Mit dem Urteil war das Gericht dem Antrag der Staatsanwaltschaft gefolgt. Dennoch zeigte sich Oberstaatsanwalt Tschanett mürrisch und schlecht gelaunt, als er sich nach dem Prozess der Presse stellte. Er verwahre sich scharf gegen den Vorwurf, er habe die Anklage leichtfertig erhoben, »nur, um einen Schuldigen präsentieren zu können«. Das Urteil besage eindeutig, dass allein Ulvi Kulac der Täter gewesen sein könne.

Noch im Gerichtssaal kündigten Ulvis Anwälte Revision gegen die Entscheidung an. Am Abend trat Susanne Knobloch in der Sendung von Johannes B. Kerner auf und erklärte: »Wie der Richter das gesagt hat [das Urteil verlesen hat] – da ist erst mal eine Riesenlast von mir abgefallen. Ich konnte mich nicht mehr zusammenreißen. Mir sind die Tränen gekommen. Dieses Urteil ist eine Genugtuung.«

Teil 3
Der Skandal

Kapitel 21
Antrag auf Revision

Ihre Ankündigung setzten Ulvis Anwälte schnell in die Tat um und legten beim Bundesgerichtshof in Karlsruhe Revision gegen das Urteil ein. Ein anderes Rechtsmittel war in diesem Fall nicht möglich. Die Jugendkammer des Hofer Landgerichts war zwar die erste Instanz, aber als große Strafkammer mit drei Berufsrichtern und zwei Schöffen laut Strafprozessrecht nicht in der Sache, sondern nur formal angreifbar. Die widersprüchlichen Zeugenaussagen, die fehlenden Beweise, die fehlende Leiche, der Druck der Polizei auf die Zeugen, das absonderliche Zustandekommen des Geständnisses – all das hätte nur mit einer Berufung gegen das Urteil angegriffen werden können, aber die war nicht zulässig. Also mussten die Anwälte nach formalen Fehlern suchen, um eine Revision zu begründen.

Tatsächlich waren sie überzeugt davon, einen solchen Fehler gefunden zu haben: nämlich den Umstand, dass das Gericht Ulvi Kulacs Geständnis als Beweis akzeptiert hatte, obwohl Ulvi es vor Gericht nicht erneuert, sondern bereits im Vorfeld mehrfach widerrufen hatte.

Nach gängiger Juristenmeinung ist ein Geständnis, wie bereits erwähnt, nur dann ein zulässiges Beweismittel, wenn es zumindest vor einem Untersuchungsrichter abgelegt wurde. In diesem Fall kann es »durch Verlesung in den Prozess eingebracht werden«, heißt es im Lexikon von *Juraforum.de*. Ulvi Kulac hat aber nur in Polizeiverhören gestanden, und Geständnisse, die sich nur in Polizeiprotokollen finden, »dürfen zum Zwecke der Beweisaufnahme nicht verlesen werden«.

Wie so oft in der Juristerei gilt aber natürlich auch immer das Gegenteil, wenn es nur juristisch korrekt begründet wird. So ist es nämlich andererseits erlaubt, einem Angeklagten im Prozess das vorzuhalten, was er der Polizei erzählt hat – und ihn anschließend zu fragen, was er dazu zu sagen habe. Wohlgemerkt: Das diene lediglich dazu, um den Angeklagten zum Nachdenken darüber zu bringen, ob er der Polizei vielleicht doch die Wahrheit gesagt habe, als er die Tat gestand. Falls der Angeklagte nun beim Nachdenken feststellen sollte, dass sein Geständnis stimmt, dann wäre es nett von ihm, wenn er das dem Richter auch so sagen würde. Er hätte auf diese Weise das Geständnis vor Gericht bestätigt, und dann – aber eben auch nur dann – wäre es ein verwertbarer Beweis.

Im Fall Peggy versuchte das Gericht, genau diesen Hebel gegen Ulvi in Stellung zu bringen. Der Angeklagte indes war nicht so nett, wie die Richter sich das wohl erhofft hatten. Er blieb hartnäckig dabei, dass das Geständnis falsch sei und er Peggy nicht ermordet habe. Sprich: kein Beweis.

Das Jura-Lexikon weist aber noch auf eine weitere Möglichkeit hin, wie man ein Geständnis im Polizeiverhör trotzdem zu einem Beweis vor Gericht machen kann: »Auch kann der damalige Polizeibeamte als Zeuge über das damalige Geständnis vernommen werden«, heißt es. Eine Regel, die stillschweigend davon ausgeht, dass Polizisten immer die Wahrheit sagen. Es reicht, dass ein Polizist dem Richter erzählt, was der Beschuldigte ihm gestanden hat.

Tatsächlich lud die Jugendkammer, die über Ulvi zu Gericht saß, die damaligen Polizisten als Zeugen, die dann auch ausführlich das Geständnis nacherzählten und hinzufügten, dass sie es für glaubwürdig hielten. Aber die Hofer Richter wollten sich ihrer Sache ganz sicher sein, weshalb sie zusätzlich den Gutachter Kröber als Zeugen im Prozess befragten. Dessen Job hatte ja darin bestanden, zu erforschen, an welchen Stellen Ulvi die Wahrheit gesagt hatte und wo nicht.

Am 25. Januar 2005 kam die Antwort der 1. Strafkammer des Bundesgerichtshofs. Sie bescheinigte dem Hofer Landgericht, dass das Urteil auf juristisch korrekte Weise zustande gekommen sei. »Die Beweiswürdigung, insbesondere die Würdigung des Geständnisses des Angeklagten, ist rechtsfehlerfrei«, schrieben die Bundesrichter ohne weitere Begründung. Mehr Worte verloren sie über die Frage, ob das Gericht das Gutachten von Professor Kröber korrekt verwertete, nicht, denn so ein Fall gehörte bisher nicht zum Standardrepertoire der Strafgerichte. Eigentlich sei es allein die Sache der Richter, zu beurteilen, ob eine Aussage stimme oder nicht. »Vom Richter wird erwartet, dass er über die zur Ausübung seines Amtes erforderliche Menschenkenntnis und Fähigkeit verfügt, Aussagen auf ihren Wahrheitsgehalt zu prüfen«, stellten die BGH-Richter fest. Wenn aber ausnahmsweise in einem Einzelfall »eine außergewöhnliche Sachkunde« vonnöten sei, dürfe sich das Gericht helfen lassen. Im Fall von Ulvi Kulac sei das so, und zwar wegen dessen zurückgebliebener Psyche. »Um die Glaubhaftigkeit der Geständnisse bzw. des Widerrufs und der Angaben in der Hauptverhandlung verlässlich prüfen zu können, war der Einsatz sachverständiger Hilfe sachgerecht.«

Leicht überspitzt gesagt stellen die Bundesrichter also fest, der Gutachter habe irgendwie Ulvis Gedanken lesen können, denn anders wäre kaum »verlässlich« zu ermitteln gewesen, wo er die Wahrheit gesagt hatte und wo nicht.

Für Ulvi Kulac bedeutete diese Entscheidung, dass das Urteil des Hofer Landgerichts rechtskräftig und er damit endgültig zu lebenslanger Haft verurteilt war. Und es bedeutete auch, dass der Fall Peggy endgültig abgeschlossen war. Selbst wenn sich herausstellen sollte, dass ein anderer das Mädchen getötet hatte oder Peggy lebend wieder auftauchen würde, müsste zuerst ein anderes Gericht – in diesem Fall das OLG Bayreuth – eine Wiederaufnahme des Prozesses genehmigen und dann das Verfahren mit Hilfe der neuen Beweismittel noch einmal von vorn aufgerollt werden. Bis zum Abschluss dieses Verfahrens würde Ulvi weiterhin einsitzen.

Auch spätere Revisionsentscheidungen des Bundesgerichtshofs in anderen Fällen änderten daran selbstredend nichts – obwohl die eine oder andere dabei war, die nahelegt, dass der Einspruch gegen das Peggy-Verfahren auch anders hätte ausgehen können. Vor allem die Revision im Pascal-Verfahren kommt zu teilweise drastisch anderen Schlussfolgerungen. Der damals fünfjährige Pascal Zimmer war im September 2001 – ein halbes Jahr nach Peggy – ebenfalls spurlos verschwunden, und zwar im Saarbrücker Stadtteil Burbach. Bis heute gibt es keine Spur von ihm, auch eine Leiche wurde nie gefunden. Pascal war nach einem Kirmesbesuch nicht nach Hause gekommen. Wie im Fall Peggy wurde auch Pascal von Polizeihundertschaften mit Hunden, unterstützt von Bundeswehr-Jets mit Wärmebildkameras, gesucht. Im Laufe der Ermittlungen ging die Polizei dem Verdacht nach, die Wirtin der Burbacher »Tosa-Klause« habe mit mehreren Stammgästen einen Ring für Kinderprostitution und -pornographie aufgezogen. Der Junge sei in einem Hinterzimmer der Kneipe missbraucht und getötet worden, so die Vermutung. Am Ende standen acht Männer und vier Frauen vor Gericht, die dabei mitgemacht haben sollen. Fast alle hatten gestanden, einige auch im Prozess vor Gericht. Dann aber geriet das Verfahren ins Stocken. Polizisten standen unter Verdacht, Geständnisse unter Zwang erpresst zu haben. Beweismittel gingen verloren, und zwar derart zahlreich, dass am Ende kein einziger Sachbeweis übrig blieb und die Frage im Raum stand, ob es je welche gegeben habe. Auf der Matratze, auf der Pascal missbraucht worden sein soll, fanden sich weder Blut- noch Spermaspuren. Anders als im Fall Peggy scheute das saarländische Gericht aber keinen Aufwand, um jede Aussage und jedes Indiz zu überprüfen – und kam nach immensen 147 Verhandlungstagen zu dem Resultat, dass der Mord nicht beweisbar sei – trotz der Geständnisse. Alle zwölf Angeklagten wurden freigesprochen. Dagegen legte die Staatsanwaltschaft Revision ein. Sie wollte zumindest die »Tosa«-Wirtin im Gefängnis sehen. Aber die Revision scheiterte, und zwar aus Gründen, die durchaus auch auf den Fall Peggy gepasst hätten.

So hätten die Angeklagten in ihren Geständnissen zwar alle möglichen Tatverläufe geschildert, aber keine einzige Aussage habe »zum Auffinden objektiver Spuren, wie DNA-, Blut- oder Haarspuren, geführt«, schrieben die BGH-Richter. Außerdem hätten die Angeklagten immer wieder davon gesprochen, Vergewaltigungen gefilmt und fotografiert zu haben. Es seien aber nirgends Fotos oder Videos gefunden worden. Darum habe das Gericht die Geständnisse zu Recht nicht als Beweis ernst genommen. »Das Fehlen jeglicher objektiver Beweismittel« zwinge »zu einer besonders kritischen Betrachtung dieser Angaben«, hielt die 4. BGH-Strafkammer zum Fall Pascal fest – anders, als ihre Kollegen von der 1. BGH-Strafkammer, die den Fall Peggy zu entscheiden hatte. Auch Ulvi Kulac hatte in seinen Geständnissen überprüfbare Details genannt, vor allem zur Beseitigung der Leiche, die sich allesamt als falsch herausstellten.

Anders als im Fall Peggy ging der BGH im Fall Pascal auch auf die Methoden der Polizei ein. Die Geständnisse »seien zudem oftmals erst durch massive Vorhalte, Suggestionen und Beeinflussungen anderer Art zustande gekommen«. Und schlussendlich hätten fünf der Beklagten »ihre belastenden Angaben vollumfänglich widerrufen«. Rechtlich, so das höchste Gericht des Landes, sei an den Freisprüchen daher nichts auszusetzen.

Die Bundesrichter gingen in ihrer Begründung sogar noch einen Schritt weiter und erklärten es zur Pflicht eines Strafgerichts, sämtliche verfügbaren Beweise »erschöpfend« zu würdigen. Das saarländische Gericht, das den Fall Pascal verhandelt hatte, habe das getan. Hätte der BGH diese Frage im Fall Peggy untersuchen müssen, wäre er vermutlich zu einem anderen Ergebnis gekommen – denn vor allem Zeugenaussagen, die Ulvi entlasteten, hörte sich das Hofer Landgericht erst gar nicht an. »Der Tatrichter muss sich mit allen festgestellten Umständen auseinandersetzen, die den Angeklagten be- oder entlasten«, schrieben dagegen die Revisionsrichter im Fall Pascal. Gemessen daran sei die Beweiswürdigung des Landgerichts Saarbrücken nicht zu beanstanden – die so ganz anders vonstattenging als die im Fall Peggy.

Kapitel 22
Nur ein Justizirrtum?

Selten wurde ein Urteil öffentlich so massiv angegriffen wie das Urteil des Landgerichts Hof gegen Ulvi Kulac. Zu sehr ist der Glaube an die Gerechtigkeit der Justiz in unserem Denken verwurzelt, als dass man dieser Institution leichtfertig Irrtümer oder – schlimmer noch – Vorsatz unterstellen wollte. Der Beschluss eines Gerichts wird gemeinhin mit der Wahrheit gleichgesetzt. Aus einem Verdächtigen ist ein Täter geworden, die Unschuldsvermutung gilt nur bis zum Urteil, denn mit ihm tritt an die Stelle der Vermutung die rechtliche Gewissheit. Hat ein Gericht einen Täter verurteilt und damit ein Verbrechen aufgeklärt, ist es nicht mehr möglich, alte Spuren zu überprüfen oder nach neuen zu suchen. Auch dann nicht, wenn sich herausstellen sollte, dass mit den Fakten, auf die sich das Gericht beim Urteil stützte, etwas nicht stimmt. Weder Staatsanwaltschaft noch Polizei dürfen ermitteln, seien neue Verdachtsmomente auch noch so einleuchtend.

Im Fall Peggy war die Faktenlage aber zunächst nicht der Grund für die immer lauter werdende Kritik am Urteil und an den Richtern, die es verfasst hatten. Sondern die Tatsache, dass vor allem die Bevölkerung in Lichtenberg nicht an Ulvis Schuld *glaubte*.

Auf den ersten Blick mögen hier persönliche Freundschaften und schlechte Erfahrungen mit den als arrogant empfundenen Ermittlern eine Rolle gespielt haben. Der Volkszweifel aber führte dazu, dass das Urteil im Nachhinein so gründlich untersucht wurde wie kaum ein anderes. Nicht von Polizei oder Staatsanwaltschaft, sondern auf Initiative des »Volkes«.

Zu denen, die nicht an Ulvis Schuld glaubten, gehört auch die ehemalige Rechtsanwaltsgehilfin Gudrun Rödel, die rund dreißig Kilometer entfernt von Lichtenberg wohnt. Sie kannte Ulvi Kulac nicht persönlich, hatte aus der Zeitung vom Prozessgeschehen und dem anschließenden Urteil erfahren. Als Mutter einer behinderten Tochter war sie zunächst vor allem empört darüber, wie Presse und Justiz mit einem geistig behinderten Menschen umgingen. Inzwischen ist der »Fall Peggy und Ulvi« zu ihrem Lebensinhalt geworden. Gudrun und ihr Mann Harry nahmen Kontakt zu Elsa und Erdal Kulac auf, suchten Zeugen in Lichtenberg auf, sprachen mit ihnen über den Fall Peggy und gründeten eine Bürgerinitiative.

Im Januar 2005 beantragten Ulvis Eltern beim Amtsgericht Bayreuth die Bestellung eines Betreuers mit »weitreichenden Aufgabenkreisen« für ihren Sohn. Eine Aufgabe, für die sie Gudrun Rödel vorschlugen. Ein halbes Jahr später lehnte das Vormundschaftsgericht dieses Ansinnen ab; wegen der »umfassenden Hilfen im Maßregelvollzug« sei kein Betreuungsbedarf ersichtlich.

Die Kulacs legten Beschwerde ein. Ulvi sei keinesfalls in der Lage, »seine Angelegenheiten selbständig zu regeln«, und bedürfe der umfassenden Unterstützung durch einen Betreuer. Zwei Monate später, im September 2005, wurde das Beschwerdeverfahren von einem Einzelrichter entschieden. Er befand, der Betroffene bedürfe sehr wohl der Unterstützung in den Bereichen »Regelung von behördlichen, gerichtlichen sowie schadensersatzrechtlichen Angelegenheiten«. Der Betroffene sei »bei weitem überfordert, seine Rechte in diesen Bereichen selbständig wahrzunehmen«.

Am 9. November 2005 wurde Gudrun Rödel zur gerichtlich bestellten Betreuerin von Ulvi Kulac. Seitdem führt sie seinen Schriftverkehr. Vor allem aber hat sie inzwischen das Urteil und die Ermittlungsdokumente akribisch ausgewertet und auf Unstimmigkeiten überprüft. Dabei hat sie Erstaunliches herausgefunden. Sie konnte nämlich nachweisen, dass die Tathergangshypothese, die sich durch das Ermittlungsverfahren und die Anklage bis zum Urteil durchzog, objektiv falsch ist. Genauer: Die Tatzeit, die zuerst die Ermittler bestimmten und die das Gericht übernahm, stimmt nicht. Und dafür gibt es zwingende Beweise.

Ermittler und Richter haben den Tatzeitraum auf etwa eine halbe Stunde festgelegt. Am 7. Mai 2001 soll Ulvi Peggy um 13.15 Uhr angesprochen, sie dann verfolgt und zwischen 13.30 und 13.45 Uhr umgebracht und weggeschafft haben. Die Annahme eines anderen, späteren oder längeren Tatzeitraums hätte die Anklage gegen Ulvi Kulac ins Wanken gebracht. Denn für dieses »Später« hätte er ein Alibi gehabt. Konsequenterweise finden sich in den Akten zahlreiche Hinweise darauf, dass Peggy *zum letzten Mal* um 13.15 Uhr lebend gesehen wurde. Zu den Zeugen, die in diesem Zusammenhang aufgeführt werden, gehört auch die Schülerin Hilke Schümann. Sie hatte gesagt, sie habe Peggy am Mittag des 7. Mai 2001 aus dem Fenster des Schulbusses heraus gesehen. Während der Busfahrer angibt, gegen halb zwei in Lichtenberg angekommen zu sein, kommt die Polizei zu einem anderen Schluss. Laut Kripo-Vermerk muss Hilke Peggy um 13.14 Uhr gesehen haben, denn eine Minute später, um 13.15 Uhr, habe der Bus an der Haltestelle Poststraße in Lichtenberg gehalten. Das habe die Auswertung der Tachoscheibe ergeben. »Durch Auswertung des Fahrtenschreibers ist davon auszugehen, dass der Schulbus, aus welchem die Zeugin Hilke Schümann Peggy Knobloch das letzte Mal lebend am Henri-Marteau-Platz sah, die genannte Örtlichkeit um 13.14 Uhr passierte.«

Nur: Haben die Beamten den Fahrtenschreiber tatsächlich ausgewertet? In den Akten fand Gudrun Rödel eine Kopie, darüber eine Tabelle, die an einen Fahrplan erinnert, aber nur eine handschriftliche Notiz aufweist: »13.15 Uhr, Lichtenberg, Poststraße«.

Frau Rödel warf zunächst einen Blick in den offiziellen Busfahrplan und stellte fest, dass die planmäßige Abfahrt in Naila um 13.10 Uhr erfolgen sollte. Die Strecke nach Lichtenberg ist in fünf Minuten nicht zu bewältigen, schon gar nicht für einen Bus. Selbst mit dem Auto braucht man bei angemessener Geschwindigkeit für die acht Kilometer elf Minuten. Sollte der Bus also pünktlich abgefahren sein, hätte er um 13.14 Uhr definitiv noch nicht in Lichtenberg sein können.

Als Nächstes schaute sich Gudrun Rödel die Fahrtenschreiber-Karte genauer an. Die Kurve, die darauf verzeichnet ist, schien nahezulegen, dass der Bus tatsächlich um 13.10 Uhr losgefahren und um 13.15 Uhr noch in voller Fahrt gewesen sein muss. Nun ist Frau Rödel keine Fahrtenschreiber-Expertin und wollte darum sichergehen, dass ihre Beobachtung zutrifft. Hersteller des betreffenden Fahrtenschreibers ist die Firma Kienzle, die wiederum eine Niederlassung in Bayreuth hat. Dorthin brachte sie ihre Fahrtenschreiber-Kopie und ließ sie von einem Experten auswerten. Resultat: Sie hatte sich nicht geirrt. Der Bus war tatsächlich um 13.10 Uhr losgefahren und kam erst um 13.25 Uhr in Lichtenberg an. Ganz so, wie der Busfahrer Werner Lohr das auch zu Protokoll gegeben hatte.

Diese Erkenntnis ist für die Ermittler und das Gericht vor allem deshalb unangenehm, weil man Hilke Schümann ausdrücklich als glaubwürdig bezeichnet hatte – anders als viele der Zeugen, die Peggy noch am Nachmittag oder Abend gesehen haben wollten. In ihrer Aussage hatte das Mädchen zwar keine exakte Uhrzeit genannt, die konstruierten die

Ermittler aus den Fahrtzeiten des Busses – die sie definitiv falsch bestimmt hatten.

Entscheidend ist aber die zwingende Schlussfolgerung, die sich daraus ergibt: Das Zeitfenster für die Tat, das auch das Gericht für wahr erkannte, stimmt nicht.

Ulvi hätte vom Zusammentreffen mit Peggy am Henri-Marteau-Platz über die Verfolgungsjagd bis zum Mord und dem Wegschaffen der Leiche maximal 15 Minuten Zeit gehabt.

*

Neben Gudrun Rödel knöpfte sich aber auch noch ein ausgewiesener Profi das Peggy-Urteil vor. Der Wiener Profiler Dr. Thomas Müller schritt vor einigen Jahren für einen Fernsehfilm den mutmaßlichen Tatort ab. Sein Ziel war es, herauszufinden, wie plausibel der gerichtlich festgestellte Tathergang war. Ausgangspunkt der Begehung war die Bank am Henri-Marteau-Platz, auf der Kulac gesessen haben soll. Dafür gab es, wie bereits erwähnt, eine einzige Zeugin, die ihre Beobachtung allerdings erst mit einem Jahr Verspätung der Polizei gemeldet hatte.

Sollte Ulvi tatsächlich auf dieser Bank gesessen haben, musste Peggy auf dem Weg von der Schule nach Hause an ihm vorbei. Die Zeuginnen Ritter und Schümann hatten präzise Ortsangaben gemacht, wo sie Peggy gesehen haben wollten. Richtung Marktplatz nach Hause laufend. Damit wäre sie an Ulvis Bank längst vorbei gewesen. Es ist unwahrscheinlich, dass sie kurz vor der Haustür ihrer Wohnung noch einmal umgekehrt und den ganzen Weg zum Henri-Marteau-Platz zurückgelaufen sein soll. Eine Diskrepanz, die das Gericht im Urteil so glättete: Hilke Schümann habe Peggy »in diesem Bereich gesehen«.

In seinem Geständnis behauptete Ulvi, er habe Peggy angesprochen, um sich für die Vergewaltigung vier Tage zuvor zu entschuldigen. Peggy habe aber nicht mit ihm reden wollen. Stattdessen sei sie geflohen, in Richtung des Kleingartenviertels Hermannsruh unterhalb des Ortszentrums.

Schon das ist auffällig. Warum sollte Peggy ausgerechnet zur Hermannsruh laufen, anstatt den kurzen Weg von rund 50 Metern zu ihrem Wohnhaus zu wählen? In Sichtweite waren Dutzende Zuschauer, Ulvi hätte ihr mitten im Ort nichts tun können, und zu Hause wäre sie vermutlich in Sicherheit gewesen.

Profiler Müller blieb dennoch bei dem, was das Gericht später als »wahr« erkannte. Peggy begab sich also ausgerechnet auf die viel längere und umständlichere Flucht über den Feldweg, der hinter den Gärten um die Altstadt herum zum Lichtenberger Schlossberg führt. Ulvi sagte in seinem Geständnis, er habe sich erhoben und sei ihr hinterhergelaufen.

Das ist die nächste Merkwürdigkeit. Ulvi war und ist ein starker Raucher und mit gut hundert Kilogramm enorm übergewichtig. Als Sportskanone war er nicht bekannt. Es gibt Zeugen, die bestätigen, dass sein Atem selbst dann rasselte, wenn er beim Sprechen zwischen zwei Sätzen Luft holte. Untersucht wurde seine Fitness nie, obwohl es sich bei der angeblich folgenden Jagd auf Peggy nicht etwa um einen kurzen Sprint, sondern um eine längere Etappe über einen schmalen, unbefestigten Weg handelte, auf dem zudem beachtliche Steigungen zu bewältigen waren. Die Entfernung, die Peggy vor ihm hergerannt sein soll, beträgt einen knappen Kilometer. Auch wenn es schwer zu glauben ist, hielt das Gericht diese Leistung ohne weiteres für möglich – während sie Ulvi im Missbrauchsfall Sebastian bescheinigte, er hätte dem Jungen nie und nimmer hinterherrennen können. Wäre das Gericht dieser Einschätzung auch im Fall Peggy gefolgt oder hätte man Ulvi diesen »Verfolgungslauf« tatsächlich absolvieren lassen, wäre das Urteil kaum so zustande gekommen.

Profiler Müller registrierte noch eine weitere Merkwürdigkeit: Der Feldweg, über den Peggy geflohen sein soll, führt an Dutzenden kleinen Gärten vorbei. Die Wahrscheinlichkeit ist hoch, dass dort am 7. Mai 2001 Menschen gewesen sind. Peggy hätte in ihrer Not einfach in den nächstbesten Garten laufen können, um Schutz zu suchen. Und selbst wenn sie in der Kleingartensiedlung niemanden angetroffen hätte, wäre sie durch die Gärten auf kurzem Weg zurück zum Ortskern gekommen und hätte sich ihrem Wohnhaus von hinten annähern können. Doch auch das tat Peggy laut Ulvis Geständnis nicht, obwohl diese Strecke kaum mehr als 50 Meter betragen hätte. Vielmehr sei sie den gesamten langen Weg um die Altstadt herum bis zum Schlossberg gerannt, wo er sie erstickt, die Leiche an die Schlossmauer geschleift und notdürftig mit Zweigen abgedeckt haben will.

Dann, auch das fiel Müller auf, habe Ulvi immer wieder andere Versionen über den Verbleib der Leiche erzählt. Mal soll ihm sein Kumpel Tim geholfen haben, am Ende soll es der Vater gewesen sein. Die Version mit dem Vater erkor das Gericht zur Wahrheit: Ulvi sei nach dem Mord die steile Treppe zum Schlossplatz hinaufgeeilt zur Wirtschaft der Eltern, habe den Vater geweckt, der den leblosen Körper in eine Decke gewickelt, nach oben ins Auto geschafft und weggefahren haben soll. Diese Version war aus juristischer Sicht praktisch. Die Justiz leitete zwar ein Ermittlungsverfahren gegen Ulvis Vater ein, wusste aber von vornherein, dass sie ihn dafür nicht würde bestrafen können. Das Delikt wäre Strafvereitelung gewesen. Die ist aber unter engen Verwandten erlaubt.

Ulvi erklärte vor Gericht, er habe seinen Vater nur deshalb bezichtigt, weil: »Die haben gesagt, es muss jemand aus der Familie gewesen sein.« Das wiederum könnten die Polizisten von ihrem eigenen Kollegen aus München gehört haben, dem Profiler Alexander Horn, der die Tathergangshypothese nach Geiers Vorab-Informationen verfasst hatte. Die Ermittler lasen in Horns Papier: »Bei der Beseitigung der Leiche wirkten weitere Personen (evtl. enges familiäres Umfeld des Ulvi) mit.« Entsprechend hielten sie Ulvi im Geständnisverhör genau das vor.

Kapitel 23
Zeugin der Anklage

Während das Gericht also eine Vielzahl von Aussagen zu widerlegen suchte, stützte es sich in seinem Urteil besonders auf eine Zeugin – Edith Scholz, die angab, sie habe Ulvi gegen Viertel nach eins auf der Bank am Henri-Marteau-Platz sitzen sehen. Niemandem sonst war er dort aufgefallen. Die Frage, warum eine Belastungszeugin ausreiche, um eine Tathergangshypothese zu untermauern, andere Zeugenaussagen unter den Tisch fielen oder passend gemacht wurden, um jene Zeugin der Anklage zu stützen, ist mehr als berechtigt.

Und noch etwas: »Zeitnahe Zeugen seien die glaubwürdigsten«, hatten die Ermittler immer wieder postuliert. Ausgerechnet Edith Scholz machte ihre Angaben erst ein Jahr nach Verschwinden des Mädchens. Interessant ist auch, dass Scholz weder im Ermittlungsbericht vom 10. Oktober 2002 noch im Text des späteren Urteils als Zeugin auftaucht. Lediglich in der Anklageschrift vom 28. Februar 2003 heißt es: »Der Angeschuldigte hielt sich am 7. Mai 2001 zwischen 12.55 und 13.10 Uhr auf einer Bank sitzend auf dem Henri-Marteau-Platz in Lichtenberg auf, wo er augenscheinlich wartete.« Niemand hat je geäußert, dass der Angeklagte dort »wartete«, nicht einmal Edith Scholz. »Hierbei hat ihn die Zeugin zweimal gesehen, als sie mit ihrem Pkw von Lichtenberg nach Bad Steben und zurück fuhr, um Kerzen zu kaufen.« In der Anklageschrift heißt es weiter: »Aus diesem Grunde [weil ihr Sohn Geburtstag hatte] konnte sich die Zeugin genau daran erinnern, dass sie ihre Beobachtungen am 7. Mai 2001 machte.«

*

Am Tag, als Peggy Knobloch verschwand, wurde Mirko Scholz 24 Jahre alt. Im September desselben Jahres erwähnte der Pfleger Wolfgang Pötzsch in seiner Sozialanamnese über Ulvi Kulac, dass Mirko am 3. Mai dabei gewesen sein soll, als Ulvi »mit der Peggy Geschlechtsverkehr durchzuführen versuchte«. Und auch, dass Ulvi gesagt habe, der »Mirko Scholz weiß, wo sie liegt, nämlich unter einer Brücke bei Lobenstein oder Lichtenstein«. Fritz Hermann hatte ebenfalls mehrfach von einem »gewissen Scholz« gesprochen.

Aufgrund dieser Informationen leitete die Staatsanwaltschaft Hof im September 2001 ein Verfahren gegen Mirko ein wegen des »Verdachts des Totschlags zum Nachteil der Peggy Knobloch«. Eine kriminaltechnische Untersuchung seiner Wohnung und seines Autos brachte jedoch keine Ergebnisse. Dennoch wurde das Verfahren bis zum 22. Mai 2002 weitergeführt. Und das, obwohl sich im Laufe der Ermittlungen herausstellte, dass Ulvi Kulac die »vorbezeichnete Schilderung« [dass Mirko wisse, wo die Leiche liege, und sie womöglich auch dorthin verbracht habe] offenbar auf einem Vatertagsausflug am 24. Mai 2001 aufgeschnappt hatte. Die Teilnehmer dieses Ausflugs hatten sich unter reichlich Alkoholeinfluss einen makaberen Scherz geleistet: Einer behauptete, Peggy in seinem Kühlschrank versteckt zu haben, ein anderer prahlte damit, er habe sie »gefesselt und geknebelt und schließlich in einem Flusslauf in der Nähe von Lobenstein abgelegt«. Das war Mirko Scholz gewesen. Ulvi muss diese Phantasiegeschichte für bare Münze genommen haben. Jedenfalls scheint er sie genauso an Hermann und den Pfleger Pötzsch weitergegeben zu haben, bevor er sich plötzlich selbst des Mordes bezichtigte, wie der V-Mann den Ermittlern mitteilte. Die wollten wissen, was denn nun stimmte, und hakten nach. Tatsächlich räumte Ulvi Kulac später ein, er habe Mirko belastet, weil er »sauer« auf ihn gewesen sei. Der habe nämlich »seit längerer Zeit nicht mehr mit ihm« gesprochen und ihn geschnitten.

Einen Tag nachdem das Verfahren gegen Mirko eingestellt worden war, meldete sich überraschend dessen Mutter bei der Polizei. Sie wolle noch eine Aussage machen, zum Fall Peggy.

Die Beamten suchten Edith Scholz umgehend in ihrer Wohnung in Lichtenberg auf und erfuhren, dass sie Ulvi Kulac »zur tatkritischen« Zeit am 7. Mai 2001 auf einer Bank am Henri-Marteau-Platz gesehen haben wollte. Sie habe noch rasch Kerzen für die Geburtstagstorte ihres Sohnes in Bad Steben besorgen müssen und sei sowohl auf dem Hin- als auch auf dem Rückweg an besagter Bank vorbeigefahren. Neben Ulvi habe ein Topf oder eine Schüssel gestanden.

Die Kripo war begeistert. Aber man wollte sich absichern. Die Beamten versuchten nun, die Beobachtung von Frau Scholz durch den Abgleich mit anderen Zeugenaussagen zu bestätigen. Genau das aber bereitete den Ermittlern Probleme: Insgesamt 65 Personen, darunter Schulkinder, Passanten und Angestellte einer nahe gelegenen Firma, die während der fraglichen Zeit Schichtwechsel hatten und zu Ulvi befragt wurden, konnten sich nicht an ihn erinnern. Vermeintlich fündig wurden die Ermittler schließlich in einer Aussage aus dem September 2001 – sie stammte von Mirko Scholz.

Am 13. Juni 2002 wurde Mirko deshalb noch einmal zum Tag von Peggys Verschwinden befragt. Der mag sich darüber gewundert haben, denn er erinnerte die Beamten gleich zu Beginn daran, dass er schon mehrmals Angaben zum Fall

Peggy gemacht und die Ermittler damals »auf keinen Fall bewusst angelogen« habe. Ein Nachsatz, der irritiert. Er werde aber versuchen, sich noch einmal in den 7. Mai 2001 zurückzuversetzen. Vielleicht könne er weitere Angaben machen, fügte Mirko hinzu.

Mirko kannte Peggy nach eigenen Angaben gar nicht. Von ihrem Verschwinden habe er erst am Folgetag erfahren. Als Mitglied der Lichtenberger Feuerwehr sei er an der Suchaktion beteiligt gewesen. Am 7. Mai, seinem Geburtstag, habe er einen Tag Urlaub genommen, um die Finanzämter Hof und Naila aufzusuchen. Ob er zwischen 12 und 12.30 Uhr wieder zu Hause gewesen sei, wisse er nicht mehr, die genaue Uhrzeit konnte er in dieser Zeugenvernehmung nicht angeben. Unmittelbar nach dem Essen sei er zu Maria Krautheim gegangen, die ebenfalls am Marktplatz, aber ein gutes Stück oberhalb der Knoblochschen Wohnung lebt. Während er sich mit Maria vor der Haustür unterhalten habe, sei Ulvi Kulac »mit einem Blaumann bekleidet den Schlossberg heruntergegangen. [...] Ich möchte auch nicht ausschließen, dass er mich gegrüßt bzw. mir zugewunken hat. Auf alle Fälle kann ich sagen, dass es mir aufgefallen wäre, wenn Ulvi ein Essgeschirr, eine Suppenschüssel oder einen Topf in der Hand gehabt hätte. Dies war nicht der Fall, so etwas wäre mir aufgefallen.« Da er sich gleich wieder der Maria zugewandt habe, könne er auch nicht sagen, ob Ulvi weiter Richtung Marktplatz gelaufen oder möglicherweise rechts in den Bergweg eingebogen sei. »Ich habe mich nicht mehr um den Ulvi gekümmert. Mich hat nicht interessiert, wo er hinging.«

Das war nicht das, was sich die Beamten erhofft hatten. Sie konfrontierten Mirko mit seiner Aussage aus dem Vorjahr – die er nun bestritt: »Wenn ich in einer vorangegangenen Vernehmung ausgesagt habe, dass Ulvi Kulac, nachdem ich ihn den Schlossberg runterkommen sah, über den

Marktplatz lief, so kann ich das heute nicht mehr bestätigen. Es war so, wie ich es [soeben] ausgesagt habe. Ich kann freilich nicht ausschließen, dass er tatsächlich den Marktplatz hinunterlief. Ich möchte nichts Falsches sagen, weshalb ich mich hier nicht festlegen kann und auch nicht möchte.«

Offenbar war es den Ermittlern wichtig, von Mirko zu erfahren, dass Ulvi über den Marktplatz weiter zum Henri-Marteau-Platz gegangen war. Sie hakten noch einmal nach, aber wieder bestätigte Scholz nur, dass er gesehen habe, wie Ulvi »den Schlossberg herunterkam«. Auf Nachfrage präzisierte er zudem noch einmal, sich nicht »speziell daran erinnern« zu können, Ulvi mit einem Suppen- oder Essenstopf gesehen zu haben. Am Ende der Vernehmung sagte er: »Den Ulvi Kulac habe ich schon auf den Bänken am Henri-Marteau-Platz gesehen. Ich kann mich nicht daran erinnern, dass ich ihn am 7. Mai 2001 dort gesehen habe.« Das Wort »dort« fügte Mirko handschriftlich ein, die Korrektur zeichnete er mit seiner Unterschrift ab.

Das Protokoll seiner Vernehmung liegt uns vor. Scholz muss sehr akribisch beim Lesen gewesen sein, immer wieder präzisierte er mit handschriftlichen Ergänzungen oder Streichungen. Die Beamten Römer und Michler müssen vom Verlauf der Befragung enttäuscht gewesen sein. Und noch einen Dämpfer gab es für die Ermittler. Den abschließenden Satz »Meine heutige Aussage kann ich jederzeit vor Gericht beeiden« korrigierte Mirko dahingehend, dass er »kann ich jederzeit« durchstrich und stattdessen einfügte: »werde ich nie freiwillig [vor Gericht beeiden]«. Er bestätigte diese Korrektur mit seiner Unterschrift.

Die Hoffnung, die Aussagen von Mutter und Sohn Scholz irgendwie unter einen Hut zu bringen, hatte sich damit zerschlagen. Trotzdem hielt Chefermittler Geier in einem Schreiben an Staatsanwalt Heindl vom 16. Juli 2002 fest: »Frau Edith Scholz ist sehr glaubwürdig und sie ist die einzige Zeugin, die den Tathergang offensichtlich unmittelbar vor dem Aufeinandertreffen des Ulvi Kulac mit der neunjährigen Peggy Knobloch gesehen hat. Die Zeugenaussage ist für das Verfahren von großer Bedeutung.«

Unumstritten war die Zeugin gleichwohl nicht. Es wirkte befremdlich, dass sie sich trotz früherer Befragungen erst nach über einem Jahr an diese entscheidende Begebenheit erinnerte. Das sorgte für Gesprächsstoff, auch unter ihren Arbeitskolleginnen. Im November 2002 etwa ging bei der Polizei ein Anruf von Regina Göpfert ein. Sie war die Wirtin des Lokals, in dem Edith Scholz als Aushilfe arbeitete. Sie sagte: »Es ist klar, dass wir uns in den letzten Monaten bzw. Jahren, ab dem Zeitpunkt, wo Peggy verschwunden ist, auch unterhalten haben über den Fall. Hier erzählte Frau Scholz, dass Peggy öfters bei ihnen hinten gespielt hätte. Sie wäre nicht nur einmal dort hinten gewesen, sondern öfters. Dann, im Frühjahr 2002, erzählte sie, dass sie zur Polizei gehen müsse, um eine Aussage zu machen. Wenn ich mich recht erinnere, sagte sie damals: ›Ich muss jetzt zur Polizei gehen, ich muss auch was zu dem Fall sagen.‹«

Bei ihrer Rückkehr habe sie berichtet, sie habe Ulvi am 7. Mai unten bei der Raiffeisenbank auf dem Platz gesehen. Mit einem Mädchen. »Auf meine Frage hin, ob es denn die Peggy gewesen sei, sagte sie, das wisse sie nicht, weil sie die Peggy überhaupt nicht kenne.« Das sei ihr komisch vorgekommen. Schließlich habe Edith bis dahin doch erzählt, dass Peggy des Öfteren »bei ihr hinten gewesen sei«. Die Wirtin beschloss das Telefonat mit den Worten: »Ich habe sehr lange überlegt, ob ich jetzt die Polizei anrufe oder nicht. Ich weiß nicht, ob das was zu bedeuten hat, aber es hat mir keine Ruhe gelassen, und deswegen habe ich jetzt angerufen.«

Die Ermittler befragten zu dieser Sache auch eine Angestellte aus dem Göpfertschen Lokal. Von Cornelia Runge wollten sie wissen, ob ihr nach dem Verschwinden von Peggy an Edith Scholz etwas Besonderes aufgefallen sei. Frau Runge erzählte, ihre Kollegin habe immer »sehr cool« reagiert, wenn es um den Vermisstenfall ging. »Auch hatte ich das Gefühl, dass es sie nicht übermäßig belastet, dass die Polizei gegen ihren Sohn ermittelt«, gab sie zu Protokoll. Für sie und ihre Arbeitskollegen sei es völlig überraschend gekommen, »dass sich plötzlich nach einem Jahr Frau Scholz an ein Zusammentreffen mit dem Ulvi am Henri-Marteau-Platz erinnerte«. Bis dahin habe sie nie etwas davon erwähnt. Erst am Tag ihrer Aussage habe sie ihnen von ihrer »Begegnung« erzählt und auch von dem Essensbehälter und dem blauen Arbeitsoverall gesprochen.

*

Eine Zeugin also, deren Glaubwürdigkeit durchaus Fragen aufwarf. Eine Mutter, deren Sohn ein Jahr lang ins Visier der Soko geraten war. Eine Frau, die sich erst ein Jahr nach Peggys Verschwinden an die alles entscheidende Beobachtung erinnert hatte. Dennoch hing von Edith Scholz' Aussage alles ab. Sie war der Ausgangspunkt für die Tathergangshypothese. Ärgerlich nur, dass ihre Aussage denen anderer Zeugen entgegenstand. Ermittler und Gericht zeigten sich nicht nur flexibel, sondern auch kreativ. Denn sie zogen zur vermeintlichen Untermauerung ihrer Aussage die Zeugen Schümann und Ritter heran. Die Schülerin Hilke Schümann habe laut Gericht »keine Angaben dazu [zu Ulvi auf der Bank] machen« können. Wie auch, schließlich war der Schulbus um die fragliche Zeit noch gar nicht in Lichtenberg, wie der Fahrtenschreiber zweifelsfrei belegt.

Und für die Tatsache, dass Claudia Ritter Ulvi ebenfalls nicht gesehen hatte, lieferte das Gericht folgende Erklärung:

Die Kammer hat sich vor Ort davon überzeugt, dass sich die Sitzbank in Laufrichtung der Zeugin Ritter rechts allenfalls am Rande ihres Blickfeldes beim Überqueren der Straße befand. Zudem musste die Zeugin nach Überzeugung der Kammer beim Überqueren der Straße im Bereich der bezeichneten, unübersichtlichen Linkskurve ihre Aufmerksamkeit auf gegebenenfalls kommende Fahrzeuge richten.

Um ganz sicherzugehen, bescheinigten die Richter der Zeugin gleich noch ein »unsicheres Aussageverhalten«.

Wir haben die Örtlichkeit bei unseren Recherchen selbst in Augenschein genommen. Ganz so unübersichtlich, wie das Gericht behauptet, ist die Straße nicht, auch das Verkehrsaufkommen hält sich in Lichtenberg in Grenzen. Der Platz, den sie umkurvt, ist gut einsehbar. Zudem sind hier um die Mittagszeit immer Fußgänger unterwegs, auch aufgrund des bereits erwähnten Schichtwechsels der Firma. Niemand hat Ulvi sitzen sehen, was bei der beachtlichen Zahl an potenziellen Zeugen verwundert.

Neben Schümann und Ritter musste noch ein weiterer Zeuge widerlegt werden. Dabei ging es um das vermeintliche Zeitfenster, das das Gericht für den Mord festgelegt hatte. Lutz Lippert verlässt jeden Tag gegen halb zwei Uhr seine Wohnung, um zur Arbeit zu gehen. Der Weg führt ihn nicht nur am Marktplatz 8, sondern auch am Henri-Marteau-Platz vorbei. Er hat an jenem 7. Mai weder Peggy noch Ulvi getroffen. Auch dafür hat das Gericht eine Erklärung: Weil das Mädchen entgegen anderen Zeugenaussagen um halb zwei schon auf seiner Flucht Richtung Hermannsruh gewesen sei, könne ihr Lippert gar nicht begegnet sein. Und da Ulvi zu diesem Zeitpunkt angeblich bereits dabei war, das Mädchen zu ersticken, habe Lippert auch keine Schreie hören können. Eine perfekte Erklärung – dank des nach vorne verschobenen Zeitfensters für die Tat. In schönstem Juristendeutsch heißt es: »Nach dem von der Jugendkammer im Rahmen des durchgeführten Augenscheins unter Berücksichtigung des vom Angeklagten geschilderten Tatgeschehens durch Abschreiten des Weges überprüften Weg-Zeit-Verhältnis ist auszuschließen, dass zu dem Zeitpunkt, zu dem der Zeuge Lippert frühestens nach seinen Angaben sein Haus verlassen hätte, Peggy noch in der Lage war, zu schreien.«

So viele Worte für so wenig Information.

*

Die letzte Hürde, die das Gericht nehmen musste, waren die vielen Zeugen, die Peggy noch nach der vermeintlichen Ermordung gesehen haben wollten. Einigen wurde gleich von Anfang an »Unglaubwürdigkeit« attestiert, andere wiederum setzten dem Gericht, wie zuvor schon den Ermittlern, mit ihren Aussagen zu.

Die offizielle Tatversion, laut der Ulvi Kulac das Mädchen zwischen 13.15 und 13.30 Uhr getötet haben soll, war aufgrund dieser Angaben kaum haltbar. Bei der Polizei hatten sich Beschwerden von Bürgern gehäuft, die während der Ermittlungen den Eindruck gewannen, die Soko interessiere sich nicht für das wirkliche Geschehen, sondern suche nur nach solchen Aussagen, die in ihr Konzept passten.

Tatsächlich hatten sich die Ermittler, vor allem die der Soko Peggy 2, von 2002 an gezielt auf ihre eigene Tathergangshypothese konzentriert. Um diese mit Zeugenaussagen in Übereinstimmung zu bringen, wandten sie – je nach Lesart – kreative oder auch unkonventionelle Methoden an. Eine Lösung, die den Beamten einfiel, klingt zunächst kurios: Zeugen, die Peggy am Nachmittag oder Abend gesehen haben wollten, könnten einer Verwechslung aufgesessen sein.

Eine solche Theorie mag zunächst plausibel scheinen. Hier jedoch ging sie gründlich schief – und das gleich zwei Mal.

Im Fall Peggy wurde sie bei zwei Zeugenbeobachtungen aufgestellt. Zum einen bei einem damaligen Kinderzeugen: Er hatte unmittelbar nach Peggys Verschwinden ausgesagt, er habe das Mädchen zwischen 15.30 und 16 Uhr »im Bereich des Rathauses von Lichtenberg« auf dem Marktplatz erkannt. Das deckte sich mit dem, was andere Kinder auch ausgesagt hatten. Bei einer weiteren Vernehmung am 2. Mai 2002, also ein Jahr später, sagte der Junge dagegen, er könne eine Verwechslung »nicht ausschließen«.

Ein Satz, geäußert aus freien Stücken? Oder aber, indem man ihm diese Verwechslungstheorie »nahegelegt« hat?

Zuvor hatten ihm die Ermittler nämlich vorgehalten, er habe womöglich nicht Peggy gesehen, sondern ein Mädchen namens Alexa Rudolf. Ob diese zur fraglichen Zeit allerdings in der Stadt war, ist umstritten. Die Polizei behauptet ja, Alexas Mutter bestreitet es. Die Beamten schreiben in der Ermittlungsakte, Alexa habe »während des vorgenannten Zeitraumes« mit ihrem Bruder auf dem Marktplatz gespielt. Das hätten »Ermittlungen ergeben«.

Bei diesen Ermittlungen handelt es sich offenbar um die Aussage einer Bäckereiverkäuferin, die sagte, gegen 16 Uhr sei Alexa mit ihrem Bruder in ihr Geschäft gekommen und habe fünf Kaugummis gekauft. Die Bäckerei ist nur ein paar Schritte vom Rathaus entfernt. Die Mutter der beiden wiederum habe, so der Polizeibericht, »behauptet, dass ihre beiden Kinder sich nicht im Bereich des Marktplatzes aufhielten«. Die Ermittler entschieden sich, der Verkäuferin zu glauben. Demnach habe sich Alexa in der Ortsmitte aufgehalten, wo der Zeuge sie gesehen – und mit Peggy verwechselt haben könnte.

Die zweite Doppelgängerinnen-Theorie, mit der die Polizei versuchte, eine Zeugenaussage vom Tisch zu bekommen, ist noch abenteuerlicher. Ein weiterer Kinderzeuge hatte im Verhör geschildert, dass er Peggy noch am Abend des 7. Mai am Lichtenberger Stadtrand gesehen habe. Mit ihrem Tretroller sei sie Richtung Zeitelwaid gefahren. Doch am 11. Februar 2002 erklärte Soko-Chef Wolfgang Geier in der örtlichen Tageszeitung, er habe diese Aussage widerlegen können. Geier habe in der Nachbarschaft ein anderes Mädchen ausfindig gemacht, das einen identischen Roller besitze und zudem ähnlich gekleidet gewesen sei wie Peggy.

Was er in dem Zeitungsinterview verschwieg: Kerstin Menne taugte nicht als Peggy-Doppelgängerin – sie war am 7. Mai 2001 gar nicht in Lichtenberg. Ein Fakt, über den Geier Bescheid gewusst haben muss. Seine Ermittler hatten die Familie des Mädchens drei Mal aufgesucht in der Hoffnung, eine Bestätigung für ihre Verwechslungsgeschichte zu erhalten. Jedes Mal erklärte Kerstins Vater, ein Finanzbeamter, dass sie sich irrten. Schließlich schrieb er sogar einen wütenden Brief an den Vorsitzenden Richter Georg Hornig, dessen Kammer Ulvi zu lebenslanger Haft verurteilte. »Wir haben dreimal die Aussage gemacht, dass Kerstin zu diesem Zeitpunkt hundertprozentig nicht in Lichtenberg war und eine Verwechslung mit ihr nicht möglich ist«, heißt es darin. Außerdem wirft er der Polizei vor, seine Angaben einfach ignoriert und die weiteren Ermittlungen ungerührt auf einem Irrtum aufgebaut zu haben, nämlich der hiermit widerlegten Doppelgängerinnen-Theorie. »Uns wurden ständig Suggestivfragen gestellt, wie ›es muss doch aber ihre Tochter gewesen sein!‹«, schrieb Menne an Richter Hornig. In seinem Ärger warf er den Ermittlern vor, die Wahrheit nach Belieben zu manipulieren. »Es kann doch aber nicht sein, dass sich unsere Polizei ihre Fakten so zurechtlegt, wie es für eine erfolgreiche Arbeit notwendig ist.« Als Beamter sei er es gewohnt, seine »Entscheidungen nach Recht und Ordnung« zu treffen. Mennes Brief schließt mit der bitteren

Feststellung: »Mein Glaube an den Rechtsstaat ist tief erschüttert.«

*

Am 4. Dezember 2003 berichtete die *Frankenpost* darüber, dass »die 45-jährige Lichtenberger Hausfrau« Edith Scholz in den Zeugenstand gerufen wurde und dort ihre Aussage wiederholte. Zwischen 12.55 und 13.10 Uhr habe sie Ulvi auf der Bank gesehen. Dass der Zeitraum für eine Hin- und Rückfahrt nach Bad Steben inklusive Kerzen kaufen etwas knapp bemessen war, wurde auch in der Zeitung nicht thematisiert. Die Ermittler verlängerten ihn in ihren Berichten ohnehin um fünf Minuten. Kulacs Rechtsanwalt Schwemmer, so die Zeitung, habe schließlich die Frage gestellt, warum sich die Zeugin erst über ein Jahr nach dem Verschwinden von Peggy daran erinnert hatte, Ulvi Kulac auf der Bank gesehen zu haben. Edith Scholz habe das anfangs für nicht relevant gehalten, heißt es in dem Artikel. »Der Ulvi war damals noch nicht im Gespräch.« Dafür habe die Soko 1 aber einen ihrer Söhne in Verdacht gehabt und sie bei den betreffenden Verhören »wie den letzten Dreck behandelt. Die gaben mir das Gefühl: ›Dein Sohn ist ein Mörder!‹« Denen hätte sie sowieso nichts erzählt. Dagegen seien die Ermittler der Soko 2 »sehr freundlich gewesen«. »Beim Plaudern« sei man dann *zufällig* auf ihre Beobachtung vom 7. Mai gekommen. In den Polizeiprotokollen liest sich das etwas anders.

Kapitel 24
Warum zwei Zeugen widerriefen

Zwei der vielen Zeugen, die Peggy am Nachmittag des 7. Mai 2001 gesehen haben, sind besonders erwähnenswert. Es handelt sich um Klassenkameraden von Peggy, Jakob Demel und Sebastian Röder. Zuerst sagten beide aus, sie hätten Peggy am Nachmittag in Lichtenberg gesehen – also zu einer Zeit, zu der sie laut Urteil hätte tot sein müssen. Sie schilderten dazu viele Details, die die Ermittler seitenweise protokollierten. Dann fanden wir in der Ermittlungsakte kurze Vermerke, in denen es heißt, die Buben hätten ihre Aussagen knapp fünf Wochen später zurückgenommen. Wir haben uns gefragt, was dahintersteckte. Warum sollten sich zwei neun Jahre alte Drittklässler eine mit zahllosen Details gespickte Geschichte ausdenken? Warum hätten sie die Polizei in die Irre führen sollen? Sie wussten schließlich, worum es ging. Wie ist zu erklären, dass beide Jungen mehrfach einzeln vernommen wurden und sich an keiner Stelle gegenseitig widersprachen? Und was veranlasste sie am Ende, ihre Aussagen so wortkarg zurückzunehmen? Um es vorwegzunehmen: Wir haben die Antwort gefunden. Wir haben die beiden Zeugen – inzwischen junge Männer – ausfindig gemacht und sie nach ihren unterschiedlichen Aussagen befragt. Das, was sie uns berichteten, hat uns erschüttert. Es belegt, dass die Polizei die Ermittlungen im Fall Peggy manipuliert hat.

Aber der Reihe nach. Gleich am 8. Mai 2001, also am Tag

nach Peggys Verschwinden, wurden Sebastian und Jakob zum ersten Mal verhört. Ihre Erinnerung war frisch, schließlich waren die Ereignisse, die sie schildern sollen, erst 24 Stunden her.

»Es war drei Uhr nachmittags, genauer gesagt zwischen dreiviertel drei und drei Uhr, als wir bei der Bäckerei am Marktplatz waren«, erklärte Sebastian. Woher er die Uhrzeit so genau wisse, erkundigten sich die Ermittler. Er habe kurz vorher seine Mutter auf der Straße getroffen und sie nach der Zeit gefragt, antwortete der Junge.

Zu diesem Verhörtermin war er noch gemeinsam mit Jakob erschienen. Beide brachten außerdem ihre Eltern mit. Die Polizisten fragten, wie gut die Buben Peggy kannten. Gut, antworteten beide, sie seien seit der ersten Klasse mit ihr zusammen in der Schule. »Sie wohnt in dem blauen Haus in Lichtenberg«, sagte Sebastian. Die Polizisten zeigten ihnen ein Foto von Peggy. Erwartungsgemäß erkannten beide das Mädchen ohne Probleme.

Dann schilderten sie die Details der Begegnung. Auf dem Marktplatz bei der Bäckerei sahen sie zunächst ein rotes Auto, »genauer gesagt dort, wo der Parkplatz ist«. Bei dem Auto habe es sich um einen Mercedes gehandelt. Die Beamten erkundigten sich, wie der Mercedes genau ausgesehen habe, woraufhin Sebastian eine Zeichnung anfertigte. In den Akten ist die Zeichnung nicht enthalten, aber in einer Anmerkung heißt es, das Auto sei als »Limousine« erkennbar. Ob er sicher sei, dass es ein Mercedes war? Ja, denn der Wagen habe »einen Stern vorne« gehabt. Und noch etwas hat sich Sebastian gemerkt: Das Auto habe ein tschechisches Kennzeichen gehabt. Ein Beamter fragte nach: »Woher weißt du, dass es ein tschechisches Kennzeichen war?«

Antwort: »Es ist nicht so wie unser deutsches Kennzeichen. Es ist zwar auch weiß und hat schwarze Zahlen. Aber die Zahlen und Buchstaben sind kleiner.« Auch, dass auf dem Kennzeichen links keine blaue Stelle mit dem Buchstaben D und einem Kreis aus Sternen gewesen sei, wusste Sebastian zu berichten.

Claudia Röder, die Mutter des Jungen, ergänzte in einer späteren Vernehmung, dass Sebastian ihr am Morgen nach Peggys Verschwinden noch vor der Schule von dem roten Auto erzählt und gefragt habe, wie ein tschechisches Kennzeichen aussehe.

Die Aussagen von Sebastian legen nahe, dass es sich bei dem fraglichen Wagen um ein Mercedes-Coupé gehandelt haben könnte, denn: »Ich habe noch gesehen, als der Mann sie [Peggy] fragte, ob sie mitfahren will, dass er den Beifahrersitz etwas nach vorne getan hat, so dass sie hinter der Lehne einsteigen kann.« Das Auto habe nur zwei Türen gehabt und sei »a weng [ein wenig] neu« gewesen. Peggy habe sich hinten in das Auto gesetzt. Der Fahrer sei dabei hinter dem Steuer sitzen geblieben. »Er hat nach hinten geguckt und geschaut, wie sie einsteigt.« Peggy habe eine Regenjacke des örtlichen Sportvereins TSV Lichtenberg getragen, mit dem Vereinsnamen auf dem Rücken.

Beide Jungen wussten auch noch genau, welche Farbe die Jacke hatte: »Schwarz und weiß und gelb. Schwarz war es unten, gelb oben, und weiß war es so in der Mitte, da war so ein Streifen wie ein Blitz. Sie hatte eine Wollhose an, ich glaube, sie war dunkelblau, die Wollhose.« Die Beschreibung passte. Außerdem habe sie »Stöckelschuhe« getragen, »ich glaube, die waren schwarz. Die hat nur schwarze Schuhe an, meistens.« Gemeint waren vermutlich keine wirklichen »Stöckelschuhe«, sondern Sneakers mit dicken, plateauartigen Sohlen. Hinten im Mercedes habe schon ein anderes Mädchen gesessen, das sie nicht gekannt hätten. Sie sei vielleicht ein Jahr älter als Peggy gewesen, also etwa zehn.

Peggy, sagten die beiden Jungen den Ermittlern, sei aus der Bäckerei gekommen und dann in den Mercedes gestiegen. Sebastian Röder ergänzte, er habe gehört, wie Peggy mit dem Fahrer des Mercedes sprach. Sie habe gesagt, »dass sie ihren Schulranzen beim Lager holen will«. Sie habe dem Mann außerdem gesagt, dass sie nicht zu spät nach Hause kommen wolle. Der Mann habe geantwortet: »Das können wir schon machen«, und habe Peggy einsteigen lassen. Dann seien sie losgefahren.

Am Abend sei das Auto dann zum Marktplatz zurückgefahren, erinnerte sich Jakob. Er habe eindeutig gesehen, »dass in diesem Auto die Peggy war«. Wie spät es da gewesen sei, fragten die Vernehmer. Seine Antwort: »Das war vielleicht so sieben, es war schon etwas dunkel.« Dann schilderte der Bub ein weiteres Detail: »Die Peggy ist dann auch ausgestiegen, kann ich mich jetzt erinnern, und der Mann in dem roten Mercedes ist weggefahren.« Das wiederum passte zur Aussage von Jakobs Mutter, der Junge sei an jenem Abend erst spät nach Hause gekommen.

Warum sollten sich neunjährige Buben so etwas ausdenken? Vorausgesetzt, sie sagten die Wahrheit, hat Peggy am Abend des 7. Mai 2001 noch gelebt. Das Urteil gegen Ulvi Kulac wäre allein damit als falsch widerlegt. Auch der Fahrer des roten Mercedes hätte Peggy wohl weder entführt noch ermordet, denn er hat das Mädchen ja offenbar unversehrt wieder abgesetzt. Aber er wäre ein unverzichtbarer Zeuge gewesen.

*

Zwei Tage später erschien die Polizei im Elternhaus von Sebastian Röder und verhörte den Jungen erneut. Ihr Auftrag lautete offenbar, zu prüfen, ob die Buben wirklich die Wahrheit gesagt hatten. Vor allem Sebastians präzise Zeitangabe irritierte die Ermittler. Normalerweise gucken Zeugen nicht auf die Uhr, wenn die wichtigen Dinge passieren. Die Beamten hatten inzwischen herausgefunden, dass Sebastians Mutter Claudia am Mittag des 7. Mai nicht zu Hause gewesen war. Sollte er gelogen haben, als er erzählte, er habe seine Mutter nach der Uhrzeit gefragt? Hatte er sich die Zeitangabe – 14.45 bis 15 Uhr – nur ausgedacht?

Sebastian erzählte den Polizisten, dass er nach der sechsten Schulstunde gemeinsam mit drei anderen Jungs nach Hause gegangen sei und kurz nach 13 Uhr an der Haustür geklingelt habe. Als niemand öffnete, sei ihm eingefallen, dass seine Mutter arbeiten war. »Deshalb bin ich gleich zu meiner Oma Hannelore T. gegangen. Dort war nur der Opa Dieter zu Hause.« Dort habe er dann zu Mittag gegessen, »Semmel mit Wienerle«. Später sei dann sein Freund Jakob im Haus der Großeltern vorbeigekommen und habe ihn abgeholt. Jakob habe sein Fahrrad dabeigehabt. Die beiden seien zum Haus eines weiteren Freundes gegangen, der sich ihnen anschloss, ebenfalls sein Fahrrad neben sich herschiebend. Schließlich sei noch ein vierter Junge dazugestoßen. Auf ihrem Streifzug durch den Ort hätten sie Sebastians Mutter getroffen. Und da habe er sie nach der Uhrzeit gefragt und sich den Hausschlüssel geben lassen, damit er ebenfalls sein Fahrrad holen konnte. Mit dem Rad sei er zu seinen Freunden zurückgekehrt, dann seien sie zum Marktplatz gegangen. Und dort hätten sie die Peggy aus der Bäckerei kommen sehen.

Hätte Sebastian seine erste Aussage frei erfunden – er hätte enorm schlagfertig sein müssen, all diese Einzelheiten im zweiten Verhör hinzuzudichten.

Die Polizisten ließen immer noch nicht locker, fragten weitere Einzelheiten ab. Sebastian sagte laut Protokoll: »Sie [Peggy] kam aus der Bäckerei, ich vermute, dass sie sich dort etwas gekauft hat. Sie hatte eine Packung Kaugummi in der

223

Hand. Ich bin mir vollkommen sicher, dass es die Peggy war. Da gibt es keine Verwechslung. Ich war vielleicht fünf Meter von der Peggy entfernt.«

Gleich im Anschluss daran findet sich im Vernehmungsprotokoll folgende Bemerkung: »Der Junge wird aufgefordert, die Breite des Wohnzimmers, in dem die Vernehmung stattfindet, zu schätzen. Er schätzt sie mit fünf bis sechs Meter ein. Das entspricht der Realität.«

Sebastian Röder blieb bei diesem zweiten Verhör auch bei seiner Aussage, Peggy sei in ein rotes Auto gestiegen. »Sie ging von der Bäckerei direkt auf ein rotes Auto zu, das vor der Bäckerei am Straßenrand stand, neben einem Baum bzw. einer Hecke mit Blumen.« Auch über den Autotyp ist er sich weiterhin sicher: »Es war auf jeden Fall ein Mercedes, weil es einen Mercedesstern hatte.« Jakob und er hätten sogar kurz mit Peggy gesprochen. »Als sie an uns vorüberging und wir schon erkennen konnten, dass sie ins Auto einsteigen wollte, haben der Jakob und ich zu ihr gesagt, dass sie nicht ins Auto einsteigen soll, weil wir halt gedacht haben, das ist kein Bekannter von ihr. Sie hat aber darauf geantwortet, dass sie nicht so spät nach Hause will. Sie hat das aber nur so im Vorbeilaufen gesagt. Sie ist nicht bei uns stehen geblieben und hat sich nicht länger mit uns unterhalten.« Den Mann am Steuer kannten die Buben nicht. Sie sahen ihn nur von hinten. Er habe schwarzes Haar gehabt.

Bei dieser zweiten Befragung erinnerte sich Sebastian noch an ein weiteres Detail. Peggy habe ihren City-Roller dabeigehabt. Der habe zunächst neben der Eingangstür zur Bäckerei gelehnt. Als sie dann in den Mercedes stieg, nahm sie ihn mit ins Auto. Daran erinnere er sich genau, sagte der Junge. »Der Roller ist nicht zusammenklappbar. Mit dem Roller bin ich mir vollkommen sicher.«

Die Beamten zweifelten. Das Vernehmungsprotokoll vermerkt einen Vorhalt: »Dem Kind wird noch einmal die Bedeutung seiner Aussage erklärt und dass er jetzt, wenn es möglicherweise eine Phantasiegeschichte ist, die Sache richtigstellen kann. Er behauptet [nach wie vor], dass es den Pkw und diese Begegnung mit Peggy tatsächlich am vergangenen Montagnachmittag gegeben hat.«

Schließlich zeigten die Vernehmer dem Jungen Prospekte mit Bildern von Mercedes-Typen. Sebastian legte sich fest: Es war ein zweitüriges gut gepflegtes Coupé mit einem freistehenden Mercedesstern auf dem Kühler und rechteckigen Scheinwerfern – genau wie die E-Klasse-Coupés, die bis 1996 gebaut wurden. Außerdem zeichnete der Junge bei dieser Vernehmung noch einen Lageplan auf ein Blatt Papier, auf dem er den Marktplatz, die Bäckerei, das Auto, seinen eigenen Standort und den Weg von Peggy zwischen Bäckerladen und Auto eintrug.

Aber dann, am 11. Juni 2001, wurden die beiden Buben noch einmal verhört – und nahmen alles zurück, was sie bis dahin ausgesagt hatten. Was bei diesen Verhören passierte, hält die Polizei bis heute unter Verschluss. Auch aus den Protokollen dieser Vernehmung ist nicht ersichtlich, wie die Ermittler es anstellten, dass die beiden ihre Angaben widerriefen. Das Gespräch mit Sebastian »im Beisein seiner Mutter« ist auf zwei dürren Seiten protokolliert. Unterschrieben wurde es nur von einem Beamten. Die Unterschriften von Sebastian und seiner Mutter fehlen.

Das Protokoll dieser letzten Vernehmung, in der Sebastian seine Aussage zurückzog, besteht aus wörtlich wiedergegebenen Fragen und Antworten und beginnt mit einer widersprüchlichen Aussage des Jungen: »Gegen 15 Uhr ging ich zusammen mit meinem Freund Jakob zum Fußballspielen. Jakob und ich fuhren mit dem Fahrrad. Am Parkplatz vor der Bäckerei stand ein roter Pkw. Ich glaube, es war ein

Mercedes. Wir fuhren mit dem Fahrrad weiter zum Sportplatz. Peggy habe ich zu diesem Zeitpunkt an dem Mercedes nicht gesehen.«

Dann notierte der Vernehmer eine Nachfrage – in der er den Buben kurioserweise zuerst duzt und dann siezt: »Du hast einmal angegeben, dass Peggy in den roten Mercedes eingestiegen ist. Sie sagten mir dabei, sie habe ihre Schultasche im Lager vergessen?«

Antwort: »Das habe ich zwar gesagt, aber das habe ich mir irgendwie zusammengereimt. Das stimmt jedoch nicht.«

Weiter heißt es: »Ich möchte noch einmal betonen, ich habe Peggy an dem Nachmittag überhaupt nicht gesehen, weder, als wir zum Fußballspielen gingen, noch, als wir zurückkamen.« Und, als sei noch irgendetwas unklar: »Ich will nochmals sagen, dass ich Peggy auch am Abend, als wir vom Fußball zurückkamen, nicht gesehen habe.«

*

Das wollten wir genauer wissen. Wir fragten uns, was vor diesem letzten Verhör passierte, wie es zustande kam und was da noch gesprochen wurde. Also lautete der Plan, Kontakt mit Sebastian und Jakob aufzunehmen, was schwieriger war als gedacht. Eine Facebook-Nachricht an Sebastian blieb unbeantwortet. Mit etwas Aufwand bekamen wir die Handynummern der beiden heraus. Alle Versuche, sie anzurufen, landeten zunächst auf den Mailboxen. Schließlich hatten wir Sebastian am Apparat, aber er war zunächst nicht bereit, mit uns zu sprechen. Wir fuhren nach Lichtenberg und versuchten es mit einem persönlichen Gespräch – und das klappte dann tatsächlich.

Wir trafen uns in einem Lokal in der Ortsmitte. Sebastian sagte, er habe eigentlich keine Lust mehr, mit Journalisten zu reden. Damals, als Peggy verschwand, habe er das immer bereitwillig getan, aber seine Antworten seien oft verfälscht worden.

Wir erklärten ihm, dass es uns um seine damaligen Aussagen bei der Polizei gehe; wir hätten uns gefragt, warum er widerrufen habe. Woher wir das wüssten, wollte Sebastian wissen. Wir sagten, dass wir die Protokolle in der Ermittlungsakte gefunden hätten. Okay, willigte er ein, das könne er erklären. Es sei ganz einfach: Die Polizei habe ihn allein vernommen, ohne Eltern, und behauptet, Jakob habe alles zurückgenommen und als Lüge bezeichnet. Da habe er Angst bekommen. Der Polizist habe gesagt, er solle jetzt besser auch seine Aussage zurücknehmen. Das habe er dann getan. Mit Jakob hätten sie dasselbe gemacht. Um ganz sicherzugehen, fragten wir noch einmal nach, welche Version denn nun stimme. Sebastians klare Antwort: »Das, was wir im ersten Verhör gesagt haben. Wir haben Peggy am Nachmittag gesehen«, aber das habe die Polizei wohl nicht hören wollen.

Einige Tage später trafen wir auch Jakob. Er bestätigte, was Sebastian erzählt hatte. »Das war so, dass die Polizei uns jeweils einzeln vernommen hat, ohne Elternteil oder sonst irgendwen, also ganz alleine«, erinnerte er sich. »Da haben sie mir gesagt, dass eben der Sebastian gesagt haben soll, dass unsere Aussage eine Lüge war, dass er sie zurückgezogen hat und ich noch mal überdenken soll, was ich gesagt habe. Und dann hab ich natürlich aus Angst, weil ich ja noch klein war und gedacht hab, dass ich Ärger mit der Polizei bekomme, gesagt: Das war eine Lüge. Und das Gleiche haben sie beim Sebastian auch gemacht.«

Und noch etwas verriet uns Jakob: Nach den letzten Verhören, bei denen sie auf Druck ihre Aussagen zurückgenommen hatten, hätten sie sich ordentlich voreinander geschämt. Keiner habe dem anderen verraten, was bei der Polizei vorgefallen war. Erst Wochen später hätten sie wieder miteinander gesprochen und bemerkt, wie die Beamten sie hereingelegt hatten.

Für den Ausgang des Prozesses im Fall Peggy war der Umgang mit den Zeugen Jakob Demel und Sebastian Röder mitentscheidend. Denn nachdem die Buben ihre erzwungene Falschaussage zu Protokoll gegeben hatten, wurden sie erst gar nicht vor Gericht geladen. Im Prozess spielte ihre Beobachtung folglich keine Rolle.

Die Richter wussten von dieser Manipulation nichts, jedenfalls nicht die beiden Mitglieder der damaligen Kammer, die wir danach fragen konnten. Hätten sie davon Kenntnis gehabt, wäre der Prozess vielleicht anders ausgegangen.

*

Die beiden Kinderzeugen sind nicht die Einzigen, die über fragwürdige Methoden während der Vernehmungen berichten können. So beklagte sich der Entlastungszeuge Hilmar K., der Mann, dem Ulvi am 7. Mai etwas zu essen vorbeigebracht hat, sowohl in der Hauptverhandlung als auch uns gegenüber, dass er bei seiner polizeilichen Befragung viereinhalb Stunden lang ohne Pause unter Druck gesetzt und verunsichert worden sei. Die Beamten hätten Aktenordner auf den Tisch geknallt und gebrüllt, er sei ein Lügner und stecke mit Kulac unter einer Decke. Psychoterror sei das gewesen. Man habe ihm eine Tasse Kaffee angeboten, aber als er die Hand danach ausstreckte, habe der Beamte den Kaffee selbst getrunken. Und nachdem er alle Seiten des Protokolls einzeln unterschrieben habe, hätten die Beamten den Raum verlassen; bei ihrer Rückkehr habe er ein weiteres Mal jede Seite unterzeichnen müssen. Die Nerven, festzustellen, ob an seinen Aussagen etwas geändert worden war, habe er nicht gehabt.

Viele Lichtenberger, die wieder und wieder von der Polizei befragt wurden, können Ähnliches erzählen. Vor allem »diese neuen Beamten«, also die Ermittler der Soko 2, hätten sie bei den Vernehmungen in die Ecke getrieben, ihnen nicht geglaubt und sie mit Vorwürfen überschüttet. Genau wie die Journalisten hätten sie nur hören wollen, was ihnen in den Kram passte. Am schlimmsten sei der Chefermittler gewesen.

Kapitel 25
Blutspuren, die nie existierten

Halten wir noch einmal fest: Das Geständnis von Ulvi Kulac war der einzige Beweis, auf dessen Basis er am Ende wegen Mordes an Peggy zu lebenslanger Haft verurteilt wurde. Und wir kennen bereits drei Merkwürdigkeiten, die das Geständnis in einem fahlen Licht erscheinen lassen: Erstens, ausgerechnet beim entscheidenden Verhör war Ulvis Anwalt nicht dabei. Zweitens, ausgerechnet beim entscheidenden Verhör ging das Tonbandgerät kaputt. Und drittens erwiesen sich die überprüfbaren Fakten, die Ulvi in seinem Geständnis nannte, noch am selben Tag als objektiv falsch.

Es gab aber noch eine vierte Merkwürdigkeit, die sich aus den Akten nachzeichnen lässt. Es geht um den Morgen des 2. Juli 2002. Zwei der Vernehmer, die Beamten Michler und Römer, konfrontierten Ulvi damit, dass sich auf einem seiner Arbeitsoveralls Blutflecken gefunden hätten. Das war freilich falsch. Richtig war vielmehr, dass Ulvis Mutter Elsa kurz zuvor – über ein Jahr nach Peggys Verschwinden – auf Anfrage der Soko alte Kleidungsstücke herausgegeben hatte und dass sich auf einem Overall tatsächlich ein brauner Fleck befand. Richtig war auch, dass die Rechtsmediziner diesen Fleck *nicht* als Blut identifizierten. Im spurenkundlichen Gutachten der Rechtsmedizin Würzburg heißt es dazu, es könne sich möglicherweise um alten »Blutfarbstoff« handeln, der durch mehrfaches Waschen »denaturiert und unlöslich geworden« sei. »Eine andere Herkunft der dunklen Flecken ist allerdings nicht auszuschließen.« Zusammenfassend kommt das Gutachten zu dem Schluss: »An der Kleidung des Beschuldigten Ulvi K. lassen sich keine zweifelsfreien Antragungen von Material (z.B. Blut) der Betroffenen feststellen.«

Warum also konfrontierten die Vernehmer Römer und Michler den Beschuldigten im Verhör mit der falschen Erkenntnis, man habe Peggys Blut an seinem Overall gefunden?

Mit dieser Frage beschäftigte sich auch das Gericht während des Prozesses ausführlich, denn ein wahrheitswidriger Vorhalt ist in einem Verhör verboten. Ein Beweismittel, erst recht ein Geständnis, das auf Grundlage eines solchen Vorhalts zustande gekommen ist, darf in einem Prozess eigentlich nicht verwendet werden. Also fragten die Richter die beiden Beamten Michler und Römer, wie sie auf die Sache mit den Blutspuren gekommen seien. Römer erinnerte sich noch sehr genau an das Gespräch mit Geier. Der habe gesagt: »Stellt euch vor, ich habe jetzt bei einem Telefongespräch erfahren, dass an dem Overall des Herrn Kulac, wobei der [Geier] Ulvi gesagt hat, im linken Schulterbereich Blut und Blutanhaftungen festgestellt wurden.« Die Ermittler seien verblüfft gewesen, damit hätten sie nicht gerechnet, sagte Römer. »Darüber waren wir natürlich alle sehr erstaunt und auch […] euphorisch.« Und schließlich: »Mit diesem Ergebnis gingen wir dann in die Vernehmung vom 2. Juli.«

Das Gericht konfrontierte den Chefermittler mit dieser Aussage. Der erklärte, er habe mit dem Leiter der Würzburger Rechtsmedizin telefoniert und erfahren, auf dem Anzug gebe es einen »circa handtellergroßen dunklen Fleck mit Blutverdacht«. Aus den Nähten des Overalls hätten die Rechtsmediziner Material entnommen, um es auf DNA-Spuren zu untersuchen. Diese Information habe er sinngemäß an die beiden Vernehmer weitergegeben. Geier konnte sich freilich nicht mehr »an den genauen Wortlaut« erinnern, heißt es im Prozessprotokoll. Die fraglichen Unterlagen seien »bei einem Umzug« leider verlorengegangen.

Die Richter hielten Geier nun vor, was Römer und Michler ausgesagt hatten – dass er klipp und klar erklärt habe, die Rechtsmediziner hätten *definitiv* Blut gefunden und nicht nur einen unbestimmten Fleck »mit Blutverdacht«. Geier entgegnete lapidar, er könne sich diesen Widerspruch nicht erklären, es sei aber möglich, dass es so gewesen sei, wie seine Beamten ausgesagt hätten.

Dass dieser Vorgang starker Tobak war, muss dem Gericht bewusst gewesen sein. Denn die Kammer mühte sich, ihn wenigstens halbwegs plausibel zu interpretieren. Römer und Michler hätten ehrlich geglaubt, an Ulvis Overall sei Blut gefunden worden, schrieben die Richter in ihrer Urteilsbegründung. Darum hätten sie Ulvi auch nicht bewusst getäuscht, als sie ihn mit dieser Unwahrheit konfrontierten. Darin könne »allenfalls eine unbewusste Irreführung gesehen werden«.

Was aber, wenn Geier seine beiden Vernehmer bewusst falsch informierte, damit sie Ulvi mit dem vermeintlichen Blutflecken-Fund unter Druck setzten? Diese Möglichkeit schloss die Kammer aus – und zwar mit einer Begründung, wie sie umständlicher kaum formuliert werden kann: »Hätte Ltd. KD Geyer [sic! Die Richter verwendeten stets die falsche Schreibweise des Namens] dies ins Werk gesetzt, hätte er, als Zeuge in der Hauptverhandlung vernommen und bei seiner Aussage sichtlich um eine Erinnerung bemüht, nicht eingeräumt, Unzutreffendes möglicherweise an die Polizeibeamten Michler und Römer weitergegeben zu haben, und er hätte auch nicht von sich aus bekundet, mit diesen Zeugen vor der Hauptverhandlung über den Widerspruch in ihrer, der Zeugen KHK Römer und Michler Aussage und seiner Aussage gesprochen zu haben.«

Im Klartext: Geier sei deshalb kein Vorwurf zu machen, weil er ja selbst die Möglichkeit eingeräumt habe, seine Vernehmer falsch informiert zu haben. Diese Wertung wird nicht nur für abenteuerlich halten, wer allein über gesunden Menschenverstand verfügt, sondern vor allem derjenige, der juristische Expertise vorweisen kann. Sie passt auch nicht dazu, dass der Vorsitzende Richter Georg Hornig zu Ohren bekam, dass Geier sich über seine Aussage vorab mit seinen Soko-Ermittlern abgesprochen habe. Nachdem er davon hörte, stellte er Geier zur Rede und fragte ihn: »Sie haben was gemacht?« Und, um es noch einmal zu sagen: Ohne diese Bewertung hätte das Geständnis von Ulvi Kulac nicht verwertet werden dürfen, womit der Prozess gegen ihn geplatzt wäre.

*

Und schließlich gab es noch einen anderen kritischen Punkt des Geständnisses, mit dem sich das Gericht beschäftigen musste.

Die Vernehmer hatten Ulvi am 2. Juli vor dem entscheidenden Verhör eine weitere Falle gestellt. Römer habe Ulvi versichert, er könne ruhig »die Wahrheit« sagen, denn zu befürchten habe er nichts. So oder so werde er in der Psychiatrie in Bayreuth bleiben können und müsse nicht ins Gefängnis. Denn davor hatte Ulvi panische Angst. Römer bezog sich dabei auf jenes psychiatrische Gutachten, das Ulvi für schuldunfähig erklärte. Allerdings nur, was den Vorwurf des Kindesmissbrauchs angeht. Dass ebendieses Gutachten beim möglichen Mord an Peggy von voller Schuldfähigkeit ausgeht, fiel unter den Tisch. Mit anderen Worten: Die Zusicherung, Ulvi komme um das Gefängnis herum, war schlicht falsch.

Dass der Ermittler den Beschuldigten damit möglicherweise in Sicherheit wiegte, sah das Gericht keineswegs als Grund dafür an, das Geständnis zu hinterfragen. Römer sei am Morgen des 2. Juli 2002 nun einmal davon ausgegangen, dass Ulvi Kulac als schuldunfähig eingestuft werde und daher dauerhaft in der Psychiatrie bleiben könne. Die Richter schließen daraus: »Mithin lag in der bezeichneten Äußerung des vernehmenden Polizeibeamten KHK Römer nach Überzeugung der Kammer allenfalls eine unbeabsichtigte Irreführung, nicht jedoch eine Täuschung vor.«

Nicht die Vorspiegelung falscher Tatsachen an sich hätte das Geständnis nach Ansicht des Gerichts also unbrauchbar gemacht, sondern erst eine dahinterstehende mutwillige Absicht. Die aber verneinte die Kammer. Die Soko habe nur das Beste gewollt und Ulvi lediglich »versehentlich« getäuscht. Die Wirkung, die der falsche Blutfleck-Vorhalt und die Aussicht auf Vermeidung eines Gefängnisaufenthalts bei Ulvi Kulac auslöste – ganz gleich, ob absichtlich oder versehentlich vorgebracht –, zählte nicht.

*

Ulvi Kulac warf den Ermittlern später vor, sie hätten ihn in dem Verhör körperlich bedrängt und lautstark unter Druck gesetzt. Sie hätten ihn angebrüllt und, wenn er nicht so antwortete wie gewünscht, Leitz-Ordner mit lautem Knall auf die Tischplatte gepfeffert. Einer der Vernehmer habe ihm außerdem mehrfach mit dem Daumen schmerzhaft in die linke Schulter gebohrt. Die Beamten bestreiten die Vorwürfe. Vor Gericht wurden sie nicht erörtert.

Das ist indes kaum zu verstehen, denn es handelte sich keineswegs um einen Einzelfall. Und dafür gibt es einen

Zeugen. Er heißt Matthias Berger und war damals Pfleger in der Bayreuther Psychiatrie. Mit Ulvi Kulac hatte er »recht intensiven Kontakt«, weil er für ihn als »Bezugspfleger« eingesetzt war. Das, was der Pfleger der Polizei sagte und was in der Ermittlungsakte auch schriftlich festgehalten ist, spricht jedenfalls nicht dafür, dass Ulvi in den Vernehmungen mit Samthandschuhen angefasst wurde:

> *Ich möchte hier anfügen, dass Herr Kulac ständig von verschiedenen Beamten zur Vernehmung in die unteren Räume gebracht wurde bzw. dort vernommen wurde. Ich habe einmal mitbekommen, als ich vor der Tür gestanden habe, dass Herr Kulac sehr lautstark angeschrien wurde und auch auf den Tisch geschlagen wurde. Als dann die Tür aufgegangen ist, habe ich auch gesehen, wie Herr Kulac von Beamten angeschrien wurde. [...] Das Schreien war so laut, dass ich das dann einer Ärztin im Nachhinein gemeldet habe und ab diesem Zeitpunkt angeordnet war, dass immer einer der Pfleger mit vor dem Vernehmungsraum stehen sollte.*

Der beschuldigte Ulvi Kulac wurde also vom Klinikpersonal ausgerechnet vor Polizeibeamten beschützt? Wenn dem so war, dann ist das ein bemerkenswerter Vorgang. Dieser Schutz funktionierte freilich nur bei Vernehmungen im Bezirkskrankenhaus Bayreuth. »Wie es außerhalb des Krankenhauses war, kann ich nicht sagen«, erklärte der Pfleger. »Herr Kulac wurde auch des Öfteren nach außen zur Vernehmung gebracht.«

Möglicherweise aus gutem Grund.

*

Gudrun Rödel, Ulvi Kulacs Betreuerin, stellte am 7. Mai 2007 im Namen ihres Schützlings Strafanzeige gegen Soko-Chef Geier – wegen Aussageerpressung.

Im Juni 2007 kam die Antwort der Staatsanwaltschaft Nürnberg-Fürth. Man sehe von der Einleitung eines Ermittlungsverfahrens ab. Denn:

Gemäß § 152 Abs. 2 Strafprozessordnung ist ein Ermittlungsverfahren wegen verfolgbarer Straftaten nur dann einzuleiten, wenn hierfür zureichende tatsächliche Anhaltspunkte vorliegen. Diese müssen es nach den kriminalistischen Erfahrungen als möglich erscheinen lassen, dass eine verfolgbare Straftat vorliegt. Dies ist vorliegend nicht der Fall.

Selbst bei Unterstellung einer vorsätzlichen Täuschung durch Kriminaldirektor Geier wäre der Tatbestand der Aussageerpressung nicht erfüllt, da § 343 StGB lediglich die Anwendung der Nötigungsmittel Gewalt, Gewaltandrohung oder seelische Qual zur Erlangung einer Aussage unter Strafe stellt. Andere Straftatbestände kommen vorliegend nicht in Betracht.

Kapitel 26
Wie die Kripo Geständnisse produziert

Wenn sonst kein Beweis existiert, dann ist ein Geständnis die einzige Chance, ein Verfahren mit einem Urteil abzuschließen. Im Fall Peggy gab es keinen Beweis. Dennoch war die Sonderkommission sich sicher, sie habe mit Ulvi Kulac den Täter gefasst. Soko-Chef Geier leistete sich in einem Ermittlungsbericht vom 5. August 2002 dazu auch einen kleinen, aber verräterischen Patzer: Das Kapitel, in dem er sich ausführlich der Lebensgeschichte seines Beschuldigten widmete, überschrieb er mit »Der Täter«. Als Täter steht aber erst fest, wer von einem Gericht als solcher verurteilt wurde. Bis dahin hat er als unschuldig zu gelten, vor allem für diejenigen, die professionell mit der Materie umgehen. Was Geier so sicher machte, ist leicht nachzuvollziehen: Er hatte Ulvis Geständnis.

Geistiger Urheber dieses Geständnisses war aber möglicherweise gar nicht Ulvi Kulac, oder jedenfalls nicht er allein.

Wir haben uns ja schon mit Ulvis Zellennachbar Fritz Hermann beschäftigt, der als Erster ein Geständnis von Ulvi gehört haben wollte, der Polizei davon erzählte und erst Jahre später seine Aussage als Lüge bezeichnen sollte. Und wir haben festgestellt, dass der endgültige Tathergang, der sich in Ulvis Geständnis findet, exakt jener Tathergangshypothese gleicht, die der Münchner Profiler Alexander Horn lange vorher aufgestellt hatte – nachdem er entsprechend von Geier und der Soko Peggy 2 mit passenden Informationen und Vermutungen versorgt worden war.

Könnte es also sein, dass die Soko-Ermittler sich die Grundzüge des Geständnisses selbst ausgedacht und nur mit den Einzelheiten angereichert haben, die sie in den Verhören erfuhren?

Um dieser Frage nachzugehen, haben wir uns mit der Methode beschäftigt, die die Ermittler bei den Verhören anwandten. Aus internen Polizeikreisen erfuhren wir, dass es sich dabei um die sogenannte Reid-Methode handelte, die 1947 von dem Polizeibeamten John E. Reid in Chicago entwickelt wurde. Reid gründete später die Firma John E. Reid & Associates, Inc., die seitdem weltweit Polizeibehörden berät und Seminare zu Verhörtechniken anbietet. 1990 konzipierte das Unternehmen ein spezielles Trainingsprogramm für die Vernehmung von Kinderschändern. Die Reid-Methode konzentriert sich stets auf die Vernehmung von Beschuldigten, nicht aber auf die Befragung von Zeugen.

Die bayerische Polizei veranstaltete erstmals im Jahr 1999 ein »Pilotseminar für Befragungs- und Vernehmungstechnik nach Reid«, und zwar auf Betreiben des damaligen Innenministers Günther Beckstein. Der Test verlief vielversprechend, das Ministerium verhandelte anschließend fast zwei Jahre mit der Geschäftsführung von Reid. Gleichzeitig prüfte das bayerische Justizministerium, wie die Methode in Strafverfahren verwertet werden kann und inwieweit sie mit dem deutschen Strafprozessrecht vereinbar ist. Am Ende wurde grünes Licht gegeben, Innenministerium und Reid schlossen einen Vertrag. In den Jahren 2001 bis 2003 reiste regelmäßig eine deutschsprachige Referentin aus den USA an und schulte bayerische Kriminalbeamte im Fortbildungsinstitut der bayerischen Polizei in Ainring in der Verhörmethode. Das Innenministerium betonte auf unsere Anfrage, dass ausschließlich »erfahrene Beamte der Kriminalpolizei, die in vernehmungsintensiven Bereichen eingesetzt sind und über eine ausgeprägte Vernehmungspraxis verfügen«, mit der Reid-Methode vertraut gemacht wurden. Nach 2003 gab es keine Seminare mehr – nicht, weil die bayerische Polizei unzufrieden gewesen wäre, sondern weil Reid keinen deutschsprachigen Referenten mehr stellen konnte. Das Innenministerium versuchte, eigene Mitarbeiter in Lizenz als Ausbilder einzusetzen, was Reid aber ablehnte.

Die Reid-Methode bietet einen strukturierten Ablauf für die Vernehmung von Beschuldigten. Rechtlich ist sie umstritten, weil sie – was nach US-Strafrecht möglich ist – auch mit falschen Vorhalten arbeitet und als höchst manipulativ gilt. In Deutschland ist es den Ermittlern verboten, Beschuldigte zu täuschen, jedenfalls nach Maßgabe des Gesetzes.

Laut Reid-Methode muss ein Verdächtiger neun Verhörschritte durchlaufen, wobei der neunte Schritt nur noch darin besteht, ein bereits abgelegtes Geständnis schriftlich zu bestätigen. Die übrigen Schritte sind eine Mischung aus Fragetechnik und psychologischer Beobachtung, die darauf zielt, Antworten als wahr oder unwahr zu erkennen und anhand von Reaktionen der Delinquenten in ihren Gedanken zu lesen. Diese neun Schritte lauten:

- DIRECT POSITIVE ACCUSATION: Im ersten Schritt wird der Verdächtige mit dem Tatvorwurf konfrontiert. Die Firma Reid empfiehlt dazu auch eine Standardformulierung: »Unsere Ermittlungen besagen klar, dass Sie das waren.« Laut Reid-Methode soll sich hier schon die Spreu vom Weizen trennen. Ein Unschuldiger reagiere darauf geschockt und überrascht, ein Schuldiger vermeide dagegen Augenkontakt und streite den Vorwurf ab.

- THEME DEVELOPMENT: Der zweite Schritt, die »Themenbildung«, besteht darin, dass der Polizist dem Beschuldigten einen längeren Monolog vorträgt, der die Tat rechtfertigt oder in einem milderen Licht dastehen lässt. Sinn dieses Köders ist zweierlei: Zum einen soll der Beschuldigte leichter die moralische Hürde zum Geständnis nehmen, indem ihm etwa Verständnis für eine sexuelle Erregbarkeit durch Kinder entgegengebracht wird. Möglich sei es auch, Namen anderer Menschen zu nennen, die vielleicht etwas Ähnliches getan haben, aber im Großen und Ganzen trotzdem sympathisch sind. Zum anderen wird massiver Druck aufgebaut, weil der Vernehmer seinen Monolog so aufbauen soll, als stehe schon fest, dass der Beschuldigte die Tat definitiv begangen hat. Es geht demnach nur um die Frage nach dem Warum, nicht aber nach dem Ob. Reid empfiehlt zudem, dem Beschuldigten auf keinen Fall die juristischen Konsequenzen des Tatvorwurfs zu erklären – denn das könnte die Hürde ja wieder hochsetzen.
- HANDLING DENIALS: Als dritten Schritt gibt man dem Beschuldigten zum Schein die Möglichkeit, sich gegen den Tatvorwurf zu wehren. Der Beamte soll einerseits Widerspruch provozieren, dann aber konsequent jedes Leugnen unterbinden und den Beschuldigten nie wirklich zu Wort kommen lassen. »Rede einfach drüber hinweg« oder »Schneide seinen Redefluss mit nonverbalen Gesten ab« – so Reids Empfehlungen. Ein Unschuldiger werde kämpfen und sich dem Verhör verweigern. Ein Schuldiger dagegen werde zurückhaltend und höflich um das Wort bitten.
- OVERCOMING OBJECTIONS: Im vierten Schritt darf der Beschuldigte zunächst seine Einwände vorbringen. Der Polizist solle sie ohne erkennbare Regung zur Kenntnis nehmen und dann eine neue Waffe daraus schmieden –

indem er dem Beschuldigten erklärt, was die positiven Folgen im Fall der Wahrheit wären und was die negativen im Fall der Unwahrheit.
- ATTAINING THE SUBJECT'S ATTENTION: Derart bearbeitet, neige der Beschuldigte jetzt dazu, sich innerlich zurückzuziehen. Er beginne, im Stillen nachzudenken, welche Konsequenzen ein Geständnis für ihn haben könnte. Um das zu verhindern, folgt jetzt Schritt fünf. Er besteht darin, sich dem Beschuldigten körperlich zu nähern, ihn zu berühren oder per Smalltalk den Kontakt nicht abreißen zu lassen.
- HANDLING SUBJECT'S PASSIVE MOOD: In Stufe sechs rückt das Finale näher. Laut Reid erkenne man einen Schuldigen jetzt daran, dass er innerlich mit sich ringt, ob er die Wahrheit erzählen soll oder nicht. Stehe er kurz davor, sei das an seiner Körperhaltung, an Ticks und Macken, generell an Anzeichen von Nervosität zu erkennen. Jetzt sei der Zeitpunkt gekommen, die Tathypothese, bei Reid »Themen« genannt, zuzuspitzen und auf den Punkt zu bringen. Auf diese Weise werde der nächste, entscheidende Schritt vorbereitet: das Geständnis.
- PRESENTING THE ALTERNATIVE QUESTION: Schritt sieben besteht in einer simplen Fragestellung, bei der der Beamte zwei Antwortalternativen vorgibt und keine davon abweichende frei formulierte Antwort akzeptiert. Laut Reid soll eine der beiden Antwortmöglichkeiten möglichst moralisch verwerflich klingen, etwa: Du hast sie umgebracht, weil du Spaß am Töten hast. Die andere dagegen soll möglichst so etwas wie eine nachvollziehbare Rechtfertigung beinhalten – etwa: Wahrscheinlich wolltest du sie nicht töten, die Situation ist dir einfach entglitten. Der Beamte soll sodann versuchen, den Beschuldigten auf die akzeptablere der beiden Alternativen zu lenken. Phase sieben ist diejenige, in der die meisten

Geständnisse fallen. Das ist auch leicht zu verstehen, weil ja beide Alternativen vom Vernehmer als Geständnis vorformuliert sind und es im Prinzip egal ist, für welche sich der Beschuldigte entscheidet.
- OBTAINING THE VERBAL CONFESSION: In der achten Stufe wird dann das Geständnis mündlich aufgenommen. Die Vernehmer sollen den Beschuldigten mit offenen Fragen dazu bringen, den Tatverlauf in eigenen Worten zu schildern – nachdem er freilich zuvor mit den Worten der Kriminalbeamten vorgegeben worden war.
- ELEMENTS OF THE WRITTEN CONFESSION: In der neunten Stufe wird das Geständnis schriftlich fixiert. Außerdem soll der Vernehmer dafür sorgen, dass der Beschuldigte die Freiwilligkeit seines Geständnisses bescheinigt.

Zusätzlich gibt Reid seinen Kunden eine Reihe von Tipps, wie das Verhalten von Beschuldigten zu werten sei – ob sie also die Wahrheit sagen oder lügen. Für eine wahrheitsgemäße Aussage spreche es, wenn während des Verhörs die Nervosität abnimmt und der Beschuldigte bereitwillig mitarbeitet; für eine Lüge, wenn der Beschuldigte nervöser wird und unkooperatives Verhalten zeigt. Wer sich beim Antworten nach vorn lehnt, sagt laut Reid die Wahrheit, wer sich zurücklehnt, der lügt. Besonders schwierig wird die Sache beim Augenkontakt: Lügner gucken entweder weg oder starren den Vernehmer an, Wahrheitsliebende gucken »angemessen« (appropriate). Und schließlich: Wahrheiten werden spontan, ohne großes Nachdenken und in konkreten Worten ausgesprochen, Lügen dagegen zögerlich und eher schwammig, wobei der Beschuldigte zudem dazu neigt, vom Thema abzulenken oder nervös zu lachen.

Das mag hier und da ein bisschen nach Glaskugel oder dem Versuch der Gedankenleserei klingen, aber die Soko

Peggy 2 achtete beim Verhör von Ulvi Kulac tatsächlich auf solche Beobachtungen und nahm sie ernst.

In Deutschland lehnen die meisten Polizeibehörden und Juristen die Reid-Methode ab. Der Münchner Strafverteidiger Sascha Petzold nennt sie eine Methode, mit der man zwar Geständnisse, aber nicht die Wahrheit gewinnt. Der frühere Kripo-Chef von Halle (Sachsen-Anhalt), Ottmar Kroll, sieht die Gefahr, dass vor allem die »Köderfrage« und die vorgegebenen Alternativantworten in Stufe sieben gegen die Strafprozessordnung verstoßen. Kroll hat über Verhörmethoden und die Problematik von Geständnissen zahlreiche Publikationen verfasst und für seine Arbeit 2010 den deutschen Kriminalistik-Preis bekommen. Auch abseits der rechtlichen Würdigung hält er nichts von der Reid-Methode. Ein Zyklus von solchen Verhören beruhe »zum Teil auf extrem manipulativen und Angst erzeugenden Methoden«, kritisiert Kroll. Die Art der Vernehmung erhebe nicht einmal den Anspruch, neutral vorzugehen, »sondern beginnt per definitionem mit einer Schuldannahme«.

Wie im Fall Ulvi. Offiziell will das Innenministerium zwar nicht bestätigen, dass die Reid-Methode auch bei seinen Verhören angewendet wurde. »Aus datenschutzrechtlichen Gesichtspunkten können keine Angaben zu konkreten Fällen gemacht werden«, heißt es aus München. Aber möglicherweise war die Reid-Methode sogar ein auslösendes Motiv für die Gründung der Soko Peggy 2, denn mit der neuen Soko kamen Kriminalbeamte in das Verfahren, die in genau dieser Methode geschult waren.

Dass die Verhöre mit Ulvi Kulac nach der Reid-Methode strukturiert waren, zeigen die Verhörprotokolle und Berichte der Soko 2 deutlich. Sie finden sich etwa in einer Zusammenfassung, die Soko-Chef Geier am 5. August 2002 für den psychiatrischen Gutachter Hans-Ludwig Kröber anfertigte. Geier vermerkte darin ausdrücklich, dass sein Bericht nicht zur Hauptakte und damit auch nicht zu den Unterlagen für das Gericht gegeben werden sollte – mutmaßlich auch deshalb, weil er wusste, dass die Reid-Methode mit dem deutschen Strafprozessrecht nicht zu vereinbaren ist. Geier beschreibt darin das »Aussageverhalten« von Ulvi Kulac. Und diese Beschreibungen passen bestens zur Systematik der Reid-Methode.

- Ulvi sei beim »ersten Kontakt mit KHK Römer und KHK Michler – bei den beiden Kollegen handelt es sich um das für den Beschuldigten zuständige Ermittlerteam – sehr zurückhaltend, fast scheu und wortkarg« gewesen. Das klingt beinahe prototypisch so, wie ein Schuldiger sich laut Reid-Methode in der Stufe eins verhalten würde. Ulvi habe immer wieder auf seinen Rechtsanwalt geschaut und nur »sehr leise, stockend und mit unvollständigen Sätzen« geantwortet.
- Bei den folgenden drei Tonbandvernehmungen sei er dann nach »anfänglichem Unbehagen« aufgetaut. Er wurde »zugänglicher und aussagefreudiger«. Jedoch zeigte er »an nicht angebrachten Stellen ein verlegenes Lächeln«. Wurden die Fragen unangenehmer, habe er »des Öfteren zuerst Blickkontakt mit seinem Anwalt« gesucht. Bei »kritischen Fragen antwortete er nicht sofort und nahm sich längere Pausen heraus. Dabei hielt er mit den vernehmenden Beamten ständig Blickkontakt.« Nach der Reid-Systematik waren das die Stufen drei bis sechs.
- Stufe sieben folgte dann bei dem umstrittenen und entscheidenden Verhör vom 2. Juli 2002. Da habe er sich erstmals »erkennbar nervös« gezeigt, was laut Reid als Zeichen für eine Lüge zu werten sei. Von der wahrheitswidrigen Konfrontation mit den Blutflecken auf dem

Overall zu Beginn des Verhörs, die gewiss zur Nervosität beitrug, schreibt Geier hier übrigens nichts. Stattdessen fährt er fort: »Er [Ulvi] spielte fortwährend mit seinen Fingern, zog sich ein Heftpflaster von einem Finger, er rauchte vermehrt, seine Augen wanderten im Zimmer umher, und er vermied, soweit möglich, einen direkten Augenkontakt mit den vernehmenden Beamten. Außerdem zogen sich Speichelfäden zwischen seinen Lippen.«

- Und dann folgte noch im selben Verhör Stufe acht der Reid-Methode: »Im Rahmen dieser Vernehmung legte der Beschuldigte ein Geständnis ab«, schrieb Geier.

Was er indes verschwieg, war der Umstand, dass das Verhör ohne Ulvis Anwalt stattgefunden hatte und dass er keine Tonbandaufzeichnung davon vorweisen konnte.

Kapitel 27
Unfehlbare Richter?

Nicht nur unter Juristen kursiert das geflügelte Wort, vor Gericht und auf hoher See hilft dir nur der liebe Gott. Während die Seefahrt dank technischen Fortschritts in den letzten hundert Jahren bedeutend verlässlicher und sicherer wurde, ist der Ausgang eines Gerichtsverfahrens bis heute in mancher Hinsicht eine Sache von Glück oder Pech. Überraschend mild fiel etwa ein Urteil des Landgerichts München II im August 2012 aus. Dort war ein Mann aus dem Landkreis Ebersberg bei München angeklagt, dem seine inzwischen volljährige Tochter vorwarf, er habe sie über Jahre mindestens 200 Mal sexuell missbraucht. Weil die Frau die Taten aber immer wieder widersprüchlich geschildert hatte, hielt der verantwortliche Richter Oliver Ottmann den Vorwurf für nicht beweisbar und sprach den Angeklagten nach der Regel »in dubio pro reo« frei. Ein Urteil, das auch anders hätte ausfallen können. In seiner Begründung äußerte sich Ottmann selbst unzufrieden. Er sei tatsächlich davon überzeugt, dass an den Vorwürfen der Frau etwas dran sei, nur sei es eben nicht in letzter Klarheit nachzuweisen gewesen. Wie umstritten Ottmanns Entscheidung war, zeigte die Reaktion der Staatsanwaltschaft, die sofort die Revision ankündigte.

Dass eine Staatsanwaltschaft ein Urteil einer Schwurgerichtskammer angreift, ist vor allem in Bayern selten. Üblich ist eher das Gegenteil, dass nämlich Richter und Staatsanwälte aufgrund der verwandten Karrierewege ihre Fälle ähnlich einschätzen und die Kammern eher härter urteilen als in anderen Bundesländern.

Das hat eine kausale Ursache, die jedermann, der mit der bayerischen Justiz vertraut ist, kennt. Praktisch alle höheren Richter in Bayern haben irgendwann Karrierestufen bei der Staatsanwaltschaft durchlaufen oder dort angefangen. Die Perspektive der Justiz-Ermittler ist ihnen aufgrund dieser »bayerischen Spezialität« vertraut. Während es in anderen Bundesländern nur hin und wieder vorkommt, dass ein Staatsanwalt zum Richter ernannt wird, ist das in Bayern die Regel. Praktisch kein höherer Richter gelangt in sein Amt, wenn er nicht vorher ein paar Jahre als Staatsanwalt gedient hat. Strafverteidiger sehen darin die Gefahr eines gewissen Korpsgeistes, der immer wieder zu fehlerhaften Urteilen führe.

In Bayern wäre demnach besonders stark ausgeprägt, was der Bundesrichter Ralf Eschelbach vom Grundsatz her der Justiz in ganz Deutschland bescheinigt. Eschelbach ist Beisitzer der 2. Strafkammer des BGH und hat in seinem Strafrechtskommentar im Mai 2011 eine brisante Behauptung aufgestellt: 25 Prozent aller Urteile in Strafprozessen seien falsch. Besonders arg sei es bei Fällen, in denen es keine oder nur wenige Beweise gebe und bei denen »Aussage gegen Aussage« stehe. Als eine Hauptursache für Fehlurteile sieht Eschelbach eine Vorverurteilung der Richter, die allzu häufig im Schulterschluss mit der Staatsanwaltschaft agieren würden.

Unter Rechtsanwälten ist Eschelbachs Einschätzung beliebt und wird gern durch den Hinweis ergänzt, dass der Richter bei der Prozesseröffnung und nach Lektüre der Anklageschrift in der Regel schon wisse, wie er später entscheiden werde. Das Verfahren sei im Wesentlichen nur noch dazu da, einen rechtsstaatlichen Prozessverlauf protokollieren zu können und das Urteil so zu begründen, dass es auch einer Revision vor dem Bundesgerichtshof standhalte.

Gleichwohl ist Eschelbachs Ansicht umstritten, auch innerhalb des Bundesgerichtshofs. Dessen Präsident Klaus Tolksdorf bestreitet sie entschieden und nennt sie nicht »tragfähig«. Wenn es in größerem Ausmaß Fehlurteile gebe, dann solche, die nach dem Grundsatz »in dubio pro reo« gefällt wurden – wie das beschriebene Verfahren gegen den Mann aus dem bayerischen Landkreis Ebersberg, den der Richter aus Mangel an Beweisen nur widerwillig freisprach. Tolksdorf wirft Eschelbach vor, Zahlen aus amerikanischen Strafverfahren in seine Schätzung einzubeziehen, was in die Irre führe. US-Verfahren hätten »deutlich weniger Filter zum Schutz des Beschuldigten«, sagte er der *Stuttgarter Zeitung*. Zwar verweist Eschelbach tatsächlich auf die USA, allerdings mit gegenteiliger Stoßrichtung und Faktenlage: In den USA gebe es bei Strafverfahren eine Freispruch-Quote von etwa einem Drittel, in Deutschland liege sie dagegen bei unter drei Prozent. Den Grund dafür sieht Eschelbach darin, dass in den USA eine Jury über Schuld und Unschuld befindet, die die Akten vorher nicht kannte und für die insofern die Positionen der Staatsanwaltschaft ebenso fremd sind wie die der Verteidigung. Und das ist tatsächlich ein deutlicher Unterschied zum Verfahren in Deutschland, wo Richter urteilen, die vor Prozessbeginn mit den Ermittlungsergebnissen der Staatsanwaltschaft vertraut sind.

Als weiteren Beleg für seine These, dass es nur sehr wenige Fehlurteile gebe, führt Tolksdorf die geringe Zahl an Wiederaufnahmeverfahren in Deutschland an. Er räumt zwar ein: »Freilich mag noch ein gewisses Dunkelfeld hinzukommen. Trotzdem bleiben Fehlverurteilungen die absolute Ausnahme.« Eine Statistik gebe es darüber nicht, und die sei im Prinzip auch nicht nötig, denn wenn eine Wiederaufnahme erfolgreich sei, »dann wird das doch fast ausnahmslos durch die Medien und Fachzeitschriften bekannt«.

Damit hat Tolksdorf zweifellos recht – und sitzt zugleich einem Trugschluss auf. Denn Medien berichten niemals über normale Alltagsdinge, sondern immer über Besonderheiten. Und Wiederaufnahmeverfahren sind eben gerade keine Alltäglichkeit, sondern derart selten und besonders, dass die meisten von ihnen tatsächlich berichtenswert sind. Deutschlandweit gab es im Jahr 2001 nur 160 Fälle, bei denen ein Landgerichtsurteil zugunsten des Verurteilten nach Rechtskraft aufgehoben wurde. Freilich enthält die Statistik, so klein ihre Zahlen sein mögen, einen Hinweis darauf, dass die von Eschelbach kritisierte Lage in Bayern tatsächlich noch drängender ist als in den anderen Bundesländern. Mit 32 Wiederaufnahmen liegt der Freistaat auf Platz eins, noch vor dem gemessen an der Bevölkerungszahl größeren Nordrhein-Westfalen mit 26 Fällen.

*

Die enge Gemeinschaft von Richtern und Staatsanwälten zeigt sich auch im Fall Peggy. Die Richter im Peggy-Prozess haben alle als Staatsanwälte gearbeitet, bevor sie zu Richtern ernannt wurden. Beim Prozess gegen Ulvi Kulac kommt ein weiteres ungewöhnliches Detail bei der Besetzung der Kammer hinzu, das überraschenderweise bisher niemandem aufgefallen ist. Es betrifft die Schöffin Ina Hager-Dietel, die der Kammer als Laienrichterin angehörte. Frau Hager-Dietel war ein Jahr vor ihrer Berufung als Schöffin für die CSU in den Hofer Stadtrat gewählt worden. Es ist noch nicht der Umstand, dass eine Lokalpolitikerin nebenbei auch Schöffin ist, der hier für einen unangenehmen Beigeschmack sorgt. Sondern die Tatsache, dass einer ihrer Fraktionskollegen im Stadtrat einer der ranghöchsten Ermittler im Fall

Peggy war: Eberhard Siller. Siller war in Personalunion Bürgermeister von Hof, Vizepräsident des Bezirkstages Oberfranken, seit 1978 – und damit länger als jeder andere – Mitglied im Hofer Stadtrat und Vizechef der Staatsanwaltschaft Hof. Siller war damit einer der Vorgesetzten von Staatsanwalt Heindl, der als Gruppenleiter für die Ermittlungen gegen Ulvi Kulac zuständig war. Außerdem hat Siller als Mitglied der Oberstaatsanwaltschaft auch persönlich an dem Fall gearbeitet.

Nach kritischen Nachfragen im Landtag hat das bayerische Justizministerium nachvollzogen, wie Ina Hager-Dietel in das Peggy-Verfahren berufen wurde. Demnach entschied im Oktober 2002 das Landgericht Hof per Losverfahren, in welcher Reihenfolge die zur Verfügung stehenden Schöffen in den Jahren 2003 und 2004 zu den anstehenden Prozessen geladen werden sollten. Als der Prozess gegen Ulvi Kulac vorbereitet wurde, stand Frau Hager-Dietel zunächst nur auf einem Platz für die Hilfsschöffen. Weil die Hauptschöffin aber aus beruflichen Gründen absagte, rückte sie nach.

Mit Eberhard Siller habe sie nie über den Fall Peggy gesprochen, sagte Frau Hager-Dietel uns auf Nachfrage. Das mag schwer zu glauben sein angesichts der Tatsache, dass der Fall Peggy in der Region damals ein großes Gesprächsthema war – aber es ist auch nicht zu widerlegen. Siller habe zwar gewusst, dass sie als Schöffin tätig sei, aber ob er wusste, dass sie zum Richterteam im Fall Peggy gehörte, daran erinnere sie sich nicht. Umgekehrt habe sie bis zu unseren Recherchen keine Ahnung gehabt, dass Siller bei der Staatsanwaltschaft an den Ermittlungen gegen Ulvi Kulac beteiligt gewesen war. Siller selbst wollte sich zum Fall Peggy nicht äußern.

Dass das Urteil gegen Ulvi Kulac richtig war, davon ist die damalige Schöffin bis heute überzeugt. Sie wiederholt den Satz mehrmals: »Ich bin überzeugt, dass er zu Recht verurteilt wurde.« Das Gericht habe bei der Untersuchung des Falles gewaltigen Aufwand getrieben. »Wir haben akribisch die Unterlagen studiert und Aussagen wörtlich mitgeschrieben«, so Hager-Dietel. »Auch am Wochenende waren wir im Gericht und haben den Fall heftig diskutiert.« Am Ende seien sich alle fünf Richter – die drei Berufsrichter und die beiden Laien – über den Schuldspruch einig gewesen. Es gab keine Gegenstimme. Hätte es die gegeben, dann hätten die Richter sich weiter zusammengesetzt und beraten, z.B. über ein niedrigeres Strafmaß. Eine solche Gegenstimme habe es aber allein aus folgendem Grund nicht gegeben, wie sie uns gegenüber erläuterte: »Ulvi hat ja mehrere Kinder sexuell misshandelt. Er war ein schwerer Missbrauchstäter, das stand ja fest.«

Wir haben Frau Hager-Dietel gefragt, wie sie den Fall beurteilen würde, wenn sie damals schon die Kritik an den Ermittlungen gekannt hätte, die erst jetzt durch die Recherchen ans Tageslicht kamen, etwa den Umgang mit den damaligen Kinderzeugen Jakob Demel und Sebastian Röder. Wir schilderten ihr, was die inzwischen jungen Männer uns erzählt hatten – dass die Polizei sie unter Druck setzte zu verschweigen, dass sie Peggy nach ihrer gerichtlich festgelegten Todeszeit noch getroffen haben. Frau Hager-Dietel reagierte darauf zunächst perplex und sagte dann: »Das kann ich mir in unserem Rechtsstaat nicht vorstellen.« Sie fügte hinzu: »Ich glaube gern an den Rechtsstaat.«

Ähnliches hörten wir auch von einem anderen Richter aus dem Peggy-Verfahren – freilich mit einem kritischen Nachsatz: »Es könnte sein, dass uns die Polizei damals nicht alles gesagt hat«, vermutet er heute. Das freilich wäre für ein Gerichtsverfahren fatal. »Wem sonst soll man denn glauben, vor allem, wenn es keine Leiche und keinen Sachbeweis gibt?« Dass Angeklagte lügen, um sich zu schützen – damit rechne man in einem Strafprozess. Dass Zeugen sich manchmal nicht mehr präzise an ihre Beobachtungen erinnern, sei ebenfalls nicht ungewöhnlich. Aber die Polizei habe einen staatlichen Auftrag und sei zu Genauigkeit und Wahrheit verpflichtet. Auch dieser Richter sagte einen Satz, der als Bekenntnis zum Rechtsstaat gemeint war – aber er klang ein kleines bisschen anders als bei Frau Hager-Dietel: »Ich möchte an den Rechtsstaat glauben, weil ich nicht weiß, wie die Justiz sonst funktionieren sollte.«

Kapitel 28
Der Widerruf des V-Manns

Der Glaube an den Rechtsstaat indes wurde im Fall Peggy massiv erschüttert.

Sechs Jahre nach dem Urteil gegen Ulvi Kulac suchte der inzwischen wieder in Freiheit lebende Fritz Hermann am 13. September 2010 einen Ermittlungsrichter in Bayreuth auf und gab schriftlich und mündlich eine eidesstattliche Versicherung ab. Hermann war Ulvis Mitinsasse in der Bayreuther Psychiatrie gewesen und hatte behauptet, Kulac habe ihm den Mord an Peggy gebeichtet. Jetzt sagte Hermann etwas anderes – nämlich dass seine damalige Aussage frei erfunden gewesen sei und Ulvi ihm den Mord niemals gebeichtet habe. Damit stellte Hermann die Ermittlungsbehörden und das Gericht bloß, die aufgrund seiner Aussage den vermeintlichen Tathergang konstruiert hatten. Wörtlich heißt es in Hermanns eidesstattlicher Versicherung: »Ich habe im Strafverfahren gegen Herrn Ulvi Kulac wahrheitswidrig ausgesagt, dass mir Herr Kulac gestanden hätte, Peggy Knobloch getötet zu haben. Tatsache ist, dass Herr Kulac mir gegenüber nie ein derartiges Geständnis abgelegt hat. Er hat sich mir gegenüber dahingehend geäußert, dass er Peggy Knobloch beim gemeinsamen Spiel an einer Playstation durch Fummeln sexuell belästigt habe. Er erklärte in diesem Zusammenhang aber mehrfach, dass er sie nicht getötet hat.«

Sein Plan, die Lüge seines Lebens zu offenbaren, sei über

Jahre gereift, bekannte der einstige Kronzeuge. 1999 hatten Ärzte bei ihm einen Tumor am Frontalhirn festgestellt. Schon 2003 habe er seinem Anwalt gesagt, er habe nicht mehr lange zu leben und wolle vor seinem Tod »reinen Tisch« machen. Der Anwalt habe ihm dringend geraten, dennoch den Mund zu halten, »weil man mir sonst möglicherweise eine draufhaut wegen Falschaussage«, wie Hermann später einem Richter erzählte. Dass Ulvi unschuldig verurteilt worden war, hatte den Anwalt demnach offensichtlich nicht gestört.

Wenige Wochen vor dieser eidesstattlichen Versicherung hatten Ulvis Angehörige und Betreuer den Frankfurter Strafverteidiger Michael Euler beauftragt, ein Wiederaufnahmeverfahren vorzubereiten. Im Sommer 2010 hatte Euler seinen Mandanten in der Bayreuther Klinik besucht. Bei dieser Gelegenheit wollte er auch mit Hermann sprechen, der kurz vor der Entlassung stand. Zu einem Gespräch war er nicht bereit, Euler hinterließ ihm seine Visitenkarte mit der Bitte, ihn anzurufen.

Der entscheidende Auslöser für Hermanns Kehrtwende scheint folgender Vorfall gewesen zu sein: Kurz nach seiner Entlassung, erinnert er sich, sei er Ulvis Eltern in einem Einkaufszentrum über den Weg gelaufen. Vor allem Ulvis Mutter würde ihn hassen. Wenn sie ihn im Bezirkskrankenhaus gesehen habe, hätte sie sogar vor ihm ausgespuckt. Deshalb habe er den Kontakt, so gut es ging, vermieden. Diesmal aber sei er direkt auf sie zugegangen. »Ich habe sie dann angesprochen und habe gesagt, dass ich was Falsches gesagt habe und dass ich das wiedergutmachen möchte.« Ulvis Mutter habe geantwortet, dass sie ihm dafür kein Geld geben könne. Hermann entgegnete, er wolle keines.

Nachdem Hermann seine Erklärung an Eides statt abgegeben hatte, eröffnete die Staatsanwaltschaft ein Verfahren gegen unbekannt wegen »Aussageerpressung«. Hermann musste zum Verhör und sollte offenbaren, wie seine damaligen Aussagen zustande gekommen waren. Er erzählte, manches habe er sich gar nicht selber ausgedacht, die Polizisten hätten es ihm vielmehr in den Mund gelegt. Anderes habe Ulvi wirklich erzählt, vor allem sexuelle Geschichten, wobei ihm nie ganz klar gewesen sei, was davon Wahrheit und was Prahlerei war. Aber eines habe Ulvi niemals erzählt: dass er Peggy umgebracht oder erdrosselt habe. Da sei Kulac eisern geblieben, egal, wie er ihn gelockt oder unter Druck gesetzt habe. Immer wieder habe er auf ihn eingeredet, ihm auch den Mord zu beichten, schließlich sei ja genau das der Grund gewesen, weshalb die Ermittler »ständig hinter Ulvi her gewesen« seien. Das sei am Ende sogar dem Klinikpersonal aufgefallen. Eine Ärztin habe ihn sogar mit der Begründung, »ich hätte den Ulvi zu sehr bedrängt«, in eine andere Abteilung verlegen lassen.

Für Polizei und Justiz war Hermanns überraschende Aussage ein Debakel, das Presseecho war vernichtend. Die Medien berichteten, der Fall Peggy müsse jetzt neu verhandelt werden. Nicht nur, weil der »Kronzeuge« seine Aussage zurückgenommen habe, sondern auch, weil Hermann die Polizei offen illegaler Methoden bezichtigte: »Man hat mir eingetrichtert, dass er [Ulvi] gesagt haben soll, er habe sie gedrosselt«, so Hermann. »Man hat mir die Freiheit versprochen und so lange auf mich eingeredet, bis ich das gesagt habe.« Ein Punkt, den er immer wieder betonte: »Nochmals: Man hat mir gesagt, dass ich aussagen soll, er hat sie umgebracht, gedrosselt, bis sie tot war. Am schlimmsten war der Chefermittler.«

Es ist wohl nicht anders als bei den beiden Kinderzeugen Sebastian Röder und Jakob Demel: Die Polizei erfand offenbar einen Handlungsablauf, der in ihr Wunschschema passte. Aber Hermann spielte das Spiel nicht nur bis zum

Prozessende und dem Urteil gegen Ulvi Kulac mit, seine Aussage führte letztlich zur Verurteilung.

Dabei hätten die Richter gewarnt sein können. Schon im Prozess gegen Ulvi Kulac wurden Zweifel an Hermanns Glaubwürdigkeit laut. Am deutlichsten äußerte die ein Zeuge namens Egon Vorndran. Er war ebenfalls Insasse in der Bayreuther Psychiatrie und kannte Hermann. Die Richter fragten ihn, was er von ihm halte. Vorndran antwortete unmissverständlich: Hermann sei ein notorischer Lügner und würde alles dafür tun, um aus der Klinik herauszukommen. Das Gericht schlug diese Warnung in den Wind.

Teil 4
War ein anderer der Täter?

Kapitel 29
Dubiose Kinderbetreuung im Gasthof »Zur goldenen Sonne«

Schon bald nach Peggys Verschwinden kursierte unter den Reportern, die über den Fall berichteten, das Gerücht, es gebe in Lichtenberg einen Kinderpornoring. Quelle dieses Gerüchts war die Polizei. Einige Beamte der Soko Peggy hatten Journalisten ihren Verdacht vertraulich geschildert. Noch heute sind einige der Ermittlungsbeamten davon überzeugt, dass es in Lichtenberg eine organisierte sexuelle Ausbeutung von Kindern gab. Ein Schauplatz soll das Gasthaus »Zur goldenen Sonne« am Marktplatz gewesen sein.

Peggy, die schräg gegenüber wohnte, soll dort so etwas wie ein Stammgast gewesen sein. Jedenfalls sagte uns das der damalige Wirt, ein Mann namens Ben Schneider. Wir suchten Schneider in seiner Wohnung in Lichtenberg auf, die sich in einem völlig verwahrlosten und zugemüllten Zustand befand. Seit dem Tod seiner Frau lebt er dort allein, aber auch früher scheinen die Verhältnisse kaum besser gewesen zu sein. Polizeibeamte, die das Ehepaar nach Peggys Verschwinden verhörten, protokollierten Schmutz und Unrat. Schneiders Frau habe verschämt zwei Bierdosen unter einer Decke versteckt.

Peggy sei praktisch jeden Tag in sein Lokal gekommen und habe entweder im Gastraum oder in einem Nebenzimmer, genannt Jägerstüberl, ihre Hausaufgaben erledigt, erzählte uns Schneider. Seine Frau oder sein Sohn hätten ihr dabei immer geholfen. Normalerweise sei sie zuerst zu sich nach Hause gegangen und habe geschaut, ob dort etwas zu essen zu finden war. Wenn nicht – wie meistens –, sei sie gleich zu ihm ins Gasthaus gekommen, den Schulranzen immer bei sich. Nach den Hausaufgaben sei sie oft noch bis zum Abend geblieben, meist so bis 20 Uhr, während schon die ersten Gäste am Tresen standen und rauchten und tranken. Peggy sei nicht das einzige Kind gewesen, das regelmäßig bei ihm einkehrte. Vielmehr habe es eine ganze Clique gegeben, die offenbar nichts Besseres vorgehabt habe, als ihre Nachmittage und Abende im Gasthaus »Zur goldenen Sonne« zu verbringen. Was die Kinder dort hinzog und warum sie immer wieder vorbeikamen, erzählte Schneider nicht. Der Wirt besaß damals zudem ein Wochenendgrundstück an einem nahe gelegenen See. Die Polizei durchsuchte nach Peggys Verschwinden die Hütte auf dem Grundstück und fand dort Dutzende Stofftiere. Warum Schneider in seinem Wochenendhaus Stofftiere hortete, diese Frage wurde nie plausibel geklärt. Auch uns antwortete er nicht darauf.

Als Peggy am 7. Mai 2001 verschwand, war Schneider nicht mehr Pächter des Lokals. Die Eigentümerin hatte seinen Vertrag gekündigt, weil er die Pacht nicht mehr aufbringen konnte. Die Soko Peggy interessierte sich dennoch für den Gasthof »Zur goldenen Sonne«. Sie vermutete, hier könnten sich Verbindungen angebahnt haben, die am Ende zu Peggys Verschwinden geführt haben könnten. So soll zum Beispiel Ulvi Kulac dort häufig ausgeholfen haben. Er habe bei ihm Bier gezapft, sagte Schneider. Ulvi habe sogar ein eigenes Kämmerchen im Haus gehabt, in dem er übernachten konnte. Zudem scheint er eine Affäre mit Schneiders Ehefrau gehabt zu haben, was diese im Polizeiverhör in Gegenwart ihres Mannes zwar nicht so direkt einräumte, aber sagte, Ulvi habe des Öfteren nackt und mit erigiertem Penis vor ihr in ihrem Schlafzimmer gestanden. Ulvi und Peggy hätten sich oft im Gasthaus gesehen. Wenn Peggy abends ging, habe Ulvi immer den Kavalier gespielt und habe draußen geschaut, ob sie auch sicher auf der anderen Seite des Marktplatzes bei ihrer Wohnung ankomme.

Will man Schneider glauben, müssen im Gasthaus »Zur goldenen Sonne« eigenartige Gepflogenheiten geherrscht haben. Der Wirt erzählte, die Kinder, auch Peggy, hätten sich nicht nur im Jägerstüberl getummelt, sondern immer wieder auch in seinem Haus übernachtet. Etwas beklemmend klingt, wie er Peggy beschreibt. Sie habe irgendwann damit begonnen, sich »aufreizend« zu kleiden. Ihr Oberteil sei tief ausgeschnitten gewesen, dazu habe sie Hotpants und hochhackige Schuhe getragen. »Die hat sich angezogen wie eine vom Strich«, sagte Schneider. Er habe sie ermahnt, sie könne so nicht herumlaufen, worauf sie gesagt haben soll: »Das lass mal meine Sorge sein.«

Im Sommer 2000 habe er Peggy und andere Kinder immer wieder in seine Wochenendhütte am See mitgenommen. Er erinnere sich, wie Peggy im Badeanzug vor ihm gestanden und ihm gefallen habe. »Die ist sehr hübsch geworden«, schwärmte er mit glänzenden Augen. Danach hätten sich ihre Wege aber getrennt, denn im Sommer 2000 habe er das Gasthaus »Zur goldenen Sonne« aufgeben müssen und Peggy aus den Augen verloren.

*

Die Polizei vernahm zahlreiche Zeugen, um mehr über den Umgang mit Kindern in Schneiders Lokal und über Ulvi Kulacs Rolle zu erfahren, aber ohne Erfolg. Der Verdacht, dass reihenweise Kinder missbraucht worden sein könnten, ließ sich nicht erhärten. Auch vieles, was Schneider erzählte, erscheint nach Nachprüfung dubios. Sein Sohn sagte uns, er habe Peggy niemals bei Hausaufgaben beaufsichtigt. Peggys Lehrerin befragten wir nach äußerlichen Veränderungen, also Schminke und aufreizender Kleidung. Ihr sei davon nichts aufgefallen, antwortete sie. Mag sein, dass sich das Kind »extra« zurechtmachte oder zurechtmachen ließ. Ein Zeuge, der ungenannt bleiben möchte, erklärte uns offen, in der »Sonne« seien Kinder missbraucht worden. An bestimmten Tagen seien da regelmäßig zwei Männer »von außerhalb« gekommen. Erhärten ließ sich dieser Verdacht nicht. Und auch das Kämmerchen, in dem Ulvi Kulac immer wieder übernachtet haben soll, konnte im Haus nicht gefunden werden.

Kapitel 30
Peggys letzte Monate

In der letzten Zeit vor Peggys Verschwinden scheint es dennoch Vorfälle gegeben zu haben, die das Mädchen veränderten. Irgendetwas stimmte nicht mehr in ihrem Leben. Liest man die Aussagen ihrer Familie, spricht man mit früheren Freunden, dann scheint es im Nachhinein, als steuerte in ihren letzten Lebensmonaten alles auf ein dramatisches Ende zu. Als sei ihr Verschwinden, ihr mutmaßlicher Tod, kein Zufall gewesen, sondern nur das letzte Glied in einer Abfolge von Ereignissen. Als habe irgendjemand Regie dabei geführt.

Es ist schwer zu sagen, wann dieses letzte Kapitel in ihrem Leben eingeläutet wurde. Vielleicht im Sommer 2000. Da kam die Verwandtschaft der Kaisers aus Ostdeutschland zu Besuch. Auch Thorsten Engelhard war dabei. Er verbrachte viel Zeit mit Peggy. Niemand dachte sich etwas dabei, und Peggy erzählte nicht viel. Als er wieder abreiste, hinterließ Thorsten einen Zettel mit seiner Telefonnummer in Peggys Schulheft. Angerufen hat sie ihn nie. Aber gesehen hat sie ihn später mindestens noch einmal, denn er kam vor Peggys Verschwinden wenigstens zu einem weiteren Besuch nach Lichtenberg.

Dass mit Peggy ab dem Sommer 2000 etwas nicht mehr stimmte, fiel auch ihrer besten Freundin Sandra Kaufmann auf. Sandra ging die ersten beiden Schuljahre mit Peggy in dieselbe Klasse und zog dann nach Berlin. Ihre Eltern behielten aber ein Wochenendhaus in Lichtenberg und waren häufig zu Besuch. Sandra hat uns erzählt, dass Peggy sich zum Ende der zweiten beziehungsweise zum Beginn der dritten Klasse verändert habe. Sie sei früher immer auffallend fröhlich gewesen und immer eine Spur zu kontaktfreudig. Sie habe körperliche Nähe gesucht und jeden, der ihr halbwegs gefiel, gedrückt und in den Arm genommen. Den meisten Schulkameraden war das zu viel und zu nah, weshalb Peggy nicht besonders beliebt gewesen sei. Aber dann habe sie sich plötzlich abgekapselt und oft einfach vor sich hin gestarrt. Wenn sie sie gefragt habe, was los sei, habe Peggy nur kurz und abgehackt geantwortet, kaum mehr als ein dürres »Alles gut«. Und dabei immer weggeschaut. Sie habe auch viel geweint, erinnert sich Sandra. Das habe sie vorher so gut wie nie getan. Außerdem habe Peggy ihr erzählt, dass ihre Zensuren plötzlich abgerutscht seien. In der ersten und zweiten Klasse seien sie ganz ordentlich gewesen, solides Mittelfeld, aber von Beginn der dritten an richtig schlecht.

Ab dem Herbst häuften sich die Alarmzeichen. Peggy mochte auf einmal nicht mehr unbekleidet durch die Wohnung laufen, versteckte ihre benutzten Unterhosen oder warf sie gleich in den Müll. Sie wollte wieder bei ihrer Schwester schlafen und schloss sich im Badezimmer ein. Sie war schweigsam und aß schlecht. Im Frühjahr 2001 nässte sie sogar wieder ein.

Es war die Zeit um den 6. April, ihren neunten Geburtstag, ihren letzten. Sie verbrachte ihn zu Hause. Es muss ein deprimierender Tag für sie gewesen sein. Während andere Kinder richtige Partys feierten, mit Schulfreunden, Spielen und Geschenken, hockte Peggy mit ein paar Erwachsenen, die nichts weiter für sie vorbereitet hatten, um den Tisch herum. Ein Stück Kuchen gab es, mehr nicht. Peggys »Gäste« waren Susanne, Ahmet und die Kaisers, die ihren damaligen Untermieter mitbrachten, einen Kollegen von Maik.

*

Zwei Tage nach Peggys Geburtstag begannen die Osterferien. Die letzten Wochen brachen an, bevor sie für immer verschwand, und es ist ein bisschen beklemmend, dass nie wirklich geklärt werden konnte, wie Peggy ihr letztes Ostern verbrachte. Die Polizei führte dazu viele Verhöre, aber die erbrachten Widersprüchliches.

So sagte etwa Peggys Urgroßmutter aus, Susanne habe ihre beiden Töchter in der Woche vor Ostern nach Schwarzenbach gefahren. Am Gründonnerstag habe sie die Kinder wieder abgeholt, Karsamstag zurückgebracht, um sie schließlich am Ostermontag erneut einzusammeln. Welche Gründe dieses Hin und Her hatte und ob es tatsächlich so stattgefunden hatte, konnten die Beamten nicht in Erfahrung bringen. Denn Susannes Vater sagte, die Kinder seien die ganze Woche über ohne Unterbrechung geblieben. Ähnlich unterschiedlich waren die Aussagen über das, was sich am Ostermontag zugetragen haben soll. Peggys Tante Katrin brachte das Kind am Vormittag ins Krankenhaus, weil es sich eine Wunde am Kinn zugezogen hatte. Wie die entstanden war, darüber gibt es gleich drei Versionen. Die erste erzählte Susannes Großmutter, Peggys Uroma: Peggy sei in der Badewanne ausgerutscht und mit dem Kinn auf den Wannenrand geschlagen. So steht es auch im Notfallschein des Kreiskrankenhauses Naila vom 16. April 2001: »Die junge Patientin ist heute wg. Schwindel in der Wanne ausgerutscht. Platzwunde am Kinn.«

Version zwei stammt ebenfalls von Ruth Knobloch. Peggy sei nun doch nicht auf den Wannenrand gefallen, sondern auf den Fliesenboden im Bad. Und Version drei hat uns Peggys Freundin Sandra berichtet. Peggy sei am Mittag des Ostermontag bei ihr vorbeigekommen und habe ein Pflaster auf dem Kinn gehabt. Sandra habe gefragt, was passiert sei, und Peggy habe geantwortet, sie sei beim Rollerfahren gestürzt. Sandra sagte uns, sie habe das nie geglaubt. Sie habe eher den Eindruck gehabt, jemand habe Peggy geschlagen. Das sei ihr wohl unangenehm gewesen, und sie habe darüber nicht reden wollen. Was auch immer wirklich passiert war – jedenfalls wurde die Wunde im Krankenhaus mit fünf Stichen genäht.

Dann erzählte uns Sandra schließlich ihre Variante über Peggys Ostertage. Peggy sei jeden Tag bei ihr gewesen, da sei sie sich sicher. Bevor wir Sandra in Berlin trafen, habe sie mit ihrer Mutter und ihrer Schwester gesprochen, die damals ebenfalls in Lichtenberg waren. Beide hätten sich an dasselbe erinnert wie sie, und demnach kam Peggy am Karfreitag, am Karsamstag, am Ostersonntag und am Ostermontag ins Ferienhaus der Kaufmanns. An einigen Tagen war sie schon am Vormittag gegen 10 Uhr da, an anderen erst gegen Mittag. Aber es sei jeden Tag spät geworden, wenn sie nach Hause ging, immer so zwischen 21 und 22 Uhr. Wo Peggy wirklich war – bei Großvater und Uroma oder bei Sandra Kaufmann und ihrer Familie –, haben wir am Ende nicht ermitteln können. Und Ahmet, der normalerweise mitbekam, wo sich seine Familie aufhielt, konnte auch nichts zur Aufklärung beitragen. Er war über Ostern mit Freunden in Holland.

Nach den Ferien fuhr Sandra wieder nach Berlin, und wie es aussah, verschlimmerte sich Peggys Lage weiter. Eine Nachbarin erzählte uns, sie habe Peggy einmal hinter einem Treppenabsatz in ihrem Wohnhaus zusammengekauert entdeckt. Was los sei, fragte die Nachbarin. Sie wolle nicht heim, habe Peggy geantwortet.

*

Drei Tage nach Ostern ging Susanne mit Peggy zu einem Arzt. Sie erzählte ihm, ihrer Tochter gehe es nicht gut, sie sei nervös und aggressiv, zappelig und kaum zu bändigen. In der Schule könne sie sich nicht konzentrieren, die Noten würden abrutschen, auch essen würde sie schlecht. »Hyperaktivität, Migräne, Nasenbluten«, notierte der Arzt. Er schlug zunächst Ritalin vor, das Standardmittel, mit dem inzwischen Millionen Eltern ihre Kinder ruhigstellen. Am Ende entschied er sich für eine sanftere Variante und verschrieb Sedinfant N, ein pflanzliches Arzneimittel gegen Nervosität und Einschlafstörungen.

Am 26. April kam Susanne noch einmal mit Peggy vorbei. Der Arzt zog die Fäden aus der verheilten Kinnwunde. Wieder klagte Susanne über Peggys Zappeligkeit. Nach wie vor schlafe das Kind auch nicht richtig ein. Nun griff der Doktor zu einem Hammer-Medikament und verschrieb Mel-Puren. Ein starkes Psychopharmakum, mit dem psychisch kranke und ältere Patienten ruhiggestellt werden. Verschreibungsanlässe sind Schlafstörungen, aber auch Verwirrtheit, Unruhe- und Erregungszustände, außerdem Demenz, Alkoholkrankheit und Psychosen. Von einer Vergabe an Kinder wird im Beipackzettel ausdrücklich abgeraten.

Besser wurde Peggys Zustand nicht. Sie zerkaute ihre Fingernägel und zeichnete Männchen mit großen Genitalien, aus denen Flüssigkeit heraustropfte. »Pimel« und »Bulerman« schrieb sie neben die Bilder.

Vieles an Peggys Verhalten deutet darauf hin, dass sie sexuell missbraucht wurde. Und zwar lange vor dem vermeintlichen Missbrauch durch Ulvi.

Die letzte Woche ihres Lebens verbrachte Peggy fast nur noch in der Wohnung. Sie saß still auf dem Sofa und guckte auf den Fernseher. Susanne bekam das selbst gar nicht mit, wie sie in einer Vernehmung sagte. Sie habe Spätdienst gehabt. Erst Ahmet erzählte ihr davon, weil dieses Verhalten so gar nicht zu Peggy passte. Sie sei ja eigentlich eher der Typ gewesen, der gerne in Bewegung war, draußen im Ort unterwegs.

Am 7. Mai war Peggy dann weg. Am 8. Mai erfuhr Sandra Kaufmann, wieder zurück in Berlin, aus den Fernsehnachrichten davon. Drei Wochen später, sagte uns Sandra, habe sie womöglich ein letztes Lebenszeichen von Peggy erhalten. Es war gegen 19 Uhr. Sie war allein zu Haus. Das Telefon klingelte. Peggy war dran, jedenfalls sei es Peggys Stimme gewesen. Sie habe gesagt: »Hallo Sandra, hier ist Peggy. Mir geht es gut, aber ich weiß nicht, wo ich bin.« Sandra habe sie etwas fragen wollen, aber plötzlich sei nur noch ein tüt, tüt, tüt in der Leitung zu hören gewesen. Das Gespräch war unterbrochen.

Seitdem habe sie nichts mehr von Peggy gehört.

Seitdem ist Peggy verschwunden, spurlos. Bis heute.

*

Nur wenige Wochen nach dem mysteriösen Verschwinden ihrer Tochter – da hatte sich Susanne wieder einmal von Ahmet Yilmaz getrennt – verließ Peggys Mutter Lichtenberg. Peggys Kleidung übernahm die Kripo, die Möbel aus dem Kinderzimmer, das Bettzeug und die Spielsachen landeten in einem Container vor dem Haus am Marktplatz 8. Sie habe das Getratsche und die vernichtenden Blicke der Lichtenberger nicht mehr ertragen, las man über den Umzug in den Zeitungen. Kaum jemand verstand, warum sie dem Ort den Rücken kehrte, ohne Gewissheit über den Verbleib der Tochter zu haben. Empört erzählte uns eine Lichtenberger Bürgerin, jemand habe Susanne in einem Lokal einmal auf Peggy angesprochen. Die Mutter habe sehr heftig reagiert und gesagt, es sei ihr egal. Andere erklärten, Susanne habe wenige Tage nach Peggys Verschwinden in einem Motorradclub auf dem Tisch getanzt. Alles nur böser Klatsch? Oder trifft eher zu, was einer der Kriminalhauptkommissare zu diesem Vorfall bemerkte? Der meinte nur: »Jeder trauert anders.«

Kapitel 31
Das Grab

Ein kleiner Friedhof hinter einer malerischen, rot gestrichenen und mit schwarzem Schiefer gedeckten Kirche, eingebettet in ein enges Tal. Ringsum die steilen, baumbewachsenen Anhöhen des Frankenwaldes. Die Lage hier im Grund, wie dieser Ortsteil des Städtchens Nordhalben zu Recht heißt, ist ausgesprochen idyllisch. In der ersten Gräberreihe ganz rechts außen befindet sich das Grab von Peggy Knobloch. Auf dem Grabstein stehen das Geburtsdatum 6. April 1992 – und das vermeintliche Todesdatum 7. Mai 2001. Darunter in weißer Schrift der Spruch: »Wer nicht an Engel glaubt, der ist dir nie begegnet.« Links oben ist ein Foto von Peggy angebracht, umrahmt von eingravierten Rosenornamenten. Vor dem Grabstein liegen Spielsachen – kleine Püppchen, ein Herz aus Holz –, eine gusseiserne Lampe mit einer weißen Kerze darin steht davor. Das Grab wirkt ausgesprochen gepflegt, eine Schale mit einem Gesteck und frische Blumen zeugen davon, dass sich zumindest ein Gärtner regelmäßig darum kümmert. Was man dagegen nicht sieht: Das Grab ist leer. Unter der sorgfältig geharkten Erde gibt es keinen Sarg und keine Leiche.

Etwa ein Jahr nach der Verurteilung Ulvi Kulacs hatte Susanne Knobloch den Gemeindepfarrer von Nordhalben aufgesucht. Das Gebiet der evangelischen Gemeinde umfasst auch Heinersberg, wo Susanne Knobloch inzwischen wohnte. Es war ein langes Gespräch, das die beiden miteinander führten. Sie brauche einen Ort, an dem das Andenken an ihre Tochter lebendig bleibe, sagte Susanne Knobloch. So ähnlich hatte sie sich schon kurz nach dem Urteil gegen Ulvi Kulac geäußert. Sie wolle Abschied nehmen können, sagte sie in der Fernsehtalkshow von Johannes B. Kerner.

Der Pfarrer, ein schmächtiger Mann, der einen breiten fränkischen Dialekt spricht, empfahl der Mutter, eine Gedenktafel an dem blauen Haus in Lichtenberg anbringen zu lassen, in dem sie früher mit Peggy gewohnt hatte. Das lehnte Susanne Knobloch entschieden ab. Die Lichtenberger seien ihr gegenüber feindselig gesinnt, sie werde von den Leuten geschnitten. Sie wolle da nicht hinfahren, um sich trauernd nahe dem Marktplatz vor einen Gedenkstein zu stellen, während die Leute hinter ihr tratschten. Sie erzählte dem Pfarrer, wie sie noch Monate nach Peggys Verschwinden gehofft hatte, ihre Tochter lebend wiederzusehen. Wie diese Hoffnung dann geschwunden, aber jedes Mal zurückgekehrt sei, wenn sich wieder ein Zeuge bei der Polizei gemeldet hatte, der Peggy irgendwo gesehen haben wollte. Wie sie dann vom Verdacht gegen Ulvi Kulac gehört und mitbekommen habe, dass der Sohn ihrer Freundin Katja Ludwig die Tat beobachtet haben wollte. Wie empört die Leute in Lichtenberg auf diesen Verdacht reagiert hätten, die Alteingesessenen, mit denen sie nie warm geworden sei und die »ihren Ulvi« verteidigt und sie zur Außenseiterin gestempelt hätten. Als das Urteil gefallen war, da sei sie überzeugt gewesen, dass ihre Tochter wirklich tot war und das Gericht mit Ulvi den Richtigen verurteilt habe. Den Mörder. Und dass man einen Mörder ja nur dann verurteilen könne, wenn ein Mord stattgefunden habe. Und dass Peggy deshalb auch nur tot sein könne.

Das mag Susanne Knobloch von anderen Müttern unterscheiden, deren Kinder spurlos verschwanden, etwa dem britischen Ehepaar McCann, das auch nach Jahren bis heute nach ihrer verschwundenen Maddy sucht. Und Experten wie der Kriminologe Adolf Gallwitz sagen, dass Eltern einen eingebauten psychologischen Mechanismus besäßen, der sie daran hindere, ihr verschwundenes Kind ohne zwingenden Beweis für tot zu halten. Was im Kopf von Susanne Knobloch vorging, können Außenstehende dennoch kaum nachvollziehen. Das Urteil mag für sie ein solcher zwingender Beweis gewesen sein.

Andererseits ist Peggy im streng amtlichen Sinne bis heute zumindest nicht letztgültig für tot erklärt. Es gibt zum Beispiel keinen Totenschein, der auch Leichenschauschein genannt wird, denn den gibt es nur, wenn man eine Leiche vorweisen kann. Und ohne diesen Schein gibt es wiederum keine Sterbeurkunde vom Standesamt. Ohne Sterbeurkunde wiederum bleibt die betreffende Person, in diesem Fall also Peggy, im Melderegister stehen, als lebende Person, da ja der Tod nicht ordnungsgemäß nachgewiesen wurde. Ordnung muss schließlich sein. Darum bekommen Peggy und ihre Mutter bis zum heutigen Tag immer wieder amtliche oder halbamtliche Briefe – vom Schulamt, von der Krankenkasse, von der Bank, zuletzt sogar von der Wahlbehörde, weil Peggy, würde sie noch leben, ja inzwischen volljährig und damit wahlberechtigt wäre.

Als Susanne Knobloch im Frühjahr 2005 mit dem Pfarrer sprach, hatte sie daher auch keinen Totenschein und keine Sterbeurkunde dabei, sondern legte dem Pfarrer das Gerichtsurteil als Nachweis dafür vor, dass ihre Tochter tot sei. Und dann fragte sie ihn, ob der Platz zum Gedenken an Peggy nicht auf dem kleinen Friedhof hinter der Jubilatekirche im Grund eingerichtet werden könne.

Der Geistliche sagte damals nicht ja, aber auch nicht nein. Er versprach, ihren Wunsch mit dem Gemeindekirchenrat zu besprechen und sie so schnell wie möglich über die Entscheidung zu informieren. Die kam dann auch ein paar Tage später. Die Gemeinde sei einverstanden, teilte der Pfarrer Susanne Knobloch mit. Sie dürfe eine Gedenkstätte für ihre Tochter auf dem Kirchhof einrichten und möge sich bitte überlegen, wie diese aussehen solle.

Das tat Susanne Knobloch dann auch – wobei sie von der Gestaltung der Gedenkstätte eine etwas andere Vorstellung hatte als der Pfarrer und die Gemeinde. Er habe mit einer Steinplatte an der Umfriedungsmauer oder etwas Ähnlichem gerechnet, so der Pfarrer rückblickend.

Als sich Susanne Knobloch im September 2005 wieder bei ihm gemeldet und ihm mitgeteilt habe, alles sei schon fertig, da sei er denn doch, gelinde gesagt, überrascht gewesen. Denn als er dann zum Friedhof gefahren sei, um nachzusehen, sei er »vor Schreck fast hintübergefallen«. Dass die Gedenkstätte aussehen könnte wie ein Grab, nur eben ohne Sarg und ohne Leiche, damit habe er nicht gerechnet. Das habe Peggys Mutter mit dem Steinmetz auf eigene Faust so ausgetüftelt, und ja, er hätte vielleicht früher nachfragen und genauer hinschauen müssen, als diese Stätte eingerichtet wurde. Hätte er mitbekommen, was da passiert, hätte er sicher Einspruch erhoben. Wo doch das Kind noch gar nicht tot war. Also nicht so richtig. Aber jetzt war es passiert. Was tun?

Der Pfarrer bekam Ärger. Der Gemeindekirchenrat befasste sich noch einmal mit Peggys Grab, es kam zu einer kontroversen Debatte. Einige wollten den Stein wieder abbauen, aber am Ende beschloss die Mehrheit, das Grab zu lassen, wie es war. Nicht etwa deshalb, weil die Kirchenräte diesen leeren Schacht für angemessen hielten – sie fanden die ganze Sache geschmacklos –, sondern weil sie einer leidgeprüften Mutter die Gedenkstätte für ihre ermordete Tochter nicht wieder nehmen wollten. Egal, ob Susanne Knobloch mit dieser Art von Gedenkstätte vielleicht zu weit gegangen war.

Es gab dann sogar noch eine kleine Prozession, bei der Peggys Mutter mit ihren Eltern und einigen wenigen engen Freunden auf den kleinen Friedhof hinter der Jubilatekirche in Nordhalben fuhr, um gemeinsam Abschied von Peggy zu nehmen. Fast so wie bei einer richtigen Beisetzung. Obwohl es natürlich keine Beisetzung gewesen sei, sondern eben nur eine Gedenkfeier, wie der Pfarrer uns gegenüber betonte. Er sei auch dabei gewesen und habe einige Worte am Grab-Gedenkstein gesprochen.

Seitdem kommen immer wieder Leute und besichtigen dieses merkwürdige Kindergrab. Jeder, der ab und zu über Friedhöfe spaziert und die Inschriften der Grabsteine liest, der kennt diese leichte Beklemmung, die einen erfasst, wenn man zwischen all den Gräbern ein Kindergrab entdeckt und sich fragt, warum dieser Mensch nur wenige Jahre zu leben hatte. Dasselbe Gefühl würde man verspüren, würde man Peggys Grab zufällig entdecken, aber die meisten entdecken es nicht zufällig, sondern suchen es gezielt auf, weiß der Pfarrer. Immer wieder würden sich Leute bei der Gemeinde erkundigen, weil sie den Fall Peggy aus den Zeitungen kennen und wissen, dass es keine Leiche gibt, und sie würden fragen, was denn also in diesem Grab liege. Und stets seien sie irritiert, so, wie er irritiert gewesen war und ebenso seine Gemeinderäte, als sie von der leeren Gruft erfuhren. »Ja«, bekennt der Pfarrer in breitestem Fränkisch, »dass da Irridadsionen waren, wolln mer ned leugnen, und dass wir da kurz g'schnauft ham, auch ned.«

Immerhin – für den unwahrscheinlichen Fall, dass Peggy doch noch einmal auftauchen sollte, hat die Gemeinde vorgesorgt. Dann, so sei es vertraglich mit Susanne Knobloch vereinbart, werde das leere Grab sofort wieder beseitigt.

Kapitel 32
Thorsten Engelhard

Viele Polizisten, die damals an den Ermittlungen beteiligt waren, vor allem Beamte der ersten Sonderkommission, antworten auf die Frage, was mit Peggy Knobloch passiert sein könnte, entwaffnend ehrlich: Wir wissen es nicht. Sie halten das Urteil gegen Ulvi Kulac für falsch und rechtsstaatlich bedenklich.

Öffentlich sagen sie das nicht, weil sie fürchten müssen, dafür disziplinarisch belangt zu werden. Aber immer wieder haben einzelne Polizisten Vertrauen gefasst und doch mit uns gesprochen. Manch einer empfand das sogar als Erleichterung – weil er den Fall Peggy für einen besonderen Fall hält. »Der ist den meisten Kollegen wirklich unter die Haut gegangen«, sagte einer. Unter den Beamten seien »gestandene Kriminalisten«, die es als schmerzlich empfinden würden, einen Fall ohne wirkliche Lösung zu den Akten zu legen, und die lieber weiterermittelt hätten. Aber der Fall Peggy war anders. »Der ließ sich nicht lösen«, hören wir. Der öffentliche Druck und der von oben sei zu groß gewesen. Die Chefs hätten irgendwann einen Schlussstrich verlangt, weil sie den Rechtsfrieden in Gefahr sahen. Aber das Gerichtsurteil habe bekanntlich keinen Frieden hergestellt. Das Gericht habe den Grundsatz »in dubio pro reo« ignoriert und einen Mann verurteilt, dem es die Tat in Wahrheit nicht beweisen konnte – weil es eben keinen einzigen Beweis und keine Leiche gebe. Es wäre besser gewesen, auf das Gerichtsverfahren zu verzichten, meinen diese Beamten.

Dann wäre der Fall Peggy heute offiziell noch ein Vermisstenfall. Das wäre zwar auch unbefriedigend, entspreche aber den Tatsachen, denn es sei faktisch ja sogar unbewiesen, ob Peggy wirklich ermordet wurde. Dass sie noch lebt, glaubt andererseits keiner der Ermittler, jedenfalls haben wir keinen getroffen, der dieser Ansicht wäre. Dafür hätten die Zeitungen zu viel geschrieben, die Schlagzeilen seien zu groß gewesen. Jeder habe mitbekommen, dass Peggy verschwunden sei, jeder habe von den 55 000 DM Belohnung gehört. Irgendjemand hätte sich gemeldet. Aber es meldete sich niemand, bis heute nicht.

Was aber ist dann mit Peggy passiert? Als wir mit der Arbeit an diesem Buch begannen, haben wir uns diese Frage zunächst nicht gestellt. Sie erschien uns vermessen. Immerhin haben unzählige Kriminalbeamte jahrelang nach dem Mädchen gesucht und Tausende Hinweise abgearbeitet. Diesen Aufwand kann kein Buchautor leisten. Es ging uns um die Fehler des Ermittlungsverfahrens und um die Mängel des Prozesses, darum, zu zeigen, dass mit Ulvi Kulac nicht der Richtige verurteilt wurde. Aber im Laufe der Recherchen fiel uns ein anderer Name immer wieder auf, und als wir begannen, uns intensiver mit diesem Mann zu beschäftigen, stießen wir auf Indizien, die uns fragen ließen, ob dieser Mann nicht in viel höherem Maße verdächtig sein müsste als Ulvi Kulac. Einen Beweis dafür, dass er etwas mit Peggys Verschwinden zu tun hat, haben wir nicht. Doch die Indizien gegen ihn sind stimmiger, belegbarer und weniger widersprüchlich als die Hinweise auf Ulvi Kulac. Sie passen zu den Aussagen der zahlreichen Zeugen, die Ulvi und Peggy am 7. Mai 2001 noch gesehen haben. Am Ende haben wir sogar amtliche Ermittler getroffen, die davon überzeugt sind, dass dieser Mann der Täter im Fall Peggy sein könnte. Die, die das glauben, gehören allerdings nicht zu den Ermittlungsbehörden in Bayern, sondern zu denen in Sachsen-Anhalt. Für den Fall Peggy waren sie nicht zuständig.

Der Mann, um den es geht, heißt Thorsten Engelhard. Er stammt aus einem kleinen Dorf zwischen Halle und Leipzig. Als er geboren wurde, war seine Mutter erst sechzehn Jahre alt. Die Großeltern adoptierten ihn und nahmen ihn bei sich auf. Seitdem nennt er seine Oma »Mama«, seinen Opa »Papa« und seinen Onkel »Bruder«. Thorsten war fünfzehn, als er zum ersten Mal beim Begucken von Kinderporno-Bildern am Computer erwischt wurde. Das erzählte uns sein Bruder-Onkel, Maik Kaiser – jener Maik Kaiser, der mit seiner Familie später im selben Haus in Lichtenberg wohnte wie Peggy Knobloch. »Ich habe ihm gesagt, er soll den Schweinkram lassen«, erinnert er sich.

Aber Thorsten hörte nicht darauf. »Ich habe ihn immer wieder damit erwischt«, sagte Maik. Mitte der neunziger Jahre wurde dann auch die Polizei auf Thorsten aufmerksam. Die Ermittler hegten den Verdacht, er könne mit einem minderjährigen Mädchen namens Janine Sex gehabt haben. Thorsten beteuerte damals, er habe nur ein einziges Mal Geschlechtsverkehr mit ihr gehabt; und er habe auch nicht gewusst, dass sie dafür noch zu jung gewesen sei. Das Mädchen habe älter und reifer gewirkt. Als er ihr wahres Alter herausbekommen hätte, habe er die Geschichte sofort beendet.

Erfahren haben wir all das aus Ermittlerkreisen. Akten gibt es darüber nicht mehr. Sie wurden aus Datenschutzgründen vernichtet. Aber einige Leute erinnern sich noch daran, wie wütend Janines Vater gewesen war, als er von der Affäre erfuhr. Er konnte Thorsten nicht leiden. Außerdem habe Thorsten die Polizisten angeflunkert, als er sagte, er habe die Geschichte sofort beendet. Die Affäre sei monatelang weitergegangen, zunächst nur heimlich, wie Freunde berichten. Als ihr Vater herausbekam, dass Janine sich immer noch mit Thorsten traf, brüllte er herum und hat sie wohl auch geschlagen. Tagelang wagte sie sich nicht nach Hause. Thorsten bot ihr an, sie mit zu sich zu nehmen, auf den kleinen, seit Jahren heruntergekommenen Hof seiner Großeltern. Das Mädchen habe in Thorsten so etwas wie einen Retter gesehen, sagen Freunde, auch deshalb, weil sie oft gehänselt wurde, wegen ihrer Klamotten, weil sie nicht besonders hübsch war, weil jeder wusste, dass ihr Vater sie mies behandelte und vielleicht sogar selbst missbrauchte. Thorsten war all das egal. Auf seine Weise blieb er Janine treu. Er hatte zwar immer wieder auch andere Beziehungen, aber einige Jahre später heiratete er sie sogar und bekam zwei Töchter mit ihr.

Das nächste Mädchen, mit dem Thorsten etwas hatte, war damals gerade elf Jahre alt. Nach ihr gab es zahlreiche weitere Liebschaften, vornehmlich zu deutlich jüngeren Mädchen, die fast alle aus eher schwierigen Familienverhältnissen kamen. Thorsten galt als jemand, der gut zuhören konnte. So etwas kannten viele seiner Freunde von zu Hause nicht. Viele von ihnen wuchsen im Plattenbauviertel Halle-Neustadt auf, schon zu DDR-Zeiten ein sozialer Brennpunkt. Alkohol, Drogen, Gewalt, frühe und wahllose Sexkontakte, Scheitern in der Schule, keine Ausbildung, Bildungsferne, Massenarbeitslosigkeit, Abgleiten in Kleinkriminalität – für die meisten Kinder und Jugendlichen in Thorstens Clique war das alltägliche Normalität.

Zu dieser Clique gehörte auch Jana Thiele, die wir in Halle-Neustadt besuchten. Sie war die einzige annähernd gleich alte Freundin, die Thorsten hatte. Zu Hause sei es ihr meistens schlecht ergangen, verriet sie uns freimütig. Der Vater habe die Kinder grün und blau geprügelt, und zwar »mit Händen, Fäusten, der Babywanne und einem Gürtel«.

Nachdem die Lehrer wegen der blauen Flecken in ihrem Gesicht bei den Eltern nachgefragt hätten, habe es zwar weiter Schläge gegeben wie gewohnt, »aber nicht mehr so viel in die Fresse«. Ihre Mutter sei gegen den Vater keine Hilfe gewesen, sie habe stattdessen »Techtelmechtel gemacht«. Jana habe, wenn die Mutter um die Häuser zog, auf ihre jüngeren Geschwister aufgepasst. Thorsten und Jana waren im März und April 2001 zusammen, also kurz vor Peggys Verschwinden. Davor, so erzählte sie uns, sei er mit ihrer kleinen Schwester zusammen gewesen. Die war damals neun. Thorsten habe bedeutend älter ausgesehen als 17 Jahre, eher »wie dreißig oder vierzig«. Er sei schon damals massig und kräftig gewesen, schütteres Haar und Geheimratsecken habe er bereits als Jugendlicher gehabt. In seiner äußeren Erscheinung sieht er Ulvi Kulac verblüffend ähnlich. »Ich mochte ihn gern, weil er sich sehr einfühlsam gab und man gut mit ihm reden konnte«, sagt Jana noch heute über ihn.

Nicht ganz so einfühlsam war Thorsten beim Sex – im Gegenteil. »Beim Sex hatte ich das Gefühl, der denkt nur an sich.« Da sei er ein völlig anderer Mensch gewesen als sonst, rabiat, fordernd. Manchmal habe er sie drei Stunden hintereinander wie in Trance benutzt. »Ich war oft blutig«, erinnert sie sich. »Aber wenn ich gesagt habe, dass was weh tut, hat er einfach weitergepoppt.« Er habe darauf gestanden, dass es »eng« war. Und noch etwas fand sie unangenehm: Thorsten duschte eher selten und roch häufig streng. Nach Ostern 2001 machte sie Schluss – »ich hatte einen anderen«.

Zwei Wochen später verschwand Peggy Knobloch.

*

Zu diesem Zeitpunkt wusste kein Außenstehender, dass Thorsten Peggy gut kannte und häufig in Lichtenberg besucht hatte. Das änderte sich, als die Sonderkommission Peggy wenige Tage nach ihrem Verschwinden die persönlichen Sachen des Mädchens durchstöberte. Ganz hinten in einem Schulheft steckte der kleine Zettel, auf dem Thorstens Name und seine Adresse notiert waren – von Hand, mit einem Kugelschreiber. Die Soko-Ermittler stellten schnell fest, dass es sich nicht um Peggys Handschrift handelte.

Am 14. Mai faxte die Kripo Hof folgende Bitte an die Kollegen des Saalekreises in Sachsen-Anhalt: »In einem Schulheft der Peggy wurde ein handschriftlicher Eintrag gefunden: Es wird gebeten, E. dahingehend zu überprüfen, ob er mit dem Verschwinden des Mädchens etwas zu tun hat und ob er sonst Angaben, auch zur Fam. Knobloch, machen kann.«

Die Kollegen in Ostdeutschland reagierten schnell. Noch am selben Tag schickten sie eine erste Antwort. Kriminalobermeister Jürgen Koller aus Halle suchte den Hof auf, auf dem Thorsten mit seinen Zieheltern lebte. Koller klingelte an der Tür des grau verputzten Hauses, Thorstens Großvater Otto öffnete. Der Junge sei nicht da, sagte er dem Beamten. Der Ermittler bat um die Erlaubnis, sich auf dem Hof umsehen zu dürfen. Otto Engelhard willigte ein. Koller notierte später im Protokoll: »Das Grundstück wurde mit Genehmigung der Familie in Augenschein genommen. Anhaltspunkte für den Aufenthaltsort der Peggy wurden nicht bekannt.«

14 Tage später reisten zwei Ermittler der Soko Peggy aus Hof nach Sachsen, Hauptkommissar Robert Holzer und seine Kollegin, Hauptkommissarin Julie Zweig. Obermeister Koller lotste die beiden zum Hof. Um 16.30 Uhr klingelten die Beamten an der Tür. Thorstens Großmutter Dietlin-

de öffnete und regte sich zunächst heftig über das Erscheinen der Kripo-Leute auf. Erst nach ein paar Minuten habe sie sich »kooperativ« gezeigt.

Die beiden Hofer Ermittler besichtigten Wohnhaus, Schuppen und den Hundezwinger. Auf dem Gelände standen zwei offensichtlich defekte Trabant-Autos aus DDR-Zeiten, ein zwar abgemeldeter, aber fahrtüchtiger grauer Opel Kadett und ein zugelassener Ford Sierra. Anschließend besahen sich die Ermittler Thorstens Zimmer und empfanden es als »absolut verwahrlost. Es lagen dreckige Kleidungsstücke im Raum herum, und es roch auch sehr unangenehm.«

An Thorsten selbst, der diesmal zu Hause war, fiel den Polizisten ein Detail besonders auf: Der junge Mann trug einen Anhänger um den Hals, in den ein Foto von Peggy eingeschweißt war. Außerdem notierte Hauptkommissar Holzer fürs Protokoll: »Herr Engelhard zeigte sich beim Erscheinen der Polizei ziemlich nervös.«

Holzer deutete auf das Medaillon und fragte: »Seit wann tragen Sie dieses Foto?«

»Seit Peggys Verschwinden«, antwortete Engelhard.

Wie oft er schon in Lichtenberg gewesen sei, wollte der Polizist wissen.

»Vier oder fünf Mal.«

Und wann das letzte Mal?

Thorsten dachte kurz nach und antwortete dann mit fester Stimme: »Da bin ich mir ganz sicher, das war im letzten Jahr in den Sommerferien.«

Er sei zwei Wochen dort gewesen. Gewohnt habe er, wie immer, im Gästezimmer in der Wohnung der Kaisers. »In diesen zwei Wochen im vergangenen Sommer kam die Peggy dann fast täglich zu Kaisers in die Wohnung.« Sie habe dort auch ihre Hausaufgaben erledigt, denn ihre Mutter Susanne und ihr Stiefvater Ahmet seien arbeiten gewesen. Sein

Verhältnis zu Peggy sei außergewöhnlich innig gewesen, behauptete Thorsten. »Die Peggy ist damals deshalb gerne auch zu Kaisers gekommen, weil ich da war. Wir haben uns kennengelernt, und es waren gegenseitige Sympathien da.«

Wir haben Peggys beste Freundin Sandra Kaufmann gefragt, ob Peggy jemals von Thorsten erzählt habe. Nein, nie, antwortet sie. Hätte Peggy ihr von ihm erzählt, wenn die beiden tatsächlich so innig miteinander befreundet gewesen wären? Sandra ist sich sicher: »Das hätte sie mir erzählt.«

Welcher Art diese Sympathien gewesen seien, fragte der Beamte, denn immerhin sei Thorsten ja doppelt so alt wie das Mädchen. Darauf dieser: »Die Sympathien waren geschwisterlich, eindeutig. Sie hat mir auch oft gesagt, dass sie gerne mit mir nach Halle gehen würde und meine Schwester sein will.«
Der Polizist hakte nach: »Gab es zwischen Ihnen und Peggy irgendwelche Zärtlichkeiten?«
»Eigentlich nicht.«
Nachfrage: »Was heißt eigentlich?«
Thorsten: »Wenn wir uns gesehen haben, haben wir uns bei der Begrüßung in den Arm genommen.«
Und was war mit Küssen oder anderen Zärtlichkeiten?
»Nein, es gab keine weiteren Zärtlichkeiten.«
Tatsächlich nicht? Kommissar Holzer hatte sich auf das Verhör vorbereitet. Er hatte ein Foto gesehen, das Thorsten mit Peggy zeigt. Auf diesem Bild beugt er sich von hinten über sie und nimmt sie in den Arm. Holzer sprach ihn darauf an. Thorsten fiel auch dazu eine Erklärung ein: »Ja, das Foto gibt es, das hat damals mein kleiner Halbbruder gemacht. Der Chris war nämlich mal in Lichtenberg dabei.«

Der Ermittler versuchte es mit einer abrupten Überrumpelung und wechselte unvermittelt das Thema: »Haben Sie einen Pkw?«

Statt eines einfachen Ja oder Nein holte Thorsten etwas aus: »Die zwei Trabanten im Hof sind nicht mehr fahrbereit, der Ford gehört dem Vater, der Kadett ist abgemeldet und hat dem Maik Kaiser gehört.«

Nachfrage: »Fahren Sie manchmal ein bisschen mit dem Auto herum?«

»Ja, hier auf dem Gelände mit dem Kadett.«

»Fahren Sie auf öffentlichen Straßen herum?

»Diese Frage möchte ich nicht beantworten.«

Dann überlegte er es sich anders und antwortete doch. Er sei allenfalls »auf einem Feldweg in der Nähe herumgefahren«, sagte Thorsten Engelhard. Aber er blieb dabei, dass er »noch nie auf öffentlichen Straßen« unterwegs gewesen sei. Und unaufgefordert fügte er hinzu, er sei sich »absolut sicher«, dass er »noch nie mit einem Auto ohne Führerschein in Lichtenberg« gewesen sei.

Kommissar Holzer wechselte erneut das Thema und fragte Thorsten, was er bei seinem Besuch im Sommer 2000 mit Peggy unternommen habe. Der antwortete: »Wir waren auch draußen unterwegs auf einem Spielplatz, wir waren hinten in einem Waldstückchen. Ich war meistens nur allein mit ihr unterwegs.«

Während Thorsten noch sprach, betrat Dietlinde Engelhard das Zimmer. Sie hatte seine letzten Worte mitgehört und plauderte arglos aus, dass sie mit ihrem Mann und Thorsten zuletzt im Januar 2001 in Lichtenberg gewesen seien. Das war jetzt eine echte Überraschung! Gerade eben hatte Thorsten noch erklärt, im Sommer 2000 zum letzten Mal bei den Kaisers gewesen zu sein, und dabei ausdrücklich betont, er sei sich dessen absolut sicher. Kommissar

Holzer beobachtete Thorstens Reaktion und notierte: »Der Zeuge denkt jetzt nach und meint, sich erinnern zu können, dass er im Januar bei dem Besuch in Lichtenberg dabei gewesen ist.« Und gleich darauf sagte Thorsten: »Jetzt fällt's mir ein.« Es sei kalt gewesen, er habe Eis von den Autoscheiben kratzen müssen, »es kann also im Januar dieses Jahres gewesen sein«.

Kommissar Holzer kam auf den Zettel in Peggys Schulheft zu sprechen: »Haben Sie die Postanschrift aufgeschrieben?«

Thorsten: »Ja, die Anschrift hat sie von mir.«

»Warum haben Sie die Anschrift aufgeschrieben?«

»Ja, weil sie eigentlich vorhatte, mir zu schreiben, und ich hatte auch vor, ihr zu schreiben. Es ist aber nie dazu gekommen.«

»Das ist aber schon eigenartig, oder?«

»Ja, das gebe ich zu.« Nicht einmal telefoniert hätte er mit Peggy. Sie habe sich nie bei ihm gemeldet.

Und schließlich forderte der Kommissar Thorsten auf: »Schildern Sie den Tagesablauf des Montag, 7. Mai 2001.«

Thorsten antwortete nach einer Nachdenkpause: »Da war ich vormittags sicher in der Schule, und nachmittags war ich wie üblich in einem Klubhaus in der Nähe von Gröbers.« Mit Klubhaus meinte Engelhard eine selbstgezimmerte Holzhütte, in die er sich oft mit den anderen Jugendlichen seiner Clique zurückzog. Am 7. Mai sei er mit seinen beiden Freunden Tom und Jens dort gewesen. Gegen 18.30 Uhr sei er nach Hause gegangen. Am nächsten Tag habe er dann von seiner Mutter erfahren, dass Peggy verschwunden sei.

Ob er eine Idee habe, was mit dem Mädchen geschehen ist?

Thorsten hatte eine: »Meine starke Vermutung beruht auf dem Stiefvater, dem Ahmet.«

Warum er das glaube?

Thorsten antwortete, Peggy habe ihm gegenüber »derartige Äußerungen gemacht, dass der Türke sie nicht mag«. Für »den Türken« sei Peggy »irgendwie nur ein Mitesser« gewesen, »es war nicht seine leibliche Tochter«.

Damit war das Verhör zunächst beendet. Als die Beamten gingen, beschlagnahmten sie eine selbstgebrannte CD, die sie in Thorstens Zimmer gefunden hatten. Auf dieser CD fanden sie Kinderporno-Fotos und Bilder von Peggy, darunter auch das Bild, das Thorsten um den Hals trug.

*

Als Nächstes überprüften die Polizisten, ob Thorsten die Wahrheit gesagt hatte. Holzers Kollege Koller aus Halle fuhr zur Berufsschule und fragte nach, ob Thorsten tatsächlich am 7. Mai dort gewesen war. Die stellvertretende Rektorin holte das Klassenbuch hervor und sah nach. Das Resultat: Thorsten hatte geschwänzt, und zwar nicht nur am 7. Mai, sondern auch die ganze Woche davor und die Tage danach.

Sein Alibi für den Nachmittag erwies sich ebenfalls als falsch. Thorstens Freund Tom sagte, er sei am 7. Mai nicht im Klubhaus gewesen, weshalb Thorsten ihn dort nicht getroffen haben konnte. Jens erklärte, er sei zwar dort gewesen, nicht jedoch Thorsten. »Wir waren an diesem Tag nur zu dritt oder viert, weshalb ich mich genau daran erinnern kann, dass Thorsten nicht da war.«

Erst am 8. Mai hätten sich die drei wieder im Klubhaus getroffen, einen Tag nach Peggys Verschwinden. »Thorsten kam vollkommen aufgelöst zu uns an den Lagerplatz«, sagte Jens im Polizeiverhör. »Dieses Verhalten war im absoluten Gegensatz zu seinem sonstigen Verhalten.« Er habe dann erzählt, dass Peggy verschwunden sei und dass er sie »sehr gern habe, so als sei sie seine Schwester«. Thorsten habe auch vom »Türken« erzählt, dem Stiefvater, der Peggy immer schlage. Sollte er herausfinden, dass »der Türke« mit ihrem Verschwinden zu tun habe, werde er mit dem grauen Opel nach Lichtenberg fahren und ihn zusammenschlagen. Dann fragte er »uns, ob wir ihm Kennzeichen für den Opel besorgen können«. Dazu habe sich aber jedenfalls spontan keiner in der Lage gesehen. »Thorsten fragte auch in die Runde, wer denn mitkommt nach Lichtenberg, um den Türken zusammenzuschlagen.« Nur einer habe sich gemeldet – Frank Haller, ein 17-Jähriger, der wegen Drogenbesitzes und zahlreicher kleinkrimineller Delikte polizeibekannt war. Der Frank habe dann auch gleich dazugesagt, »dass man mit falschen Kennzeichen auch tanken könne und ohne Bezahlen abhauen«.

Die Ermittler erfuhren aber noch mehr – nämlich dass Thorsten schon vor Peggys Verschwinden eine illegale Spritztour nach Lichtenberg geplant hatte. Thorsten habe ihm »noch vor dem Bekanntwerden des Vermisstenfalles« angekündigt, »dass er mit dem Opel einmal nach Lichtenberg zu der Peggy fahren will«, sagte sein Kumpel Sven Ostendorf laut Ermittlungsakte. »Das habe ich aus seinem Munde gehört. Das hat er einmal im Klubhaus erzählt, da waren viele dabei.« Thorsten habe seiner Clique auch erzählt, dass er häufig mit Peggy telefoniere und sie wie eine Schwester für ihn sei. Und schließlich: Um den 7. Mai herum wurde Thorsten tatsächlich beim Autofahren beobachtet, sagte ein weiterer Zeuge namens Mark Raschke der Polizei. Sie seien zu dritt gewesen – Thorsten am Steuer, sein Kumpel Frank auf dem Beifahrersitz und ein Dritter auf der Rückbank. An dem Opel seien gestohlene Kennzeichen angebracht gewesen. Die drei seien vom Hof der Engelhards auf die Umgehungsstraße und dann durch den Nachbarort gefahren. Das deckt sich mit der Aussage von Thorstens Ex-Freundin Jana Thiele. »Thorsten hat mir erzählt, dass er mit Autos ohne Führerschein rumgefahren ist«, plauderte das

Mädchen aus. »Er hat auch schon Autos geknackt.« Und: Die Peggy, das sei seine »Süßeste und Liebste« gewesen.

Der Verdacht gegen Thorsten Engelhard erhärtete sich. Er hatte ein falsches Alibi angegeben und offensichtlich gelogen, als er bestritt, ohne Führerschein Auto gefahren zu sein. Jetzt machten sich die Beamten daran, ein Motiv zu finden; sie vermuteten es in Thorstens sexuellen Neigungen. Also fragten sie Thorstens Freunde nach dessen Beziehungen zu Mädchen. Sie hatten Glück: Sein Kumpel Mark erzählte den Beamten von der Affäre mit der elfjährigen Mandy. Und Jana Thiele sagte aus, Thorsten habe gern mit ihren kleinen Geschwistern gespielt, »insbesondere mit der vierjährigen Janine, aber nicht in anrüchiger Weise«. Außerdem gebe es da eine gewisse Tatjana, »so eine kleine Blonde. Sie ist wesentlich jünger und geht in die zweite Klasse.« Ob er sie »angefasst« habe, wisse sie nicht, glaube es aber »eher nicht«. Ende April 2001, kurz vor Peggys Verschwinden und nach dem Ende der Beziehung zu Jana, habe Thorsten fast schon verzweifelt versucht, sexuelle Kontakte zu knüpfen. Ein Mädchen erinnerte sich: »Er hat mich angesprochen, und ich habe ihm einen Korb gegeben. Das war so circa zwei bis drei Wochen vor Peggys Verschwinden.« Seine Freunde bestätigten, dass er im Klubhaus mehrmals betrunken zwölf- bis dreizehnjährige Mädchen »anmachte«, allerdings ohne Erfolg.

Die Polizisten erfuhren auch, dass sich Thorsten nach Peggys Verschwinden auffällig anders benahm als vorher. »Thorsten ist in den letzten beiden Wochen ein richtiges Großmaul geworden«, sagte sein Freund Mark Raschke den Beamten. Und dessen Bruder Tom ergänzte: »Thorsten hat sich von unserer Gruppe etwas abgesondert.« Er hänge jetzt viel mit Frank Haller zusammen: »Der Frank ist nach meiner Meinung ein Gauner.« Nach Peggys Verschwinden hätten Thorsten und Frank ein komplettes Wochenende »von Freitag bis Sonntag durchgesoffen«, so Mark Raschke.

*

Damit hatten die Ermittler einiges zusammenbekommen. Das falsche Alibi, der geplante Ausflug im Opel nach Lichtenberg, die Frustration über das Ende seiner Beziehung, Thorstens drängende Suche nach einer sexuellen Affäre, dazu die Unwahrheiten, die er den Beamten aufgetischt hatte. Aber noch etwas passte frappierend: Peggys Verhalten hatte sich seit dem Sommer 2000 merklich verändert. Sie war nervös, unkonzentriert, aß schlecht und wurde seit Ostern 2001 mit Psychopharmaka behandelt. Mag sein, dass all das mit Thorsten nichts zu tun hatte, merkwürdig wirkt es aber doch.

Die Polizisten bereiteten das nächste Verhör mit Thorsten Engelhard vor. Diesmal besuchten sie ihn nicht zu Hause, sondern bestellten ihn ins Dienstgebäude der Kripo Halle, und zwar am 30. Mai 2001 um 14 Uhr. Thorsten erschien pünktlich und saß wenig später im Verhörzimmer, ihm gegenüber der bayerische Soko-Ermittler Holzer. Der Beamte verwies Thorsten »eingehend auf sein Aussageverweigerungsrecht«, falls er sich mit einer Antwort selbst belaste.

Dann legte er los: Engelhard habe im ersten Verhör vor zwei Tagen an mehreren Stellen nicht die Wahrheit gesagt. Der gab sich unwissend und fragte, »wo das denn beispielsweise der Fall gewesen sei«.

Der Kommissar erwiderte: »Sie waren am 7. Mai 2001 nicht in der Schule.«

Thorsten dachte kurz nach und erklärte dann: »Ich musste ja lügen, weil ich in Gegenwart meiner Mutter nicht die Wahrheit sagen wollte.« Tatsächlich gehe er schon seit Wochen nicht mehr in die Schule. Die Eltern wüssten davon aber nichts. Morgens verlasse er immer pünktlich das Haus. Dann ergänzte er unaufgefordert, dass er mit dem Verschwinden von Peggy nichts zu tun habe. »Ich war an diesem Tag nicht in Lichtenberg, sondern ich habe mich sicher, wie gewöhnlich, in Halle aufgehalten.«

Mit wem, hakte der Beamte nach.

Thorsten nannte die Namen zweier Kameraden. Mit denen sei er am Morgen nach Halle gefahren und am Mittag wieder zurück. Wieder eine Lüge, wie die Kripo schnell herausfand. Beide bestritten, Thorsten am 7. Mai gesehen zu haben.

Die Beamten wollten wissen, warum Thorsten beim ersten Polizeiverhör ausgesagt hatte, er habe nie mit Peggy telefoniert – während er seiner Clique offenbar das Gegenteil erzählte.

Thorsten dachte kurz nach und erklärte dann: Er habe ab und zu den Maik angerufen, und wenn Peggy bei den Kaisers war, sei sie auch mal an den Apparat gekommen. Insofern stimme es also, dass er mit ihr telefoniert habe.

Dann der nächste Vorhalt: »Sie sollen im April in Ihrer Clique davon gesprochen haben, dass Sie mal wieder nach Lichtenberg zu der kleinen Peggy wollen – wenn's sein muss, auch mit dem silberfarbenen Pkw, der bei Ihnen im Hof steht.«

Darauf Thorsten: »Ja, ich kann mich daran erinnern.« Er habe aber nur »allgemein gesagt«, dass er mal wieder nach Lichtenberg wolle, nicht aber, »dass ich da mit dem Opel runterfahren will«.

Nun fragte der Beamte nach dem merkwürdigen Medaillon mit Peggys Foto, das Thorsten auch diesmal um den Hals trug.

Er antwortete, er habe es immer bei sich, »seit ich weiß, dass Peggy verschwunden ist. Sie ist so etwas wie eine kleine

Schwester für mich.« Der Anhänger mit dem Bild sei ein »Erinnerungssymbol, bis sie wieder auftaucht«.

»Sind Sie jetzt nervös?«, erkundigte sich der Kommissar unvermittelt.

Thorsten: »Ja, ich bin das erste Mal hier in einem solchen Raum. Wenn Sie das bei mir zu Hause gemacht hätten, wär das ganz anders.«

Schließlich stellte Kommissar Holzer eine besonders heikle Frage, auf die er sich sorgfältig vorbereitet hatte. Er wollte wissen, was es mit dieser Tatjana auf sich hatte, von der Thorstens Ex-Freundin Jana gesprochen hatte. Holzer wusste bereits, um wen es sich handelte und dass das Mädchen erst acht Jahre alt war. Ob er wohl sagen könne, um wen es sich dabei handelt?

»Das ist meine Nichte«, antwortete Thorsten. »Es stimmt, dass ich mit ihr ein gutes Verhältnis habe.« Mehr sei aber nie vorgefallen, »da sollen mir lieber die Hände abfallen«.

Was blieb, war ein komisches Gefühl. Ihren Verdacht gegen Thorsten Engelhard konnten die Beamten nicht erhärten. Sie hatten haufenweise Indizien, aber keinen schlagenden Beweis und keine Leiche. Allerdings, und das könnte ein Fehler gewesen sein, suchten sie Peggy nur in und um Lichtenberg, nicht aber zwischen Halle und Leipzig. Und Thorsten Engelhard erwies sich als geschickt, wenn er im Verhör gefährliche Situationen zu umschiffen hatte. Soko-Ermittler Holzer notierte: »Er war nicht sehr redselig, man musste ihm alles aus der Nase ziehen.«

Danach ließ die Polizei Thorsten in Ruhe. Die Soko Peggy interessierte sich nicht mehr für ihn. Der Kripo in Sachsen-Anhalt fiel er in den nächsten Jahren ebenfalls nicht weiter auf. Thorsten lebte sein Leben, er hatte einen Job und mit Janine eine Freundin, mit der es mal besser, mal schlechter lief. Als Janine von ihm schwanger wurde, zogen die beiden zusammen und bekamen eine Tochter. 2010 kam das zweite Kind auf die Welt, wieder ein Mädchen.

*

Dass Thorsten dann doch wieder ins Visier der Ermittler rückte, ist einer Kette von Zufällen zu verdanken, die die Beamten des Landeskriminalamtes Sachsen-Anhalt noch nach Monaten staunen ließ. Es begann damit, dass Thorsten Ende 2011 wieder einmal seinen Computer einschaltete und das Programm »E-Donkey« startete. Er war auf der Suche nach Kinderpornographie – Bilder und Videos. E-Donkey ist ein sogenanntes P2P-Programm. Es verbindet Gleichgesinnte im Internet miteinander. Jeder, der mitmachen will, gibt die Dateien eines Ordners auf seiner Festplatte für die anderen E-Donkey-Nutzer frei und kann dafür die Tauschverzeichnisse der anderen durchstöbern. Diese anderen sind durchweg anonym und sitzen überall auf der Welt. Mit Suchworten finden sie Dateien, auf die sie scharf sind. Thorsten tippte »pedo« in die Suchmaske, eine Chiffre für Pädophilie. Sekunden später baute sich eine Liste mit Treffern auf, die er per Mausklick auf seinen Computer laden konnte.

Doch ausgerechnet an diesem Tag starteten die ostdeutschen LKA-Ermittler eine sogenannte »anlassunabhängige Recherche« – sprich: Sie öffneten ebenfalls ihre E-Donkey-Programme und durchstöberten die Dateien, die andere User zum Herunterladen anboten. Ein Anbieter fiel ihnen besonders auf, weil an der IP-Nummer seines Rechners zu erkennen war, dass er irgendwo in Ostdeutschland stehen musste. Dass er tatsächlich nur ein paar Kilometer entfernt war, wussten die Ermittler da noch nicht. Die Bilder und Videos, die sie von diesem Rechner herunterluden, zeigten das Gesicht eines vielleicht zwei Jahre alten Mädchens, außerdem das erigierte Glied eines Mannes und ein paar weitere Körperteile. Es war eine eindeutige Missbrauchssituation. Im Hintergrund der Bilder war die Einrichtung einer Wohnung zu erkennen. Außerdem enthielten die Fotos sogenannte Exif-Dateien. Die werden automatisch von jeder Kamera in die Bilddateien eingefügt und enthalten Datum, Uhrzeit und Kameratyp. Damit wussten die Ermittler bereits eine Menge.

Schon bald hatten sie auch den Namen und die Adresse des Mannes in Erfahrung gebracht – mit Hilfe der IP-Nummer und des Telekom-Providers. Staatsanwaltschaft und Kripo besorgten sich einen Durchsuchungsbefehl. Eine Streifenbesatzung und ein Kripo-Beamter fuhren zur angegebenen Adresse. Es war die Wohnung von Thorsten Engelhard. Sie beschlagnahmten einen PC, einen Laptop und eine Kamera. Die beiden Computer erwiesen sich als Treffer. Die Dateien, die die Ermittler bei ihrer »anlassunabhängigen Recherche« gefunden hatten, fanden sich tatsächlich auf der Festplatte. Allerdings waren die Bilder und Videos nicht mit der beschlagnahmten Kamera geschossen worden. Die Exif-Daten der Bilder passten nicht. Aber etwas anderes passte: Das missbrauchte Mädchen war eindeutig identifizierbar. Es war die jüngere von Thorstens Töchtern, damals erst zwei Jahre alt. Außerdem war eindeutig, dass die Bilder in seiner Wohnung aufgenommen worden waren. Bei einer zweiten Hausdurchsuchung fanden die Ermittler schließlich auch die passende Kamera, versteckt in einem Schrank.

Am 10. August 2012 wurde Thorsten Engelhard festgenommen und wanderte in Untersuchungshaft. Die Polizei zwang ihn zu einer sogenannten Nackt-ED. »ED« steht für erkennungsdienstliche Behandlung. Ein peinlicher Test, bei dem der gesamte Körper unbekleidet auf wiedererkennbare

Merkmale untersucht wird. Und auch dabei landeten die Ermittler einen Treffer. Der Mann auf den Fotos war Thorsten Engelhard. Die Staatsanwaltschaft klagte ihn wegen sexuellen Missbrauchs seiner Tochter an, außerdem dafür, dass er kinderpornographische Bilder und Videos in Umlauf brachte.

Im Februar 2013 begann der Prozess. Auf der Zuschauerbank drängten sich viele von Thorstens Freunden, was ihm sichtlich unangenehm war. Auch Otto und Dietlinde Engelhard waren gekommen. Aber schon kurz nach Beginn der Verhandlung wurde die Öffentlichkeit ausgeschlossen. Das blieb auch bis zur Urteilsverkündung so. Daher bekamen nur ein paar Eingeweihte mit, dass die Beweisaufnahme nur wenige Minuten dauerte. Die Vorsitzende Richterin und ihre Beisitzer bekamen die Bilder zu sehen, die die LKA-Spezialisten im Netz gefunden hatten, dazu Gutachten, die klarstellten, wen diese Bilder zeigen und wo sie entstanden waren. Außerdem nahm das Gericht das Gutachten eines Psychiaters zur Kenntnis, der Thorsten Engelhard bescheinigte, pädophil zu sein. Damit konnte er nun nicht länger behaupten, er würde Kinder nicht unsittlich anrühren wollen, sondern nur geschwisterlich, wie er das bei den Ermittlungen nach Peggys Verschwinden immer wieder getan hatte.

Die Zuschauer bekamen auch nicht mit, wie der Staatsanwalt Engelhard nach seiner Vorgeschichte befragte – und wie wortkarg dieser antwortete. Als sich der Ankläger nach Peggy erkundigte, wiederholte Thorsten seine früheren Aussagen. Er habe Peggys Bild in einem Anhänger um den Hals getragen, weil er sich gut mit ihr verstanden und sie häufig besucht habe. Der Staatsanwalt wollte wissen, ob er sich früher schon Kindern sexuell genähert habe. Der Angeklagte lehnte sich zurück, grinste und antwortete dann sinngemäß: Das möchten Sie wohl gerne wissen, dazu sage ich aber nichts. Seine Neigung zu Kindern bestritt er nicht länger, er sagte zu, er werde sich einer Therapie unterziehen.

Schon am zweiten Prozesstag fiel das Urteil – sechs Jahre Gefängnis. Engelhard schluckte, als das Gericht die Strafe verkündete. Es war exakt das Strafmaß, das die Staatsanwaltschaft verlangt hatte.

Als die Richterin das Urteil verlas, war die Öffentlichkeit wieder zugelassen. Unter den Zuschauern – und das ist eine weitere Überraschung – saßen auch zwei Beamte der Kriminalpolizeiinspektion Bayreuth. Die beiden Polizisten hatten sich vor dem ersten Verhandlungstag bei der Richterin gemeldet und baten darum, auch die nichtöffentlichen Teile verfolgen zu dürfen. Sie durften und hörten zu ihrem Erstaunen, dass im Verfahren gegen Thorsten auch über den Fall Peggy gesprochen wurde und dass hier ein Mann vor Gericht stand, der von ihren Kollegen in Oberfranken damals verdächtigt worden war, etwas mit dem Verschwinden des Mädchens zu tun gehabt zu haben.

Der Grund, aus dem die Bayreuther Kriminalbeamten zum Prozess nach Halle gekommen waren, war indes ein anderer, nämlich ein Ermittlungsverfahren der Staatsanwaltschaft gegen Thorsten Engelhard »wegen des Verdachts von Sexualdelikten«, wie der Sprecher der Bayreuther Anklagebehörde, Ernst Schmalz, uns auf Anfrage mitteilte. Worin dieser Verdacht genau besteht, wollte die Staatsanwaltschaft nicht mitteilen, aber wir haben es trotzdem erfahren. Ausgerechnet Thorstens Bruder-Onkel Maik Kaiser hatte ihn angezeigt: Thorsten habe auch seine Tochter missbraucht – Tatjana. Wir erinnern uns: »Da sollen mir lieber die Hände abfallen«, hatte Thorsten damals geantwortet, als Kommissar Holzer von der Soko Peggy ihn auf ebenjenes Mädchen ansprach. Und damals hatte der Ermittler ihm das glauben müssen, auch wenn Zweifel blieben. Heute könnte er Thorsten damit konfrontieren, dass ein Psychiater ihn als pädophil einstufte, und auch damit, dass Thorsten dies nicht mehr bestreitet. Oder dass er seine eigene kleine Tochter missbrauchte, ohne dass ihm eine Hand abgefallen wäre. Oder damit, dass Maik Kaiser ihn angezeigt hat, weil er dessen Tochter auch missbraucht haben soll.

Hätte Kommissar Holzer all das schon zwölf Jahre vorher gewusst und Thorsten damit konfrontiert, dann hätte er als Nächstes noch einmal fragen können, was zwischen Thorsten und Peggy vorgefallen war. Er hätte Thorsten warnen können, dass er sich die Antwort gut überlegen solle, denn er habe bisher bei jedem Mädchen behauptet, alles sei harmlos gewesen, man habe sich einfach nur gut verstanden und sympathisch gefunden. Und jedes Mal steckte eben doch mehr dahinter.

Kommissar Holzer war damals übrigens nicht der Einzige, der Engelhard verdächtigte. Ein Jahr nachdem er ihn in Halle vernommen hatte, ging auch die Soko Peggy 2 dieser Spur nach. Sie hielt es zudem für möglich, dass Maik Kaiser seinem Bruder-Neffen geholfen haben könnte, Peggys Leiche verschwinden zu lassen. Am 5. Juni 2002 wurde Kaiser von den Sonderermittlern zum Verhör geladen und hart rangenommen. Er habe versucht, ein Bild von seiner Festplatte zu löschen, bevor die Polizei seinen Computer beschlagnahmte, warfen sie ihm vor. Es war das Bild, das Thorsten in inniger Umarmung mit Peggy zeigt. Maik Kaiser gab den Löschversuch zu. Die Polizisten wollten dann wissen, wie Maik das Verhältnis zwischen Thorsten und Peggy einschätzte. Der antwortete, Thorsten, obwohl »ein paar Tage« älter als Peggy, habe viel mit ihr »gespielt«. Er könne sich zwar »nicht vorstellen, dass Thorsten mit Peggy intim geworden ist«, aber als der im Sommer 2000 zu Besuch war, da habe er die Möglichkeit durchaus gehabt. Denn: »Teilweise war er auch alleine mit Peggy in der Wohnung.«

Und dann sagte Maik Kaiser einen Satz, der im wörtlichen Protokoll fehlt, weil er von der Schreibkraft versehentlich nicht mitgeschrieben wurde. Die Beamten notierten in einer Aktennotiz, was sie ihn sinngemäß sagen hörten. Demnach sagte Kaiser: »Wenn ich sie [gemeint Peggy] versteckt hätte, dann würde man sie nie finden.«

Was denkt sich ein Mann, der so einen Satz sagt? Wir hätten Maik Kaiser gern gefragt, wie er das meinte. Er lehnte den Kontakt zu uns nach anfänglichen Telefonaten aber ab. Seine Bemerkung provozierte die Ermittler. Die Art, wie sie sie protokollierten und auffällig in der Akte plazierten, ist unmissverständlich. Sie hätten gern herausgefunden, ob Kaiser das nur so dahersagt hatte oder ob mehr dahintersteckte.

Deutlich wird hier aber noch etwas anderes: Auch die Soko 2 war sich im Frühsommer 2002 nicht mehr sicher, den Fall schnell zu einem Ende bringen zu können. Die erste heiße Spur – Ahmet Yilmaz – hatte definitiv in eine Sackgasse geführt. Die zweite heiße Spur – Ulvi Kulac – drohte ebenfalls zu scheitern, denn die Ermittler hatten trotz aller Bemühungen keinen Beweis gefunden. Die dritte heiße Spur war die auf Thorsten Engelhard. Wolfgang Geier und seine Sonderkommission begannen gerade erst, sich näher mit ihr zu beschäftigen. Das Verhör mit Maik Kaiser im Juni 2002 wäre der Einstieg in diesen Ermittlungsstrang gewesen.

Aber wenige Wochen später lieferte Ulvi Kulac sein Geständnis. Die Spur auf Thorsten Engelhard war damit überflüssig. Niemand interessierte sich mehr dafür. Der Fall Peggy konnte auch so abgeschlossen werden.

Teil 5
Im Namen des Volkes

Kapitel 33
Peggy – nur ein Einzelfall?

Ist so etwas eine gängige Methode? Einen Fall irgendwie abzuschließen, ohne mit Gewissheit die Wahrheit ermittelt zu haben? Der Fall Peggy ist offensichtlich kein Einzelfall. In den letzten Jahren wiederholte sich das Muster immer wieder. Es handelt sich meist um Fälle mit Sensationspotenzial, über die viel öffentlich berichtet wurde. Die Ermittlungen folgen stets ähnlichen Mustern und Abläufen. Zunächst tritt ein dominanter Chefermittler auf, der für das Versprechen an die Öffentlichkeit steht, den Fall alsbald zu lösen und den oder die Täter dingfest zu machen. Als Nächstes folgt eine Tathypothese, über deren Zustandekommen der Chefermittler wenig sagt und die er stattdessen vor den Mikrofonen der Reporter nur allgemein mit »Erkenntnissen« begründet, die aus »ermittlungstaktischen« oder sonstigen Gründen nicht näher erläutert werden könnten. Ob die Hypothese stimmt, ist bis dahin meist noch ungewiss. Gewiss aber ist, dass die Ermittler sie in solchen Fällen derart hartnäckig verfolgen und sich derart in eine innere Ermittlungslogik verstricken, dass sie die Wahrheit und das eigentliche Tatgeschehen aus den Augen verlieren. Die Tathypothese erscheint ihnen plausibler als die Wirklichkeit. Zeugen oder Sachbeweise, die dagegensprechen, werden ignoriert, relativiert oder verbogen. Das Problem, dass laut dem Grundsatz »in dubio pro reo« die Schuld bewiesen werden muss und nicht die Unschuld, wird idealerweise mit einem Geständnis gelöst, über dessen Zustandekommen ebenfalls niemand spricht und das am Ende nur mit erheblichem investigativen Aufwand überprüft werden kann. Zum Charakter eines solchen Falles gehört am Ende ein Gerichtsverfahren, das den schönen Schein einer nach Tatsache aussehenden Tathypothese übernimmt und einen Beschuldigten auch ohne zwingenden Beweis verurteilt.

Weitere Zutaten zu solchen Fällen sind möglichst nicht zu intelligente Beschuldigte und ein kameradschaftlicher Geist zwischen Richtern, Staatsanwälten und Polizeiermittlern, jedenfalls in den oberen Rängen. Auffällig ist außerdem, dass die Beschuldigten meist von Pflichtverteidigern vertreten werden, die dafür mit mageren Tagessätzen honoriert werden und eher nicht zur Elite ihres Berufsstandes gehören. Wenn all diese Umstände zusammenkommen, gerät ein Verfahren leicht zur Justizshow, die vor allem dazu dient, eine gut klingende Schlagzeile zu produzieren – nach dem Motto: Bei uns bleibt kein schweres Verbrechen ungesühnt.

*

Ein geradezu prototypischer Fall dieser Kategorie ist der des Bauern Rudi Rupp aus Neuburg an der Donau. Am 13. Oktober 2001 fuhr der 52-Jährige in seinem Mercedes in die Gaststätte des örtlichen Sportvereins BSV. Beliebt war er dort nicht. Er galt als launisch, streitsüchtig und selbst für ländliche Verhältnisse etwas zu trinkfreudig. Außerdem kam er meistens direkt aus dem Stall, hatte sich nicht umgezogen oder geduscht und setzte sich in Blaumann und Gummistiefeln an den Biertisch. So auch an diesem Tag. Rupp saß allein und wechselte nur wenige Worte mit den anderen Gästen. Er leerte acht Gläser Weißbier und verqualmte eine Schachtel Zigaretten. Gegen 1 Uhr stand er auf und bat den Wirt, Bier und Zigaretten anzuschreiben. Er wankte nach draußen und setzte sich hinters Steuer. Beim Ausparken rammte er einen Blumenkübel. Ein Zeuge sah ihn wegfahren. Zu Hause kam der Bauer Rupp allerdings nicht an. Am nächsten Tag meldete seine Frau Hermine ihn als vermisst. Dann passierte lange Zeit nichts. Die Polizei unternahm einige halbherzige Anläufe, um sein Verschwinden aufzuklären, fand aber keinen brauchbaren Ansatz. Das änderte sich, als die Politik Druck machte und der Ingolstädter Oberstaatsanwalt Stephan Veh die Leitung der Ermittlungsgruppe übernahm. Im Januar 2004 standen Ermittlungsbeamte bei der Familie Rupp vor der Tür. Sie hatten einen Verdacht: Der Bauer könnte einem Mordkomplott seiner Familie zum Opfer gefallen sein. Seine Ehe sei zerrüttet, der landwirtschaftliche Betrieb am Ende, der Offenbarungseid stehe kurz bevor, die Familie lebe vom stückweise erfolgenden Verkauf ihrer Felder. Außerdem habe sich Rupp mit der einen Tochter überworfen, weil er ihren Freund ablehnte, die andere soll er als Kind missbraucht haben. Offenbar war es Dorfklatsch, der die Kripo auf die Spur gebracht hatte. Bauer Rupp sei im Misthaufen vergraben oder den Hunden zum Fraß vorgeworfen worden, tratschten die Leute.

Im Fall Rupp gibt es verblüffende Parallelen zum Fall Peggy. Die Kriminalbeamten entwickelten eine Theorie, wie sich die Tat zugetragen haben könnte. Der Bauer sei mit dem Auto nach Hause gefahren. Dort habe die Familie auf ihn gewartet und ihn getötet. Zwar gibt es für diese Theorie keinen einzigen Beweis, dennoch taten Kripo und Staatsanwaltschaft alles, um sie irgendwie zu belegen. Sachbeweise, Blutspritzer oder Knochenreste fanden sie trotz aller Mühen nicht. Dafür gestanden dann Ehefrau Hermine und der Schwiegersohn den Mord. Vor Gericht widerriefen sie die Geständnisse – wieder eine Parallele zum Fall Peggy. Und in beiden Fällen waren die Verdächtigen auffallend minderbegabt. Der Landshuter Landgerichtsarzt Hubert Haderthauer bescheinigte den Mitgliedern der Rupp-Familie »Grenzdebilität hart am Rande des Schwachsinns«. Ehefrau Hermine hat einen Intelligenzquotienten von 53. Eine der beiden Töchter ist mit einem IQ von 71 noch die Intelligenteste. Und in beiden Fällen standen die Ermittler unter wachsendem öffentlichen Druck. Auch im Fall Rupp drängten die Vorgesetzten auf eine Aufklärung. In beiden Fällen gab es stundenlange Verhöre ohne Anwalt, und in beiden Fällen ließen die Beamten die Delinquenten vor Videokameras den Tatverlauf nachstellen.

Das allerdings erwies sich als schwerer Fehler, jedenfalls für die öffentliche Wahrnehmung. Die Videoaufzeichnungen fielen der Redaktion von *Spiegel-TV* in die Hände. Sie enthüllten, dass die Polizisten den Beschuldigten Aussagen in den Mund legten und das Gesagte hinterher als Geständnis ausgaben. Eine Einstellung zeigt Rupps Schwiegersohn, der vormacht, wie er die Leiche des Bauern in den Keller getragen und ihm dann zuerst den Kopf abgehackt habe. Den Kopf habe er in den Schlachtkessel gelegt. Ein Polizist ist zu hören, der sagt: »Hast gedacht, wenn man es kocht, geht's leichter?« Der Schwiegersohn antwortete: »Ja, so ist's gewesen.« Außerdem widersprechen sich die Beschuldigten immer wieder. Einmal heißt es, sie hätten Rupp mit einem Hammer erschlagen, dann aber, mit einem Holzknüppel. Einmal habe Hermine ihren Mann getötet, dann sei es der Schwiegersohn gewesen. Verblüffend auch diese Sequenz: Eine der beiden Töchter erklärt vor der Kamera, ihre Mutter habe mit der Tötung des Vaters nichts zu tun gehabt. Es folgt ein Schnitt, und dieselbe Tochter kommt erneut ins Bild. Jetzt sagt sie, die Mutter habe den Vater erschlagen. Was mag da wohl in der Zwischenzeit hinter den Kulissen passiert sein?

Es interessierte weder die Staatsanwaltschaft noch die Richter. Wie im Fall Peggy rollte die Justizmaschine über alle Widersprüche und Unklarheiten hinweg. Dass Ehefrau und Schwiegersohn ihre Geständnisse widerriefen, ignorierte die Kammer – wieder eine Gemeinsamkeit mit dem Peggy-Prozess. Stattdessen pickte sie sich die Indizien heraus, die die Mordthese stützten, und seien sie noch so dünn. Etwa die Einschätzung des Landgerichtsarztes Haderthauer, der Bauer habe gewiss keinen Selbstmord verübt. Sonst hätte er an jenem Tag sicher nicht sein Feld bestellt. Und sonst wäre er doch am Abend nicht ins Lokal gegangen wie an jedem anderen Abend auch. Das tue niemand, der sich das Leben nehmen wolle.

Wie im Fall Peggy verselbständigte sich die Argumentation und verwandelte sich in eine frei schwebende Scheinwirklichkeit, die willkürlich mit der wirklichen Welt verwoben wurde. Mögliche Selbstmordmotive wie Geldnot, die zerrüttete Familie, die Diabetes-Erkrankung, die Alkoholsucht – das alles wurde zwar vor Gericht erörtert, aber nur, um es sogleich für widerlegt zu erklären. Am Ende blieb die Mordthese übrig. Das Gericht entwickelte eine in sich schlüssige Kette von Ereignissen, die unabwendbar zum Schuldspruch führte. Im Mai 2005 urteilte die Kammer unter dem Vorsitz des Richters Georg Sitka, Rudi Rupp sei von seiner Familie getötet und zerstückelt worden. Die Leiche habe der Schwiegersohn beseitigt. Wie er das gemacht haben könnte – darüber spekulieren die Richter im schriftlichen Urteil, ohne auch nur den Anschein zu erwecken, sie hätten dafür einen Beweis:

Es ist jedoch auch möglich, dass der Angeklagte eine Entsorgung der Leichenteile gewählt hat, die aus seiner subjektiven Sicht noch furchtbarer ist als das Vergraben der Leichenteile im Misthaufen und die er aus diesem Grund nicht angeben konnte. Hierbei denkt das Gericht z. B. an die Möglichkeit, dass der Angeklagte die restlichen Leichenteile an die Schweine verfüttert haben könnte. Der Kammer ist bekannt, dass Schweine als Allesfresser auch die restlichen Leichenteile samt Knochen fressen würden.«

Auf dieser Grundlage wurden Ehefrau Hermine Rupp und der Schwiegersohn zu je achteinhalb Jahren Freiheitsstrafe wegen gemeinschaftlichen Totschlags verurteilt.

Und weil die Justiz schon so in Fahrt war, knöpfte sie sich auch gleich noch den Schrotthändler Heinrich H. vor. Oberstaatsanwalt Stephan Veh warf ihm vor, er habe den Mercedes des Bauern beseitigt. H. verbrachte deshalb fünf Monate in Untersuchungshaft. Bei den Verhören wurde er massiv bedroht. Ein Polizist habe ihm die Pistole an den Schädel gehalten, sagte H., was ihm noch ein Verfahren wegen Verleumdung einbrachte. Eines Tages kreuzten Polizisten auf seinem Gelände auf und untersuchten jeden Winkel – Polizisten der Wasserschutzpolizei. Wasserschutzpolizei? In einem Mordfall? Kein Zufall, wie sich herausstellte. Ermittler Veh hatte ganz bewusst die Wasserschutzpolizei geschickt. Die Beamten fanden am Ende keine Spur auf den Mercedes, dafür aber viele kleine Umweltsünden, also das, worauf Wasserschutzpolizisten geschult sind. Oberstaatsanwalt Veh schlug H. einen Deal vor: Wenn er einräume, den Mercedes entsorgt zu haben, erspare er sich das Verfahren wegen des Verstoßes gegen Umweltvorschriften. Der Schrotthändler lehnte ab, was ihm 8000 Euro Strafe wegen Umweltfrevels einbrachte. Aber der Staatsanwalt bekam diesmal kein Geständnis und musste mangels anderer Beweise den Vorwurf fallenlassen, der Schrotthändler habe den Rupp-Mercedes beseitigt. Überdies wurde H. beim späteren Verleumdungsprozess freigesprochen. Bei dem kamen noch mehr Ungereimtheiten heraus. Eine Polizistin beichtete, sie habe H. extra einen besonders harten Stuhl hingestellt, damit er beim Verhör möglichst unbequem sitze. Dann kanzelte der Amtsrichter den Oberstaatsanwalt Veh ab, weil der die Sache mit dem Mercedes gesetzwidrig mit den Umweltsünden verknüpft hatte. Es muss bei dieser Verhandlung hoch hergegangen sein. Der Staatsanwalt, der die Verleumdungsklage eingereicht hatte, nannte den Schrotthändler in der Verhandlung »Abschaum«, was auch ihm einen scharfen Verweis des Richters einbrachte. Eine entblößte und blamierte Strafverfolgungsmaschine hatte die Selbstbeherrschung verloren.

Das aber war noch nichts gegen das, was dann folgte. Im Februar 2009 orteten Techniker des Wasserkraftwerks an der Donau-Staustufe Bergheim zwei Autowracks im Schlamm. Das interessierte erst einmal niemanden, bis ein Bergungstaucher ein Kennzeichenschild aus dem Wasser holte. Es lautete auf ND-AE 265. Die Polizei überprüfte die Nummer und stellte fest, dass es sich um das verschollene Auto des Bauern Rupp handelte. Sofort wurde ein Kran ans Donauufer bestellt, mit dem der Wagen hochgezogen wurde. Im Innern befand sich derart viel Schlick und Wasser, dass dabei die Frontscheibe aus dem hängenden Auto herausplatzte. Der schlammige Inhalt klatschte aufs Ufer, mittendrin ein Skelett, das mit einem karierten Hemd bekleidet war. Es war, wie sich herausstellte, tatsächlich die Leiche des Bauern Rupp. Zerstückelt und von den Hunden gefressen war er also nicht. Am Urteil gegen die Familie konnte also etwas nicht gestimmt haben. Die Staatsanwaltschaft Ingolstadt reagierte dennoch so, als spiele das keine Rolle. »Man kann einen Menschen auch töten, ohne äußere Spuren an den Knochen zu hinterlassen«, erklärte der Landshuter Oberstaatsanwalt Helmut Walter. Die Anwälte der Familie

Rupp beantragten beim Landgericht Landshut die Wiederaufnahme des Verfahrens. Zu ihrer Überraschung scheiterten sie damit. Die Staatsanwaltschaft hatte Widerspruch eingelegt und diesen so begründet:

»Der Umstand, dass die Leiche nun gefunden wurde und der Bauer möglicherweise auf eine andere als in der im Urteil beschriebenen Art zu Tode kam, ändert jedoch nichts an den übrigen Feststellungen des Urteils, nämlich, dass die Tat geplant war, dass der Bauer an diesem Abend nach Hause kam, dass er dort von den Verurteilten erwartet und aufgrund eines gemeinsamen Tatplans getötet wurde.«

Erst ein zweiter Wiederaufnahmeantrag beim Oberlandesgericht München war erfolgreich. Der Prozess wurde am 20. Oktober 2010 neu aufgerollt – er endete tatsächlich mit einem Freispruch für die Angeklagten, wenngleich ein bitterer Nachgeschmack blieb. Auch die neue Kammer bescheinigte der Familie, sie habe den Bauern Rudi Rupp zu Hause erwartet und ermordet. Nur habe sich leider nicht aufklären lassen, wer im Einzelnen welchen Anteil daran gehabt habe.

Kapitel 34
Der Hausmeister

Auch der Fall von Manfred G. gehört in diese Kategorie. G. stammt aus Mecklenburg-Vorpommern und landete auf der Suche nach einem Job in Rottach-Egern am Tegernsee. Dort arbeitete er als Hausmeister in einer Wohnanlage, in der auch die 87-jährige Lieselotte K. lebte. Die alte Dame soll geistig noch fit gewesen sein, aber zu gebrechlich für die täglichen Verrichtungen. G. wusch ihre Wäsche, und wenn sie krank war, kümmerte er sich gemeinsam mit einer Pflegedienst-Mitarbeiterin, die jeden Morgen kam, um sie. Er kaufte für sie ein, und wenn sie zum Arzt musste, fuhr er sie hin. Die alte Dame hatte Vertrauen zu G. gefasst, was sogar so weit ging, dass sie ihn Bargeld von der Bank abholen ließ.

Am frühen Morgen des 23. Oktober 2008 rief Lieselotte K. bei Manfred an und klagte über starken Durchfall. G. rief umgehend einen Krankenwagen. Wenig später kam, wie immer, die Pflegerin. Sie half der alten Dame, ihre eingekotete Hose zu wechseln. Dann brachte der Krankentransport sie in die Klinik, wo sie fünf Tage blieb. Am Nachmittag des 28. Oktober holte G. sie wieder ab und brachte sie zurück in ihre Wohnung. Dort kochte er ihr Kaffee und ging nach kurzer Zeit. Seine Mutter war ebenfalls krank, er wollte sie besuchen. Da war es 15 Uhr. Aus dem Auto rief er die Pflegerin an und informierte sie darüber, dass Lieselotte K. wieder zu Hause sei. Als die Pflegerin am Abend gegen 18.30 Uhr ihre Patientin noch einmal besuchen wollte, fand sie diese tot in der Badewanne.

Der Gerichtsmediziner, der die Leiche später obduzierte, stellte als Todesursache Ertrinken fest. Am Hinterkopf fand er zwei kleine Blutungen. Von diesem Befund erfuhr der Münchner Staatsanwalt Florian Gliwitzki, der einen Mord vermutete. Ein gutes Jahr später kam es zum Prozess. Er beruhte allein auf Indizien. G. beteuerte seine Unschuld – vergebens. Immerhin: Ein falsches Geständnis wie bei Ulvi gab es diesmal nicht.

Als die Polizisten die Wohnung begutachteten, fanden sie auf dem Wohnzimmertisch eine geöffnete Geldkassette. G. habe die Frau berauben wollen, folgerte der Staatsanwalt. Bis zu seinem Plädoyer hielt Gliwitzki an dieser Motivlage fest. Erst ganz zum Prozessende ließ er sie fallen, weil die Geldkassette prall gefüllt war und G.s Anwälte das Gegenteil beweisen konnten. Trotzdem habe der Hausmeister die Frau erschlagen, da blieb der Staatsanwalt konsequent. Wenn das Motiv nicht Habgier gewesen sei, dann eben Zorn. Lieselotte K. sei manchmal eigensinnig und herrschsüchtig gewesen: Manfred G. habe an jenem Tag seine kranke Mutter besuchen wollen, er habe unter einem gewissen Zeitdruck gestanden und habe weggewollt. Frau K. dagegen habe darauf bestanden, dass er bleibe. Und dann seien bei dem Beschuldigten eben einfach die Sicherungen durchgebrannt – so in etwa muss sich der Staatsanwalt das Szenario gedacht haben. Das Motiv war frei erfunden, aber das Gericht akzeptierte es und verurteilte G. zu lebenslanger Haft.

Ein juristischer Fehler, wie sich herausstellen sollte, wobei der Fehler nicht darin lag, dass das Gericht dem vermeintlichen Täter ein völlig unbewiesenes Motiv unterstellte, sondern darin, dass dieses Motiv unangekündigt und derart spät kam, dass die Verteidigung nicht mehr darauf antworten konnte. Die Kammer, die G. schuldig sprach, war eine große Strafkammer mit fünf Richtern. In der Sache war das Urteil daher unangreifbar. Nur aufgrund von Formfehlern war ein Einspruch, also eine Revision, möglich.

G. engagierte den renommierten Strafverteidiger und Revisionsexperten Gunter Widmaier. Der zog vor den Bundesgerichtshof und bekam Recht. Der Prozess musste neu aufgerollt werden. Eine andere Kammer des Landgerichts München II verhandelte den Mordvorwurf gegen Manfred G. neu.

Widmaier vertrat seinen Mandanten auch im zweiten Prozessdurchgang; dabei deckte er eine Fülle an Hinweisen auf, die die Mordtheorie der Staatsanwaltschaft unwahrscheinlich aussehen ließ. So fand er in den Akten die Aussage der Pflegerin, dass in der Wohnung das Licht brannte, als sie eintrat. G. war aber um 15 Uhr gegangen, als die Sonne noch schien. Eine Krankenschwester der Klinik, in die sich Lieselotte K. begeben hatte, sagte aus, sie habe ihrer Patientin verschmutzte und verkotete Wäsche in einen braunen Plastikbeutel gesteckt und bei der Entlassung mitgegeben. Konnte die alte Dame also versucht haben, die Wäsche in der Wanne auszuspülen, und dabei das Gleichgewicht verloren haben? Ankläger Gliwitzki behauptete dagegen im Gerichtssaal, es habe nirgends in der Wohnung verkotete Wäsche gegeben. Dabei gibt es ein Polizeifoto, auf dem eine braune Plastiktüte neben dem Wäschekorb zu sehen ist. Sie wurde drei Monate später ungeöffnet weggeworfen.

Sogar im schriftlichen Urteil entdeckte Anwalt Widmaier Fehler. Darin stand beispielsweise, Lieselotte K. habe eine warme Jogginghose getragen, als die Pflegerin sie tot fand. Aber das stimmte nicht. Tatsächlich trug sie eine dünne Schlafanzughose. Dieser Umstand ist deshalb wichtig, weil die alte Dame tatsächlich eine Jogginghose getragen hatte, als Manfred G. sie in der Klinik abholte. Sie muss sich also später umgezogen haben – es sei denn, es war so, wie Staatsanwalt Gliwitzki jetzt aus heiterem Himmel mutmaßte:

Wahrscheinlich habe die Frau die Schlafanzughose unter der Jogginghose getragen.

Bleiben die beiden Verletzungen am Kopf. Beim ersten Urteil hatte das Gericht behauptet, sie hätten auf keinen Fall von einem Sturz stammen können. Im zweiten Prozess zogen die Richter Sachverständige zu Rate, und die sagten das Gegenteil. Die Verletzungen könnten sehr wohl von einem Sturz herrühren, und die Behauptung, das sei ausgeschlossen, sei schlicht falsch.

Anwalt Widmaier war sich darum sicher, dass sein Mandant freigesprochen werde, erinnert sich sein Partner, der Bad Tölzer Strafverteidiger Peter Huber. Prozessbeobachter meinten dagegen, von Anfang an Anzeichen für einen Sieg der Staatsanwaltschaft zu erkennen. Die Gerichtsreporterin des *Spiegel*, Gisela Friedrichsen, notierte, Staatsanwalt Gliwitzki habe den Saal »in sich hineinlächelnd« betreten. Und als am Ende die Vorsitzende Richterin Petra Beckers das Urteil sprach, da sei sie »ungewöhnlich blass gewesen«, sagte uns Anwalt Huber, »so blass sah man sie noch nie«, schrieb Gisela Friedrichsen.

Gab es da eine Bande über Eck zwischen Staatsanwalt und Richtern, über die nichts nach außen drang? War dieses Verfahren ein besonders krasses Beispiel für die Kumpanei zwischen Richtern und Staatsanwälten, die Bundesrichter Eschelbach so vehement kritisiert und für die hohe Zahl an unentdeckten Fehlurteilen verantwortlich macht? Musste dieses Urteil so fallen, weil die bayerische Justiz um keinen Preis ein Kapitalverbrechen ungeahndet lassen will, sogar dann, wenn es womöglich keines gab?

Lebenslange Freiheitsstrafe wegen Mordes, verkündete die Richterin, und in ihrer mündlichen Urteilsbegründung fügte sie zweieinhalb Stunden lang Detail an Detail, warum Manfred G. Lieselotte K. ermordet haben soll. Doch kein einziges dieser Details war ein Beweis. Staatsanwalt Gliwitzki hatte wohl zu Recht »in sich hineingelächelt«. Und diesmal leistete sich das Gericht auch keinen Formfehler. Die neuerliche Revision lehnte der BGH ab. »Aufgeben wollen wir dennoch nicht«, sagte uns Anwalt Huber. Er will eine Wiederaufnahme vorbereiten, aber um die zu begründen, müssten neue Beweise her, die in den vorherigen Verfahren noch nicht auftauchten. Fast unmöglich, angesichts der Akribie, mit der Widmaier schon im Revisionsverfahren gearbeitet und unzählige Details präsentiert hatte. Und tragischerweise steht Widmaier für ein neues Verfahren auch nicht mehr zur Verfügung. Er starb im Herbst 2012 an den Folgen eines Treppensturzes. Keine guten Aussichten für Manfred G., der anders als Ulvi Kulac oder die Rupp-Familie nicht einmal mit einem Geständnis zu seiner Verurteilung beitrug, sondern zu jeder Zeit seine Unschuld beteuerte.

Kapitel 35
Bayern und die NSU-Morde

Gut ein Jahr nachdem Ulvi Kulac verurteilt worden war, übernahm der Chef der Soko Peggy 2, Wolfgang Geier, eine neue Sonderkommission, die Soko Bosporus. Hier ging es um einen Fall, der den Staat auf besondere Weise herausforderte, dem der Staat darum besondere Aufmerksamkeit widmete – die Morde der rechtsextremen Terrorzelle NSU (Nationalsozialistischer Untergrund), wobei deren Täterschaft jahrelang nicht bekannt war und womöglich auch nie herausgekommen wäre, wenn die Ermittler aus eigenen Stücken zu einem Schluss gekommen wären. Geier gründete die Soko Bosporus im Juni 2005. Wenige Tage vorher hatten kurz nacheinander zwei Morde in Nürnberg und München für Schlagzeilen gesorgt, die beide mit derselben Waffe verübt wurden wie schon andere Morde Jahre zuvor. Der öffentliche Druck war immens. Die Taten wirkten verstörend, weil über die Täter – jedenfalls öffentlich – nichts bekannt war und manchmal lange Pausen zwischen zwei Taten verstrichen. Nach dem vierten Mord ließen sie sich sogar fast zweieinhalb Jahre Zeit, bis sie wieder zuschlugen.

Außerdem wurden die Täter zunehmend professioneller. Beim ersten Mord am 9. September 2000 in Nürnberg verfeuerten sie acht Kugeln auf den Blumenhändler Enver S. Am Nachmittag fanden ihn Polizisten blutüberströmt, aber lebend. Keines der Projektile hatte ihn sofort getötet. Erst zwei Tage später starb er im Krankenhaus. In der Nähe sammelten die Ermittler die passenden Patronenhülsen ein. Ihren zweiten Mord begingen die Täter schon deutlich effektiver. Als sie am 13. Juni 2001 den Schneider Abdurahim Ö. in seinem Atelier töteten – wieder in Nürnberg –, genügten zwei Schüsse in den Kopf. Mord Nummer drei, diesmal war es ein Obst- und Gemüsehändler in Hamburg, folgte nur zwei Wochen später. Wieder hatten die Täter dazugelernt. Diesmal hinterließen sie keine Patronenhülsen mehr. Dasselbe am 29. August 2001 in München-Ramersdorf, wo sie einen weiteren Gemüsehändler in seinem Laden ermordeten, ebenfalls mit zwei treffsicheren Kopfschüssen. »Der Täter nimmt nun die Patronenhülsen mit«, erklärte der Sprecher der Polizei Mittelfranken, Georg Schalkhauser, den Journalisten auf einer überfüllten Pressekonferenz. Am Rande hieß es, die Waffe könnte in einer Plastikhülle gesteckt haben. Einerseits sei das unauffälliger, andererseits würden die Patronenhülsen so erst gar nicht auf den Boden fallen.

Dass es sich bei den Morden um eine Serie handelte, wussten die Ermittler dagegen schon ab der zweiten Tat. Die Tatwaffe war überall dieselbe – eine Pistole des Typs Ceska 83, Kaliber 7,65 mit Schalldämpfer, hergestellt in Tschechien. Als Wolfgang Geier Chef der Soko Bosporus wurde, wussten die Ermittler schon, dass die Tatwaffe bei einem Waffenhändler in der Schweiz gekauft wurde. Auf verschlungenen Wegen gelangte sie in die Hände der Terroristen. Dann begann die Mordserie, und überall, wo sie ihre blutige Spur hinterließ, gründeten die Landespolizeibehörden immer neue Sonderkommissionen.

Den Anfang macht die Kripo in Nürnberg gleich nach den ersten beiden Morden. Weil die Opfer türkischstämmig sind, wird sie »Soko Halbmond« genannt. Nach dem Mord in Hamburg gründet die dortige Polizei die »Soko 061«. München folgt mit der »Soko Theo«, benannt nach dem Mordopfer Theodoros B. Nachdem die Terroristen im Februar 2004 in Rostock einen Imbisswirt erschossen, bekommt Mecklenburg-Vorpommern eine Soko mit dem schönen Namen »Kormoran«. Nach den tödlichen Schüssen in Kassel gründet die hessische Polizei die »Soko Café«. Nur der NSU-Mord in Dortmund am 4. April 2006 zieht keine Soko-Gründung nach sich. Dafür erfindet die baden-württembergische Polizei die »Soko Parkplatz«, nachdem die Polizistin Michèle K. in Heilbronn das zehnte und letzte Opfer des Mördertrios wurde. Immerhin: Alle Sokos wussten voneinander, und sie wussten auch, dass sie alle am selben Fall arbeiteten, dass jedenfalls alle Morde, derentwegen sie eingerichtet wurden, mit derselben Waffe begangen wurden. Und dann kam schließlich die Soko Bosporus mit Geier an der Spitze hinzu, die als eine Art Super-Soko die Arbeit aller Sokos zu koordinieren hatte.

Geiers Handschrift, die schon die Ermittlungen im Fall Peggy prägte, wurde nach dem siebten Mord der NSU-Serie am 15. Juni 2005 besonders deutlich. Opfer war der 41 Jahre alte Grieche Theodoros B., der erst zwei Wochen zuvor im Münchner Westend einen Schlüsseldienst eröffnet hatte. Geier beauftragte Profiler mit der Entwicklung einer Tathergangshypothese. Der Profiler lieferte, was Geier hören wollte – dass sich die Morde im Drogen- oder Geldwäschemilieu abspielten, jedenfalls im Bereich der organisierten Kriminalität. Also machten sich die Ermittler ans Werk und verhörten die Familien der Opfer wieder und wieder. Das war auch im Fall B. so. Seiner Ex-Frau erklärten die Ermittler, er müsse wohl einen schlechten Lebenswandel gepflegt haben. »Die Ermittler bezeichnen Yvonne B. als dämlich, weil sie nichts mitbekommen habe«, notiert eine Reporterin der *Zeit*. Die Polizei prüfte, ob er türkische Vorfahren habe – ohne Ergebnis. Sie verdächtigte seinen Bruder, illegale Glücksspiele zu veranstalten – wieder ohne Ergebnis. Als die Beamten mit ihren Verhören nicht weiterkamen, versuchten sie es auf andere Weise. Yvonne B. schilderte der *Zeit*-Reporterin, wie eines Tages zwei Unbekannte vor ihrer Tür standen. Sie gaben sich als türkische Privatdetektive aus, die den Mord an ihrem Ex-Mann untersuchten. Yvonne B. fürchtete, es könne sich um Verbrecher handeln, und alarmierte die Polizei. Die Beamten beruhigten sie mit einer verblüffenden Auskunft: Sie wüssten Bescheid, sie könne unbesorgt mit den beiden Detektiven sprechen. Andere Hinterbliebene von NSU-Opfern berichten von merkwürdigen Anrufen vermeintlicher Journalisten. Offenbar gaben sich Kripo-Ermittler als Reporter aus, in der Erwartung, Auskünfte zu bekommen, die sie sonst nicht bekommen hätten. Am 22. Juli 2005, also kurz nach der Ernennung Wolfgang Geiers als Chef der Soko Bosporus, genehmigte das Amtsgericht Nürnberg den Einsatz verdeckter Ermittler und schaffte damit die rechtlichen Voraussetzungen für diese Methoden. Es war dasselbe Muster, das schon im Fall Peggy erkennbar war. Die Beamten ermittelten strikt anhand einer theoretischen Tathergangshypothese und ließen sich wenig beirren, wenn die Wirklichkeit nicht zur Hypothese passte. Und wie im Fall Peggy waren sie nicht zimperlich bei der Wahl ihrer Methoden – im Gegenteil: Die Ermittlungen nach den NSU-Morden lassen sich als Weiterentwicklung und Zuspitzung dessen verstehen, was Geier mit der Soko Peggy erprobt hatte.

Eine weitere fatale Ähnlichkeit besteht darin, dass die Soko Bosporus hartnäckig an dem Verdacht festhielt, die Täter müssten türkischer Herkunft sein. Wie weit sie dabei gingen, schilderte die Tochter des ersten NSU-Opfers, Semiya S. Sie war damals 14. Es ging damit los, dass ihr Kripo-Ermittler im Krankenhaus auflauerten, als sie nach dem Anschlag ihren Vater besuchen wollte. Er lebte noch, und sie hatte keine Ahnung, wie es um ihn stand. Vor der Tür fragte der Beamte, ob ihr Vater Waffen besaß oder Feinde hatte. Sie antwortete, er habe Blumenmesser und eine Gaspistole. Erst dann durfte sie ins Krankenzimmer, wo sie den von acht Schüssen getroffenen Vater sah und angesichts des Anblicks das Bewusstsein verlor. In den folgenden Monaten reisten immer wieder Kriminalbeamte der Soko Halbmond aus Nürnberg an und bohrten nach Verbindungen von S. zum organisierten Verbrechen. Einmal zeigten sie seiner Witwe ein Foto einer blonden Frau und behaupteten, sie sei die Geliebte ihres verstorbenen Mannes gewesen. Er habe sogar zwei Kinder mit ihr. Die Witwe reagierte cool und antwortete, dann würde sie diese Frau gern kennenlernen. Die Kripo-Vernehmer fühlten sich ertappt und gestanden, dass die Geliebte nur ein Bluff war. Die Beteuerungen der Familie, sie habe mit organisiertem Verbrechen nichts zu tun, glaubten die Ermittler nicht – »weil Sie Türken sind«, sollen sie laut Semiya S. gesagt haben.

Im Februar 2008 wurde die Soko Bosporus aufgelöst. Das Bundeskriminalamt übernahm die Federführung, aber die Methoden blieben dieselben. Nur wenige Wochen bevor die beiden NSU-Mörder Böhnhardt und Mundlos tot in ihrem Wohnmobil in Eisenach gefunden wurden, lancierten die Ermittler die nächste Theorie über türkische Täter. Der *Spiegel* berichtete über eine Verschwörung türkischer Geheimdienste, die in Deutschland ein finsteres Netzwerk installiert hätten. Diese Geschichte wurde auch in der Türkei aufgegriffen. Mehrere türkische Medien glaubten, der »tiefe Staat«, das dubiose »Ergenekon«-Netz, sei in Deutschland am Werk. Beweisen ließ sich all das nicht, aber es machte sich gut in der Öffentlichkeit. Was wäre wohl passiert, wenn die Polizei falschen Verdächtigen Geständnisse entlockt hätte? Versucht hat sie es – glücklicherweise ohne Erfolg.

Kapitel 36
Gustl Mollath und (kein) Ende?

Über das Schicksal von Gustl Mollath ist schon viel geschrieben worden – so viel, dass der interessanteste Aspekt in der Fülle der Details kaum bemerkt wurde. Der Fall Mollath liefert nämlich den öffentlichen Beweis dafür, dass die Politik in Bayern – und gewiss nicht nur in Bayern – unmittelbaren Einfluss auf Justizentscheidungen nehmen kann.

Aber der Reihe nach. Im Jahr 2006 verhandelte das Landgericht Nürnberg gegen Mollath, weil der seine Ehefrau Petra geschlagen, bis zur Bewusstlosigkeit gewürgt und gebissen haben soll. Außerdem warf ihm die Staatsanwaltschaft vor, er habe die Autoreifen aller möglichen Leute zerstochen, von denen er sich bedrängt oder verfolgt fühlte. Er habe auf diese Weise 129 Autos beschädigt und deren Fahrer damit in Lebensgefahr gebracht, weil er die Reifen so aufgeschlitzt haben soll, dass die Luft nur langsam entwich. Das Gericht erklärte Mollath für schuldunfähig und steckte ihn auf unbestimmte Zeit in die Psychiatrie in Bayreuth, dieselbe Klinik, in der auch Ulvi Kulac einsitzt. Es ist nicht die einzige Gemeinsamkeit der beiden Fälle.

Mollath erklärte stets, die Vorwürfe seien vorgeschoben. Er habe vielmehr ein System von Schwarzgeldverschiebung in die Schweiz anprangern wollen. Das Gericht wertete Mollaths Vorwurf als Teil einer wahnhaften Gedankenwelt. Der

Vorsitzende Richter Otto Brixner wurde während der Verhandlung mehrmals laut und drohte Mollath, er werde ihn aus dem Saal werfen lassen, wenn er nicht mit der Schwarzgeldgeschichte aufhöre. Mollath ließ nicht locker, auch nicht nach dem Prozess, als er zwangsweise in die Psychiatrie kam. Seine Frau Petra, die als Vermögensberaterin für die Hypo-Vereinsbank arbeitete und ihn angezeigt hatte, sei Teil dieses Geldverschiebesystems gewesen. Immer wieder sei sie mit Bargeld in die Schweiz gefahren. Er habe sie angefleht, damit aufzuhören.

Dass irgendetwas an Mollaths Geschichte stimmen musste, zeigte sich, als Petra Mollath fristlos von ihrer Bank entlassen wurde. Dagegen ging sie gerichtlich vor und erstritt sich eine Abfindung von 20000 Euro. Ein Revisionsbericht der Bank bestätigt dennoch den Kern seiner Vorwürfe, nämlich die Verschiebung von Bargeld in die Schweiz. Mollath kennt aber offensichtlich keine klaren Details, die etwa auf Steuerhinterziehung oder Geldwäsche deuten. Der systematische Transport von Bargeld in die Schweiz mag verdächtig wirken, weil kaum ein lauteres Motiv dafür denkbar sein mag, ein Beweis für eine Straftat ist es nicht.

Der stärkste Vorwurf Mollaths lautete, die Geldverschiebung werde von »ganz oben« gedeckt, womit wohl die bayerische Staatsregierung und die CSU gemeint sind. Nur deshalb werde er auch für verrückt erklärt und eingesperrt. Seine Unterstützer wiederholen diesen Vorwurf mit Inbrunst. Über die Jahre scheint er auch in der Medien-Berichterstattung immer stärker durch. Nur: So einfach liegen die Dinge nicht, wie wir gleich sehen werden.

Dass Mollath als pathologischer Fall gilt, liegt – wie immer in solchen Fällen – vor allem daran, dass psychiatrische Gutachter den Fall so einschätzen.

Einer dieser Gutachter war der schon aus dem Fall Peggy bekannte Berliner Forensik-Psychiater Hans-Ludwig Kröber. Kröber sollte zwei Jahre nach dem Urteil feststellen, ob Mollath immer noch gefährlich sei und deshalb in der Psychiatrie bleiben sollte. Einen eigenen Eindruck konnte sich Kröber nicht verschaffen, weil Mollath ein Gespräch mit ihm ablehnte. Nach dem Studium der Akten bescheinigte Kröber, dass Mollath zu Recht eingesperrt sei und in der Psychiatrie bleiben sollte. So kam es auch.

Dann aber, Ende 2012, enthüllte das ARD-Magazin *Report* den kompletten, schon 2004 erstellten Revisionsbericht der Hypo-Vereinsbank, in dem die von Mollath angezeigte Geldverschiebung detailliert beschrieben wurde. Der Fall kehrte in die Schlagzeilen zurück. Das Echo war für die bayerische Justiz und die Landesregierung verheerend. Der Verdacht, Mollath sei nur deshalb weggesperrt worden, um eine Affäre zu vertuschen, wurde immer lauter. Der Fall wurde im Justizausschuss des bayerischen Landtags diskutiert. Die SPD-Abgeordnete Inge Aures warf Justizministerin Beate Merk vor, sie hätte schon längst dafür sorgen müssen, dass Mollaths Zwangsunterbringung überprüft wird. Sie persönlich habe mindestens ein Jahr seiner Gefangenschaft zu verantworten. Dann meldete sich auch noch der Schöffe Karl-Heinz Westenrieder zu Wort, der 2006 zu denen gehörte, die über Mollath zu Gericht saßen. Er sprach in einem Interview mit dem Bayerischen Fernsehen von einem Fehlurteil. »Ich hoffe, dass es schnellstens ein Wiederaufnahmeverfahren gibt, auch ohne vorherige psychiatrische Untersuchung«, sagte der Schöffe. Im Nachhinein zweifelte er vor allem an der Glaubwürdigkeit von Petra Mollath. Wichtige Informationen hätten ihm gefehlt.

Der Fall Mollath hatte es damit wieder in die Schlagzeilen geschafft, und es dürfte mit dem bevorstehenden Wahlkampf zu tun gehabt haben, dass sich dann Bayerns Ministerpräsident Horst Seehofer einmischte und vorschlug, den Fall wegen der »neuen Gegebenheiten« von Grund auf zu überprüfen. Und tatsächlich: Justizministerin Merk »veranlasste« bei der Generalstaatsanwaltschaft Nürnberg, sie möge eine Wiederaufnahme beantragen. Flugs fanden die Staatsjuristen auch einen Dreh, mit dem das rechtlich sauber bewerkstelligt werden könnte. Mehrere Zeitungen meldeten, die zuständigen Richter würden bereits prüfen, ob ihr Kollege Otto Brixner, der Mollath in der Verhandlung damals so aggressiv angegangen war, befangen gewesen sein könnte.

Und hier ist sie, die Pointe im Fall Mollath, die im Getümmel kaum jemand bemerkte: Wenn die Politik will, dann spurt die Justiz und agiert keineswegs so unabhängig, wie Politiker und Juristen das immer beschwören. Als Justizministerin Merk die Staatsanwaltschaft anwies, den Fall Mollath neu zu starten, hat sie sich als Angehörige der zweiten Gewalt, der Exekutive, in eine Angelegenheit der dritten Gewalt, der Justiz, eingemischt. Genau das haben ihr ihre Kritiker immer vorgeworfen. Jetzt dagegen nahmen sie es hin, weil sie sich auf gewünschte Weise einmischte. Es wirft auch kein gutes Licht auf Medien und Kritiker, dass dieser Umstand nicht weiter auffiel. Ausgerechnet Günther Beckstein erkannte diese Pointe. Er erklärte Merks Vorstoß im Fall Mollath für »rechtsstaatlich hoch problematisch«. Ausgerechnet Beckstein, der im Fall Peggy davon sprach, dass, wo Menschen sind, Fehler gemacht werden. Ausgerechnet Beckstein, der vermutlich besser als die meisten weiß, wie man ein spektakuläres Strafverfahren zum politischen Erfolg münzt und die Justiz für politische Zwecke einspannt. Und der gewiss auch weiß, dass das am besten funktioniert, wenn man es vor der Öffentlichkeit verbirgt.

Epilog
Ein Leserbrief mit Folgen

Am 10. Mai 2004, kurz nach dem Urteil im Peggy-Prozess, druckte die *Frankenpost* einen wütenden Leserbrief mit massiven Vorwürfen gegen Gericht und Ermittler. »Götter in Schwarz« war er überschrieben. Ein gewisser Horst-Dieter Högl aus Naila hatte ihn verfasst. Das Gericht habe keinen Beweis gehabt, als es Ulvi wegen Mordes verurteilte. Die Kammer habe »die Pro-Ulvi-Zeugen indirekt der Falschaussage und Konspiration beschuldigt«. Högl fragt provokant, warum diese Zeugen konsequenterweise nicht angeklagt und verurteilt wurden, wenn sie doch nach Ansicht des Gerichts falsch ausgesagt hatten. Er gibt auch gleich die Antwort dazu: nämlich dass das Gericht dann hätte beweisen müssen, dass die »Pro-Ulvi-Zeugen« gelogen hätten. Unausgesprochen schwingt darin mit, dass das Gericht diesen Beweis wohl nicht hätte führen können. »Ich kenne Ulvi seit seiner Geburt als einen gutmütigen, höflichen Menschen«, schreibt er. »Da es ihm trotz seines von Gutachtern bescheinigten IQ von 67 Punkten gelungen sein soll, alle Ermittler hinters Licht zu führen, bleibt eine Frage stehen: Sollte man sich um deren IQ Sorgen machen?« Manchmal gleitet Högls Kritik ins Maßlose ab, etwa, wenn er der Justiz einen Rückschritt »nicht nur [...] ins dritte Reich, sondern ins Mittelalter« attestiert. Denn: »Das gesamte Verfahren lief ab mit Familien-, nein Sippen-Verurteilung. Nahezu die gesamte Bevölkerung einer Stadt wurde zu Helfershelfern abgestempelt.« Manche Menschen »sind überzeugt, Peggy lebt«, schreibt er. Dann wundert er sich über »jenen Ermittler, der ausgerechnet bei Mordverdacht die Tonaufzeichnung der Vernehmung vergisst«, und fragt, ob »dies nicht eine Dienstpflichtverletzung oder Unterlassung« sei und darum geahndet werden müsse. »Fast könnte man auf den Gedanken verfallen, dass die dem ›Geständnis‹ vorangegangenen Fragen und Behandlung zweifelhaft (oder gar unerlaubt) waren.« Der Leserbrief endet mit den Worten: »Noch sind der schwarze Kittel oder die grüne Uniform kein Monopol und auch keine Garantie für Gesetzestreue, Anstand und Moral.«

Da schrieb sich ein Mann die Wut von der Seele, nachdem Polizei und Staatsanwaltschaft die Lichtenberger immer wieder verhört und ihnen nicht geglaubt hatten; und nachdem Presse und Fernsehen dem Ort zu fragwürdiger Bekanntheit verholfen hatten, weil in manchen Berichten der Verdacht durchschimmerte, in Lichtenberg hätten sie einen Kinderschänder toleriert.

Högl hatte sich Luft verschafft – und damit hätte es gut sein können. Solche Leserbriefe werden oft geschrieben, manchmal auch gedruckt, normalerweise freuen sich die Verfasser darüber, sie beruhigen sich wieder, die Wogen sind geglättet, und der Leserbrief gerät in Vergessenheit.

Doch diesmal war es anders. Eine, die den Leserbrief damals las, war Gudrun Rödel, die ehemalige Rechtsanwaltsgehilfin, von der in diesem Buch schon die Rede war. »Dieser Leserbrief hat meinem Mann und mir aus dem Herzen gesprochen«, erinnert sie sich. Sie habe dann selbst auch einen Leserbrief geschrieben und an die *Frankenpost* geschickt, aber ihrer wurde nicht abgedruckt. Das habe sie geärgert. Sie habe dann einen zweiten Leserbrief geschrieben, »und den habe ich nicht nur mit meinem Namen unterzeichnet, sondern ›Bürgerinitiative‹ dazugeschrieben«. Was in gewisser Weise Unfug war, denn es gab keine Bürgerinitiative, sie habe zunächst auch gar nicht vorgehabt, eine zu gründen. Nur ihren Leserbrief, den wollte sie gedruckt sehen. Aber nun passierte etwas, womit sie nicht gerechnet hatte: Ein Reporter der Zeitung kam umgehend vorbei und interviewte die vermeintliche Gründerin dieser neuen Bürgerinitiative. Gudrun Rödel beantwortete alle Fragen – und galt fortan als Gesicht der Bürgerinitiative »Gerechtigkeit für Ulvi«.

Wenig später holte sie dann auch die faktische Gründung nach. Sie nahm Kontakt zu Leserbriefschreiber Högl und anderen Leuten aus Lichtenberg und der näheren Umgebung auf. Die Neu-Mitglieder trafen sich regelmäßig im Gasthof »Zur goldenen Sonne«, jenem Lokal, in dem Peggy immer ihre Schularbeiten gemacht hatte und in dem sich Erwachsene auf nie ganz geklärte Weise angeblich mit Kindern amüsiert hatten. Inzwischen hatte der Gasthof allerdings neue Pächter und war längst nicht mehr das verrufene Sauflokal von einst. In der Stube lasen sie sich Passagen aus dem schriftlichen Urteil vor und diskutierten hingebungsvoll mögliche Fehler. Einige rekonstruierten akribisch den gerichtlich festgestellten Tathergang und hielten es, je länger sie die Details betrachteten, für immer unmöglicher, dass Ulvi es geschafft haben sollte, Peggy binnen einer knappen halben Stunde abzufangen, zu verfolgen, zu töten und ihre Leiche zu beseitigen, ohne auch nur eine einzige Spur zu hinterlassen. Nach und nach kam die Bürgerinitiative an Akten von Polizei und Justiz heran. Die Unterlagen bestärkten die Mitglieder in ihrem Verdacht, dass hier etwas nicht stimmen konnte. Im Jahr nach der Gründung – im November 2005 – erkämpften Ulvis Eltern dann vor Gericht, dass Gudrun Rödel zur amtlich bestellten Betreuerin für Ulvi eingesetzt wurde. Seitdem lautet das Ziel, ein Wiederaufnahmeverfahren für Ulvi zu erreichen. Eine aufwendige Angelegenheit. Mehrere Anwälte wurden kontaktiert, immer wieder Pläne geschmiedet und verworfen. Das änderte sich erst 2010. Diesmal sollte der Frankfurter Anwalt Michael Euler den Fall als Pflichtverteidiger übernehmen; auf Wunsch der Bürgerinitiative stellte er im November den entsprechenden Antrag. Doch der verschwand erst mal in den Untiefen der Hofer Staatsanwaltschaft. Es dauerte bis Juni 2011, bis das Landgericht Bayreuth Euler endlich zum Pflichtverteidiger bestellte. Die Bürgerinitiative wertete das als Etappensieg.

Zusätzlich bestärkt fühlte sich die Bürgerinitiative, als sich der Stadtrat von Lichtenberg mehrfach ebenfalls mit dem Fall Peggy beschäftigte und etwa die Frage diskutierte, ob die Justiz in Hof zu einer Entschuldigung bei den Lichtenbergern aufgefordert werden müsse. Bürgermeister Dieter Köhler sprach vielen aus der Seele, als er der *Süddeutschen Zeitung* sagte: »Die meisten hier glauben, dass Peggy noch am Leben ist.«

Dass der Fall auch Jahre nach dem mysteriösen Verschwinden des Mädchens für Unruhe sorgt, das kann weder das Gericht noch die bayerische Staatsregierung gewollt haben. Als Innenminister Günther Beckstein die erste Sonderkommission auflöste und stattdessen Kripo-Direktor Wolfgang Geier an den Fall setzte, hatte er ja genau das Gegenteil erreichen wollen – dass der Fall endlich gelöst wird, der Öffentlichkeit ein Täter präsentiert wird, das Gericht ein Urteil fällt und im Namen des Volkes Rechtsfrieden herrscht. Aber während das Volk sonst gern unter Verdacht steht, leichtfertig nach einem Täter zu rufen, ist es im Fall Peggy genau andersherum – hier verdächtigt das Volk den Staat der Lynchjustiz. Die Justiz hat sich mit ihrem Agieren im Fall Peggy massiv geschadet, es untergräbt seit Jahren ihre Autorität und Glaubwürdigkeit. Auch den öffentlichen Druck haben die Behörden mit ihrem Schweigen nicht von sich nehmen können. Im Gegenteil: Die Bürgerinitiative wurde seit ihrer »versehentlichen« Gründung immer bekannter, Gudrun Rödel ist inzwischen ein begehrter Talkshow-Gast und für praktisch jeden Journalisten, der über den Fall Peggy berichten möchte, die erste Anlaufstation. Mit immer neuen Enthüllungen über Ungereimtheiten und Ermittlungspannen füttert sie seit Jahren die Redaktionen. Der Fall Peggy hat in Öffentlichkeit und Medien ein Eigenleben entwickelt und sich als eine Geschichte mit klaren Fronten entpuppt: Ulvi, obwohl als Kinderschänder angeprangert und wegen Mordes verurteilt, ist der Gute, während Polizei, Staatsanwaltschaft und Gericht die Rolle der Bösen übernehmen. Das muss man sich in Ruhe auf der Zunge zergehen lassen – nicht einmal der Vorwurf des mehrfachen Kindesmissbrauchs, der normalerweise jeden Verdächtigen auf der Stelle öffentlich vernichtet, taugt noch, um Ulvi als den Bösen vorzuführen.

Ein Debakel für die Behörden, das sie sich insofern selbst zuschreiben müssen, als sie noch nicht einmal versuchen, die öffentlich vorgebrachten Vorwürfe zu entkräften. Anfragen bei Staatsanwaltschaft oder bei Gericht laufen regelmäßig ins Leere. Die Richter antworten stets, der Fall sei rechtskräftig abgeschlossen und werde darum nicht kommentiert. Ebenso die Staatsanwaltschaft, die hinzufügt, sie könne ja selbst dann nichts unternehmen, wenn sie wollte – weil es ja ein rechtskräftiges Urteil gebe. Nicht viel anders liegen die Dinge bei der Polizei. Kein Wort zum Fall Peggy, die Justiz sei zuständig, heißt es stets. Detailfragen zu widersprüchlichen Zeugen, zu den Verhörmethoden der Kripo oder den Ermittlungspannen werden grundsätzlich nicht beantwortet. Und so entsteht das Bild eines unnahbaren und damit unmenschlichen Staatsapparats, der sich nicht in die Karten schauen lassen will, die Öffentlichkeit nach Kräften abwehrt und sich verschanzt. Der den Eindruck zulässt, es gehe ihm nur ums Rechthaben und darum, sich als unfehlbare Instanz zu inszenieren, nicht aber um die Wahrheit, nicht um das Schicksal der verschwundenen Peggy und nicht um das von Ulvi Kulac.

Peggy und Ulvi – das sind die beiden Menschen, die im Mittelpunkt unserer Geschichte stehen. Peggy wird mit hoher Wahrscheinlichkeit nicht mehr leben, davon sind wir überzeugt. Würde sie noch leben, hätte die Chance bestanden, irgendwo ein Lebenszeichen von ihr zu finden. Man mag raunen, sie werde in einem Verlies gefangen gehalten, man mag auf die Fälle von Natascha Kampusch und die Kellerkinder des Josef Fritzl in Österreich verweisen. Es mag eine kleine Restwahrscheinlichkeit geben, dass Peggy ein ähnliches Schicksal durchlebt, aber wahrscheinlicher ist, dass sie nach so langer Zeit tot ist. Die Geschichte ihrer letzten Monate legt nahe, dass irgendetwas passiert sein muss, das sie verstörte. Wenig später war sie verschwunden. Schon möglich, dass die letzten Monate und ihr Verschwinden nichts miteinander zu tun hatten, aber der zeitliche Zusammenhang ist nicht von der Hand zu weisen.

Ulvi, der andere der beiden Hauptakteure, lebt immer noch in der forensischen Psychiatrie in Bayreuth. Sein Leben ist eintönig, seine Betreuerin Gudrun Rödel unzufrieden mit der Unterbringung. Er hat wieder zugenommen und ist noch dicker geworden. »Aber es schmeckt so gut«, antwortet er, wenn sie ihn zum Maßhalten ermahnt. Früher habe es mal eine Diätgruppe gegeben, aber jetzt nicht mehr. Früher sei Ulvi auch ab und zu zum Joggen animiert worden, aber auch darum kümmere sich niemand mehr. Früher durfte Ulvi ab und zu allein durch den Garten des Bezirkskrankenhauses spazieren – jetzt nicht mehr. Gudrun Rödel vermutet, ein Mitpatient habe gepetzt, dass Ulvi in der Nacht unter seiner Bettdecke mit sich zugange war, und zur Strafe sei ihm der Gartenspaziergang gestrichen worden.

»Die werden wie die Tiere gehalten«, sagt sie, was sicher übertrieben ist. Aber wenn sie sagt, dass auch Ulvi seine Bedürfnisse habe und die irgendwie ausleben müsse, hat sie natürlich recht.

Auch, wenn er sich an den Alltag hinter verschlossenen Stahltüren gewöhnt hat – ab und zu träumt auch Ulvi noch von einem Leben in Freiheit. Einem Reporter erzählte er, er wolle Maler werden, kein Anstreicher, sondern Kunstmaler. Er male so gern Bilder. Ob er das ernst meint, ist nicht ganz klar, wie so vieles, was Ulvi Kulac erzählt, egal, mit wem er redet. Ob Journalisten, Betreuer oder Polizisten: kann sein, dass er etwas Wahres berichtet, kann ebenso sein, dass nicht. Genau das könnte sein Verhängnis gewesen sein. Sein Drang, irgendwelche Geschichten zu erzählen, um sich zu produzieren und im Mittelpunkt zu stehen. Den hatte ihm ja schon ein psychiatrischer Gutachter attestiert.

Wenn Ulvi nicht der Mörder von Peggy war, dann war er einfach zur falschen Zeit am falschen Ort. Dass es genügen könnte, dass einer lebenslänglich wegen Mordes bekommt, nur weil er zur falschen Zeit am falschen Ort war, ist ein verstörender Gedanke. Dass ein Leserbrief genügen könnte, eine Lawine gegen einen solchen Missstand loszutreten, ist dagegen ein tröstlicher.

Danksagung

Ohne das Vertrauen unserer Informanten, ohne die Einblicke in Akten, die uns großzügig zur Verfügung gestellt wurden, ohne die Lichtenberger, die sich aufgrund unserer Fragen immer wieder mit der Vergangenheit auseinandersetzen mussten, gäbe es dieses Buch nicht.

Mein Dank gilt all jenen, die meine Arbeit seit 2006 begleitet und auf eine Weise hingebungsvoll unterstützt haben, wie ich es niemals erwartet hätte. Sie ermutigten mich gerade in jenen Momenten, in denen ich kurz davor war, an der finsteren Realität der Akte Peggy zu verzweifeln.

Dank an Dr. Hans-Peter Übleis, der das Projekt von Anfang an unterstützt hat, sowie an unsere wachsamen Lektorinnen Ilka Heinemann und Heike Gronemeier.

Vor allem aber: Ohne die Geduld und liebevolle Nachsicht meines Sohnes Robin und meines Freundes Friedrich Ani hätte ich den Weg dieses Buches nicht zu Ende gehen können.

Ina Jung

Dank an alle, die uns mit Informationen und Unterlagen versorgt haben. Dank an Janina, die in der hektischen Schlussphase Mila Florentine zur Welt brachte. Dank an Antenne Bayern für die Chance, das Thema anzupacken und weiter zu verfolgen. Dank nicht zuletzt an unsere Lektorin Heike Gronemeier für ihre Nervenstärke und Professionalität. Ihr alle habt enorm geholfen.

Christoph Lemmer

Bildnachweis

Seite 1 oben: picture-alliance / dpa
         unten: picture-alliance / dpa
Seite 2 oben: Christoph Lemmer
         unten: Ina Jung
Seite 3 oben: action press / THÜRINGEN PRESS
         unten: Christoph Lemmer
Seite 4 oben: Christoph Lemmer
         unten: privat
Seite 5 oben: Christoph Lemmer
         unten: Ina Jung
Seite 6 Christoph Lemmer
Seite 7 oben: action press / PASTIEROVIC, IGOR
         unten: Christoph Lemmer
Seite 8 oben: Christoph Lemmer
         unten: Ina Jung

Das skandalöse Versagen des Rechtsstaats

Uwe Ritzer – Olaf Przybilla

Die Affäre Mollath

Der Mann, der zu viel wusste

Ein Mann beschuldigt seine Frau, eine Bankerin, Schwarzgeld teilweise sehr bekannter Kunden illegal in die Schweiz zu schaffen und sich an Steuerhinterziehung, Betrug und Geldwäsche zu beteiligen. Niemand schenkt ihm Gehör. Stattdessen wird der unbescholtene Nürnberger Bürger in die Psychiatrie eingewiesen. Dort sitzt er seit sieben Jahren. Sein Name ist Gustl Mollath. Dies ist ein in der Geschichte der Bundesrepublik beispielloser Skandal.

Olaf Przybilla und Uwe Ritzer, die den Skandal aufgedeckt haben, erzählen hier zum ersten Mal die Affäre Mollath in ihrer ganzen Tragweite.

Michael Tsokos

Die Klaviatur des Todes

Deutschlands bekanntester
Rechtsmediziner klärt auf

Ein Toter auf einer Berliner Straße – Opfer eines heimtückischen Mordes oder ein tragischer Unfall? Eine grausam verstümmelte Frauenleiche – war es ein brutales Sexualverbrechen? Ein Ehepaar mit schweren Vergiftungssymptomen – standen die beiden auf der Todesliste des russischen Geheimdiensts?
Der Rechtsmediziner Michael Tsokos wird immer dann von den Ermittlungsbehörden um Hilfe gebeten, wenn sie bei ihrer Aufklärungsarbeit rechtsmedizinische Expertise benötigen. Er soll herausfinden, was die Toten nicht mehr erzählen können: War es Mord? War es Suizid? Oder war es ein Unfall? Realistisch und hautnah schildert Tsokos rätselhafte Fälle, an deren Lösung er selbst maßgeblich beteiligt war. Im Obduktionssaal und im Labor fügt der Forensik-Spezialist die Indizien wie Puzzleteile zu einem Gesamtbild zusammen, das zur Rekonstruktion des Falles führt. Hochinformativ und spannend bis zur letzten Seite!